KB253667

인사이트
2010

이야기 속의 디지털 시대

인사이트 2010

이야기 속의 디지털 시대

엮음 SBS 서울디지털포럼 사무국

머리말 **신경숙** | 맺는 그림 **이원복**

살림Biz

머리말

디지털 시대에도 이야기를 부탁해

-신경숙(소설가)

사람은 글을 읽지 못하는 아주 어린아이 때부터 이야기를 들으며 성
장합니다. 눈 내리는 날이면 산에서 배고픈 호랑이가 내려와 장독대
의 된장을 퍼먹고 간다든지, 집안에 나쁜 일이 생기려고 하면 지킴이라
고 불리는 구렁이가 지붕에서 마당으로 기어 나온다든지 하는 이야기
를 말이지요. 호랑이는 그때만 등장하는 게 아닙니다. 어쩌다 떼를 쓰
고 울게 되면 어머니는 "우는 아이는 호랑이가 등에 태우고 산속 깊이
에 있는 다른 나라로 데려가서 혼을 내 준다."고 해서 더 울지도 못하게
하지요. 어린 마음에 호랑이 등에 타는 것도 무섭고 그 등에 타고 다다
르게 될 산속 깊이에 있는 다른 나라를 상상하는 일도 두려운 일이니까

요. 생각해 보면 이야기는 한 인간이 처해 있는 상황에 따라 그때그때마다 탄생됩니다. 한 인간을 성장시키기 위해 발굴되는 수많은 이야기들 속에 인류는 둘러싸여 있는 것이지요.

엊그제는 아는 분이 붉은 홍시를 한 상자 우편으로 보내왔습니다. 엉뚱하게 상자 안의 감을 보면서 나는 어린 시절에 들었던 이야기를 떠올렸습니다. 어린 시절을 보낸 마당에 감나무가 몇 그루 있었는데 매해 감은 참 많이도 열려 주었습니다. 늦가을의 어느 날 하루를 잡아 온 가족이 감을 땄지요. 어머니는 감나무 꼭대기의 감을 남겨 두도록 했어요. 배고픈 새가 먹게 거기 것은 놔두라고 했지요. 그래야 다음 해에 감이 더 잘 열린다는 말씀도 덧붙였어요. 감을 딸 때마다 어머니에게서 들은 이 이야기는 내 마음 안에서 무럭무럭 자라났습니다. 우리 집 감나무뿐 아니라 어느 마을을 지나가다가 감나무의 높은 가지 위에 매달려 있는 붉은 감을 보면 그 감을 쪼아 먹으며 겨울을 날 새를 생각하게 되고 그 덕에 다음 해에 더 잘 열리게 될 새로운 감을 생각하게 되곤 했지요. 이러고 보면 인간은 그 자신의 배경을 둘러싸고 발생하는 이야기들 속에서 성장합니다.

인류의 역사는 무수한 이야기들을 남겼습니다. 거친 표현일 수도 있겠지만 성경과 불경을 포함한 숱한 경전들도 결국 이야기라고 할 수 있습니다. 숱한 신화들과 민속 신앙들과 영웅 신화들도 따지고 보면 인류가 남긴 이야기입니다. 왜 이런 이야기들을 남겼을까요? 그것은 이 이야기들을 딛고 희망을 놓지 말고 앞으로 나아가라는 뜻이 아니었을까요? 어느 시대를 살든 그때 함께 살고 있는 동시대인들은 동시대인들끼리 지난한 삶 속에서 상징이 될 만한 새로운 이야기를 탄생시키며 진화하는 것이라고 봅니다.

처음에 내게 디지털 시대는 인간을 배제하고 있는 것처럼 보였습니다. 인간을 배제한다는 말은 인간이 품고 있는 무한한 이야기를 무(無)화시킨다는 의미이기도 합니다. 현실이 디지털화되면서 무척 편리한 생활을 영위하게 되었지만 순간순간 이제 그만 좀 발전했으면 좋겠다는 말이 튀어나오곤 했습니다. 매번 적응하기가 힘들어서이기도 하지만 그보다는 사람과 사람이 직접 만나는 온기가 섞인 소통을 가로막고 있다는 생각이 들어서입니다. 이 생각은 지금도 어느 정도 유효합니다.

그러나 지금의 디지털은 언제부턴가 이야기를 만나 오히려 풍성해지기 시작했습니다. 디지털 시대일수록 인류가 서로 소통할 수 있는 매개는 '이야기'뿐이라는 것을 디지털을 탄생시키고 유통시킨 이들은 영리하게도 알아내어 그 빠른 속도로 이야기를 유포시키고 있기 때문이지요. 이제는 우리가 지구 어디에 살고 있든 단 몇 분 만에 어디서 무슨 일이 일어나는지 알 수 있습니다. 누가 전했는지 어디서 출발되었는지 모르는 이야기들이 디지털 세계에 무수하게 산재해 있습니다. 그 이야기들로 인해 감동과 분노, 그리고 성찰이라는 무한한 소통이 이루어집니다.

지구의 이 끝과 저 끝에서 발생하는 이야기를 이렇게 어디서나 1, 2분 안에 세계인이 소통하고 공유할 수 있는 시대에 살게 될 줄 누가 알았겠습니까? 이렇게 소통이 신속하기 때문에 이야기는 디지털을 통해 인류의 강력한 희망이 되었다는 생각을 합니다. 폭력과 고통이 신속하게 전달되기도 하지만 근원적인 삶에 대한 성찰과 따뜻한 온기에 대한 이야기도 신속하게 전달됩니다. 무의식적으로 좋은 것을 받아들이고 좋은 쪽으로 변화하려고 하는 것은 인간의 본성이라고 봅니다. 새로운 질서와 새로운 꿈을 꾸게 하는 영감들이 이야기가 되어 빠르게 소통되기를 희망하는 이유가 여기에 있습니다.

『인사이트 2010』을 읽는 동안 이 디지털 시대에 아날로그적인 이야기가 어떻게 현대인들의 건조한 삶 속에 꿈과 희망을 실어 나르는지에 대한 통찰을 공유할 수 있을 것입니다. 모든 공간과 모든 시간들이 이야기를 만나면서 어떻게 풍성해지며 어떻게 새로운 패러다임을 창출하는지를 따라가다 보면 '나' 라는 개인의 삶이 곧 이야기로 전환되는 경험도 하게 될 것입니다.

우리 사회뿐 아니라 세계는 지금 좀처럼 해결을 보기 어려운 문제들 앞에 당면해 있지요. 경제 공황, 끊이지 않는 테러, 갈수록 심해지는 빈부의 격차, 전쟁의 위협 앞에 인간의 마음은 돌이킬 수 없이 단단히 굳어 있지요. 이 시대에 인간의 마음을 움직일 수 있는 거의 유일한 것은 새로운 이야기일 것입니다. 이야기만이 인류를 연결하고 변화시키고 굳은 마음을 녹게 할 것입니다.

이야기는 결국 사람이 꿈꾸는 희망에 근거를 두고 있습니다. 인간은 자기 자신 앞에 닥친 고통이나 두려움을 다른 사람들이 앞서서 겪은 경험 속에 담긴 이야기를 통해 간접 체험하거나 듣거나 읽으면서 극복합니다. 기쁨이나 행복에 대한 상상을 할 수 있는 것도 그 실체가 어떤 것인지를 이야기를 통해 체험했기 때문이겠지요. 살아 있는 존재들은 누구든 이야기와 함께 과거와 현재, 미래의 시간을 통과해 가고 있는 것입니다. 주변에서 발생하는 이야기를 떠나 글을 읽게 된 후에 경험하게 되는 수많은 이야기들의 힘을 어떻게 일일이 나열할 수가 있겠습니까?

이제 이야기는 듣고 읽는 것만은 아닙니다. 디자인과 건축처럼 보고 느끼는 것이기도 합니다. 인류가 남긴 이야기를 듣고 보고 읽고 느끼며 어떤 소년들은 권투 선수를 꿈꾸고 어떤 소녀는 작가를 꿈꿉니다. 그리고 곧 그들이 그 꿈을 이루어 또 하나의 이야기를 탄생시켜 세상에 섞어 놓습니다.

인류는 이처럼 소통 부재와 절망 속에서도 끊임없이 진화하며 탄생하는 이야기들을 디지털의 힘을 빌려 강력하게 전파시키며 앞으로 나아갈 것입니다.

 목차

첫째 장
이야기,
디지털 시대를 살다

1. 이야기와 현장

황석영, 소설가.

※ 일러두기 : 연사의 소속과 지위는 포럼 당시를 기준으로 함.

1943년 만주 장춘에서 태어나 동국대학교 철학과를 졸업했다. 고교 재학 중 단편 「입석 부근」으로 「사상계」 신인문학상을 수상했다. 이후 한일회담 반대 시위에 참여했다가 경찰서 유치장에 수감되고 그곳에서 만난 일용직 노동자를 따라 전국 공사판을 떠돈다. 공사판, 오징어잡이 배, 빵 공장 등에서 일하며 떠돌다가 승려가 되기 위해 입산해서 행자 생활을 하기도 했다. 그 후 해병대에 입대하고 베트남전에 참전했다.

1970년 베트남전 체험을 담은 단편 소설 「탑」이 조선일보 신춘문예에 당선되면서 그는 다시 문학으로 돌아온다. 이후 『객지』『한씨연대기』『삼포 가는 길』 등을 차례로 발표하면서 한국 리얼리즘 문학의 새로운 지평을 열었다. 특히 1974년부터 1984년까지 한국일보에 연재한 『장길산』은 아직까지도 한국 민중의 정신사를 탁월한 역사적 상상력으로 풀어낸 걸작으로 평가받고 있다.

1989년 방북 후 독일, 미국 등지에서 체류했으며 1993년 귀국하여 방북 사건으로 5년여를 복역하고 1998년 석방됐다. 이후 장편 『오래된 정원』『손님』『심청, 연꽃의 길』『바리데기』『개밥바라기별』을 발표하며 불꽃같은 창작열을 보이고 있다.

『무기의 그늘』로 만해문학상을, 『오래된 정원』으로 단재상과 이산문학상을, 『손님』으로 대산문학상을 수상했다. 중국, 일본, 대만, 프랑스, 미국 등지에서 『장길산』『오래된 정원』『객지』『무기의 그늘』『한씨연대기』『삼포 가는 길』 등이 번역 출간됐다.

과거의 리얼리즘 형식은 보다 과감하게 더욱 풍부한 형식으로 분해해서 재구성해야 한다. 삶은 놓친 시간과 그 흔적들의 축적이며 그것이 역사에 끼어들기도 하고 꿈처럼 일상 속에 흘러가 버리기도 한다. 역사와 개인의 꿈같은 일상은 함께 현실 속에서 연결되어야 한다고 생각한다. 주관과 객관이 분리되어서도 안 된다. 화자는 어느 누군가의 관점이나 인칭으로 고정된 것이 아니라 등장인물 각자의 시각에 따라 서로를 교차하여 그려서 현실을 드러낼 수 있을 것이다. 한 인물과 사건을 두고도 모든 등장인물들이 보여 주는 생각과 시각의 다양성으로 모자이크처럼 그릴 수는 없을까. 객관적인 서술 방법도 삶을 그럴싸하게 그린다고 할 뿐이지 현실의 상태로 재현하는 것은 불가능한 노릇이다. 삶이 산문에 의하여 그대로 재현되는 것이 아니라면 삶의 흐름에 가깝게 산문을 회복할 수는 없을까 하는 것이 형식에 관한 나의 고민이다.

위의 글은 내가 망명 생활을 하고 있던 1989년 11월, 장벽이 무너지던 베를린에서 쓴 작가 노트의 일부이다. 나는 거기 있었다. 그 당시의 상황이 지금은 장벽을 망치로 부수는 군중과 벽 위에 올라서서 환호하는 사람들의 사진으로 남아 있다. 이렇게 세계적으로 알려진 장면들은 한두 가지가 아니다. 벌거벗은 채 울며 달려가는 베트남 소녀의 사진, 광주 참극 이후 아버지의 영정 사진을 들고 관 앞에 앉아 있는 소년의 사진, 탱크 앞에서 혼자 가로막고 버티고 선 천안문 광장의 중국 젊은

이의 사진이 생각난다. 우리는 그 이미지들이 세상을 바꾸었다고 얘기하지만 이미지는 연이어서 내러티브(narrative)를 만들어 내고 그것이 진실이 되든가 아니면 그냥 소비되어 버린다. 그러면서 현장은 사라지고 만다. 여기서 현장이란 당시 거기서 살던 사람들 삶의 이야기들이다. 작가란 이렇게 현장에 버려진 진짜 삶의 이야기들을 그러모으는 존재이다.

위에 인용한 글을 살펴보면 당시 나는 결국 삶을 어떤 방식의 산문으로 재현해 낼 수 있을 것인가 고심하고 있던 것 같다. 기법에서의 사실적 재현이라든가 글 쓰는 자의 입장과 태도라든가 하는 것이 규율 같은 전제로 가로막고 있을 무렵이었다. 여기서 삶의 흐름에 가까운 산문을 회복하고 싶었다는 것은 저 광장에서 환호하는 군중들 개개인에 대한 자유로운 포착을 하고 싶었다는 의미이다.

나는 지금 내 앞에 앉아 있는 여러분들이 날마다 시도했던 노력들을 말하고자 하는 것이다. 사람은 누구나 꿈을 꾼다. 꿈꾸는 사람은 시간을 막 거슬러 오르기도 하고 알 수 없는 미래로 나아가기도 한다. 갓난아이 시절부터 노년기, 그리고 죽음 뒤까지도 왕래할 수 있다. 그리고 자신을 사람 이외의 어떤 동물이나 사물로도 바꿀 수가 있다. 우리는 현실 세계의 경험들과 자신의 일상에서 접촉한 모든 것들을 변형하고 상징화하고 간추리고 비약시키고 재구성한 이야기들을 '꿈'이라고 부른다. 그러나 꿈이 현실의 반영이라는 말은 그것이 현실과 똑같지는 않지만 근원이 현실로부터 비롯된 것이라는 말이다.

누구나 꿈에서 막 깨어나 흐리멍덩하고 몽롱한 기억 속에서 자신이 구성해 놓은 이야기의 불가사의한 애매함에 불안해진다. 그래서 사람들은 현명한 자나 나이 들고 경험 많은 자에게 곧잘 해몽을 부탁한다. 부족의 주술사나 동네 할머니들은 시적 이미지와 신화적 상징으로 해몽을 해 주었다. 모든 사람이 갖고 있는 상상력으로 일상을 포착한 꿈은 억압의 산물이기는커녕 그로부터 해방되려는 인간의 역동적인 이야기 구성력이다. 그러므로 사람들은 누구나 매일 밤마다 잠을 자면서도 자신의 이야기를 논리나 분석의 로고스에 의해서가 아니라 몸의 언어로 상징화시키고 있는 것이다.

우리가 디지털 시대를 말하면서도 지난번에는 '상상력', 그리고 이번에는 '이야기'에 대한 논의를 해 보자는 것은 영원한 콘텐츠인 우리들의 몸과 삶에 대하여 잊지 말자는 뜻이다. 냉전의 이분법적 세계가 붕괴되고 디지털 시대가 본격화되는 지난 20세기 말부터 대중적 서사와 게임, 애니메이션, 그리고 인터넷 시뮬레이션 등에는 바로 이야기의 기원으로 접근하려는 온갖 상상의 세계가 펼쳐졌다. 어쩐지 기묘하지 않은가? 첨단의 칩으로 구성된 전자의 세계를 구축하면서 오히려 먼 태고로의 퇴행이라니.

꿈과 가장 비슷한 구조를 지니고 있는 구전 설화는 그야말로 신화적이고 상징적인 수사에 의해 전달되어 왔다. 우리가 현재 저러한 세계를 되돌아보고자 하는 것은 현실 세계를 예측하기가 불가능하다고 느끼거나 아니면 다르게 재편성하겠다는 일종의 강박감 때문인지도 모른다. 그래서 선사 시대의 무의식 속에서 시작되어 긴 시간을 넘어 오래 기억되고 있는 이야기의 기원 가까이에 가고 싶은 것인지도 모른다.

　내가 처음으로 바다를 본 건 열한 살 무렵이었다. 어머니한테 야단을 맞고 여고생인 누나의 지갑에서 용돈을 훔쳐 가출했을 때였다. 서울 변두리 공장 지대에서 자란 나는 전쟁 때에도 내륙으로만 피난을 다녀서 바다를 볼 기회가 없었다. 인천 가는 기차를 타고 종점에서 내렸는데 얼마 안 가서 부두와 방파제의 끝에 도달하게 됐다. 나는 선창가에 정박한 수많은 배들과 그 뒤로 끝없이 펼쳐진 바다를 발견했다. 저 아득한 곳에 하늘과 물이 만나서 이뤄 낸 수평선 너머로 커다란 저녁 해가 지고 있었다. 그렇게 넓은 하늘과 많은 물을 본 적이 없었기 때문에 너무도 놀랐다. 그리고 곧 바다 저편에 무엇이 있을까 몹시 궁금해지기 시작했다.

　내가 아는 한 시인은 산골에서 유년 시절을 보냈는데 여섯 살 때인가 아버지를 따라 장이 선 읍내에 나갔다가 생전 처음으로 기차를 보았다고 했다. 철로 변에 아버지와 나란히 섰다가 플랫폼으로 커다란 굉음을 내며 달려드는 엄청난 쇳덩이의 괴물을 보고 하도 놀란 그는 옆에 세워진 손수레의 아래로 기어들어 갔다고 한다. 엄청난 기적 소리와 연기를 내뿜는 그 기차가 그의 눈에는 마치 용과 같이 보였다. 그는 바퀴살 사이로 기차가 멈추고 그 안에서 갖가지 복장을 한 수많은 낯선 사람들이 그 고장 사투리와는 다른 말투로 떠들면서 몰려 내려오는 것을 보았다. 그 역시 기차를 타면 어딘가 멀리 있는 다른 고장으로 가 볼 수 있을 것 같았다. 이런 '이동의 입문'이야말로 모든 이야기들의 출발점이 된다.

　하지만 예전에 어른들은 옛날 이야기를 해 달라고 조르는 아이들에게 "이야기를 좋아하면 가난해진다."라며 입막음을 했다. 이런 전설도 있다. 이야기를 너무나 좋아하여 행랑채 가득 이야기책을 쌓아 놓고 살던 선비가 있었는데 어느 날 뒷간에 가려던 그가 시끌벅적한 소리가 들려서 살짝 엿들었단다. 그런데 들어 보니 이야기책에 나오는 도깨비, 장군, 도둑, 씨름꾼, 꾀쟁이 등이 다들 한마디씩 하고 있었다.

"주인 놈이 우리를 책에다 묶어 두고 놓아 주지를 않으니 내일은 그 놈을 쳐 죽이고 모두 세상으로 뿔뿔이 흩어지도록 하자!"

깜짝 놀란 선비는 다음 날, 날이 밝자마자 이야기책들을 모두 동네방네 나눠 주었다고 한다.

예전에 이야기는 그것이 가지는 제의적 요소 때문에 금기시되었다는 것이다. 이야기와 이야기하는 행위 자체에 깃든 마술적 기능 때문이다. "내가 죽기 전까지 네게 모든 것을 말해 줄 수 없다."라는 말속에는 이야기란 그 자신의 인생을 남에게 내 주는 행위라는 의미를 내포하고 있다. 반대로 죽음을 앞둔 늙은이는 "내가 곧 죽게 되었으니 내가 아는 모든 것을 네게 얘기해 주마."라면서 금기에서 해방되기도 한다. 이렇게 금기에서 해방되면서 이야기의 세속화가 이루어지기 시작한다. 제한된 장소에서 벗어나 그 주체가 성장의 입문에 들어서면서 다른 세상과 만나게 되고 공동체에 알리지 말아야 하는 금기를 깨면서 이야기가 일상화되고 세속화되는 것이다.

지금은 초등학생도 인터넷만 통하면 지구의 반대편으로 날아갈 수 있는 시대이다. 서로 다른 현장의 언어들이 수없이 번역되어 와글와글 떠든다. 비단 몇 필을 낙타와 조랑말에 실어 몇 달 동안이나 타박타박 걸어가 오아시스에서 고단한 밤을 지내야 했던 유목민적 이동이 밤하

늘에 있는 별들의 운행처럼 이루어지고 있다. 이런 현장 이야기의 전파
는 분명히 세상을 변화시킬 것이다. 그것은 구름이나 바람처럼 천변만
화(千變萬化)하면서 서로 다른 세상의 경험과 꿈들을 뒤섞이게 한다.

　서로 다른 것들의 조화로운 뒤섞임이야말로 변화의 시초가 된다. 그
래서 나는 이 현상에 '이동과 조화'라고 이름을 붙였다. 지난 세기의 금
기와 분열로 가득 찬 이 세계를 그대로 이어 가다가는 모두 다 파국으
로 갈 게 뻔하니 뭔가 다른 방식으로 살아 보자는 의미로 '생존과 절제'
라는 이름으로 부를 수도 있겠다. 또는 각자의 현장에서 살아가는 사람
들의 살림살이, 제도, 풍습, 역사의 흔적, 신앙 등이 다르니 '정체성과
다양성'이라고 말해 볼 수도 있다. 하지만 이를 어떤 이름으로 부르든
지 간에 우리는 세상의 이미지를 강자의 협소한 이야기로 소비해 버리
는 것이 아니라 한여름의 정원처럼 현장의 다양한 이야기가 각양각색
을 이루어 낼 세계를 꿈꾸어 본다.

2. 이야기는 꿈이다

신경숙, 소설가.

전북 정읍에서 태어나 서울예술대학 문예창작과를 졸업했다. 1985년 『문예중앙』 신인문학상에 중편 「겨울 우화」가 당선되어 작품 활동을 시작한 이래 존재의 내면을 파고드는 섬세한 문체와 삶의 시련과 고통에서 길러낸 정교하고 감동적인 서사로 평단의 주목과 독자의 사랑을 받아 왔다.

중단편 소설집으로 『강물이 될 때까지』『풍금이 있던 자리』『감자 먹는 사람들』『딸기밭』『종소리』『이야기』, 산문집으로 『아름다운 그늘』『자거라, 내 슬픔아』 등이 있고, 장편 소설집으로는 『깊은 슬픔』『외딴방』『기차는 7시에 떠나네』『바이올렛』『리진』『엄마를 부탁해』 등이 있다. 한일 양국을 오간 왕복 서간집 『산이 있는 집 우물이 있는 집』도 있다.

한국일보문학상, 현대문학상, 만해문학상, 동인문학상, 이상문학상, 오영수문학상 등을 수상했다.

나는 지금 소설을 쓰기 위해 제주도에 내려와 있다. 그러니까 이야기를 찾아 여기에 내려와 있는 것이다. 꼭 제주여야만 하는 이유는 없다. 익숙한 나의 일상에서 단절되어 새로운 꿈을 꾸고 싶었고 제주는 우리나라 안에서 비행기를 타고 떠나올 수 있는 가장 먼 곳이어서 택한 곳이다. 내가 살고 있는 곳과는 완전히 다른 말씨와 지형과 풍경에 잘 왔다는 생각이 든다. 그러고 보니 뭔가 새로운 호흡이 필요할 때면 나는 늘 비행기를 타고 이 제주에 왔던 것 같다. 『외딴방』을 처음 쓰기 시작한 곳이 여기였고 작업을 마친 후 탈고를 하려고 다시 이곳으로 돌아왔다. 또 『기차는 7시에 떠나네』를 쓰다가도 여기에 왔다. 친숙한 무엇 말고 낯선 것이 필요할 때면 나는 늘 제주를 찾았다.

이곳에서의 생활은 단순하다. 전화를 받지 않고 배고플 때만 먹고 잠이 쏟아질 때 자고 날마다 이 낯선 마을의 바닷가와 구릉을 산책하는 게 전부다. 일상이 단순해지니 오히려 모든 순간들이 이야기가 되어 스며든다. 걷다가 우연히 발견한 감귤 농장 안에서 일생을 이곳에서 보냈다는 할머니 한 분을 만났다. 할머니는 식구들 먹이려고 딴다는 감귤로 만든 꿀에 찍은 떡을 자꾸만 건넨다. 거절하지 못해 받아서 오물오물 씹어 먹는데 와, 이건 아직까지 내가 맛보지 못한 그야말로 꿀맛이다. 안 팔겠다는 할머니에게 사정한 끝에 감귤 생꿀 한 말을 사서 내 집이 있는 서울로 부치면서 생각한다.

"바닷가에 사는 한 남자가 있다. 그 남자는 도시에 있는 한 여자를 사랑한다. 여자는 남자가 자신을 사랑하는 줄을 모른다. 남자는 겨우 알아낸 여자의 주소지에 잊을 만하면 한 번씩 무언가를 보낸다. 그가 살고 있는 바닷가에서 나는 것들이다. 어느 때는 은갈치를 보낸다. 어느 때는 옥돔을 보낸다. 어느 때는 선인장 열매를 보낸다. 어느 때는 감귤 생꿀을 보낸다. 감귤 생꿀을 받아든 여자는 이 남자가 누군지 궁금해진다. 남자를 찾아 나서지만 남자는 그곳에 없다. 도시로 돌아온 여자가 이제 거꾸로 남자의 주소지로 무언가를 보낸다. 남자에게 보내는 것은 여자가 살고 있는 도시에서만 볼 수 있는 것이어야 한다. 평생 이렇게 얼굴을 보지 못한 채 서로에게 무언가를 보내는 이런 관계, 이런 사랑……."

할머니에게서 감귤 생꿀을 얻어먹다가 한 말을 사게 된 내 마음속엔 이런 이야기들이 부화되었다가 깨졌다가 다시 부화되는 중인데…….

어제는 묵고 있는 숙소에서 언젠가 본 적이 있는 사진작가를 만났다. 아는 사람 하나 없는 낯선 곳에서의 조우라 반갑기 그지없었다. 비가 내리는 밤에 사진작가와 함께 택시를 타고 시내로 커피를 마시러 나갔다. 비 때문이었을 거라고 생각한다. 사진작가가 내게 갑자기 20년 동안 짝사랑했던 남자에 대한 이야기를 꺼냈다. "20년 동안이나요? 시간이 너무 아깝잖아요!" 내가 비탄의 소리를 내질렀다. 사진작가는 말했다. "나도 그렇게 생각해요. 하지만 내색하는 순간 헤어지게 되어 있는 걸 어떡해요. 짝사랑이었지만 내 꿈은 이뤘어요. 헤어지지 않고 지금까지도 친구로 지내고 있으니까."

사진작가를 물끄러미 바라보며 나는 또 할머니의 감귤 생꿀 때문에 발화된 이야기, 바닷가에 사는 남자와 도시에 사는 여자 이야기 속에 사진작가의 20년 동안 내색할 수 없었던 사랑을 뒤섞어 본다. 나는 속으로 생각한다. 첫 문장만……. 알렉산드로 바리코의 소설 『비단(Seta)』
의 첫 문장, "군인으로 이름을 빛내리라는 아버지의 기대와 달리 에르
베 종쿠르는 다소 야릇한 직업으로 밥벌이를 하게 되었다." 정도의 첫
문장만 태어나 준다면 어쩌면 이걸로 멋진 이야기를 써낼 수도 있을 것
같아 기분이 꿀맛 같아졌다.

이렇게 이야기란 따로 있는 게 아니다. 누구나의 일상은 이야기를 가
득 품고 있다. 개개인 모두가 이야기 덩어리이다. 일상이 이럴진대 사
회적인 상황이나 지난 역사가 품고 있는 이야기성은 이루 말할 수조차
없다.

2007년에 나는 『리진』이라는 장편 소설을 썼다. 지인 한 분이 자신
이 알고 지내던 사람이 100년 전에 프랑스에서 출간된 조선에 관한 책
을 가지고 있는데 특이한 이야기가 있어 번역을 했다며 보여 주었다.
A4 용지 한 장 반 정도의 분량이었다. 봉건 사회의 조선에 처음으로 파
견된 불란서 외교관이 조선의 궁중 무희에게 첫눈에 반해 그녀를 데리
고 근대 사회인 파리로 건너갔다는 내용이었다. 그걸 보기 전까지 나는
내가 100년 전의 이야기를 소설로 쓰게 될 거라고는 생각해 본 적이 없
었다. 처음엔 "그게 뭐?" 하며 무심히 읽었다. 그러다가 혼자 남게 됐을
때 지금으로부터 100년 전에 불어를 빛나도록 구사했다는 리진의 행적
을 다시 자세히 들여다보았다.

기독교의 공정한 정신이 이 영민한 영혼에게 열의를 불러일으
켰다. 서양 언어는 곧 그녀에게 친근한 것이 됐고 그녀는 이국

문화에 대한 훌륭한 관찰 기록을 수 페이지에 걸쳐서 썼다. 리진이 눈을 감은 채 말을 하기 시작하면 사람들은 그녀의 열정에 이끌려 그녀가 구사하는 독특한 리듬의 언어를 황홀한 표정으로 경청했다. 그녀의 말은 놀라운 색채의 이미지를 펼쳐 놓은 것과 같았다. 그러나 리진은 곧 매일 만나는 서양 여인들에 비해 자신이 육체적으로 열등하다는 사실을 인정하지 않을 수 없었다. 그녀는 엄청난 우울증에 빠져들었다. 외교관이 보여 주는 변함없는 애정에도 불구하고 육신이 급격히 쇠약해져 갔다. 머리를 기댈 수 있는 커다란 안락의자에 푹 파묻혀 앉은 이 가련한 한국 여인의 모습은 너무나 야윈 나머지 마치 장난삼아 여자 옷을 입혀 놓은 한 마리 작은 원숭이 같아 보였다. 그녀가 스스로 방어했음에도 불구하고 서양의 안개가 동양의 뜨거운 태양으로 그을린 그녀의 이마를 그늘지게 했다. 몇 달이 흘러갔다. 외교관은 그녀에게 한국의 규방을 꾸며 주고 생활 습관도 옛날로 돌아갔다. 다시 한국으로 가게 됐을 때 그는 다른 짐들과 같이 리진도 서울로 데리고 왔다. 조선의 풍습으로는 외국인과 혼인했다고 해서 노비 문서에서 자유로울 수 없었다. 왕은 그녀의 신분을 자유롭게 해 줄 생각이 있었음에도 실제로 그녀를 풀어 주지는 않았다. 외교관은 그러한 사악한 제도에 저항해 보지도 않고 비겁하게 그녀를 포기해 버렸다. 결국 그녀는 궁중 무희로 다시 되돌아가야 했다. 그러나 그녀는 이미 예전의 그녀가 아니었다. 다시 던져진 사슬이 자신의 영혼

에 상처를 입히는 것을 용납할 수가 없었다. 결국 그녀는 금종
이를 삼킴으로써 스스로 목숨을 끊었다.

"너무나 야윈 나머지 마치 장난삼아 여자 옷을 입혀 놓은 한 마리 작
은 원숭이 같아 보였다."라는 문장에서 눈길을 뗄 수가 없었다. 이윽
고 "다시 던져진 사슬이 자신의 영혼에 상처를 입히는 것을 용납할 수
가 없었다. 결국 금종이를 삼키고 스스로 생명을 끊었다."라는 문장까
지 읽어 내리는데 동시대인들이 보지 못했던 것을 본 대가로 깨진 유리
조각들을 손에 움켜쥔 채 피를 흘리고 있는 100년 전 한 여인의 고통이
나를 엄습했다. 리진의 삶이 내게 이야기로 전환되는 순간이었다. 그때
나는 다른 소설을 준비 중이었는데 잘 풀리질 않아 아는 이 없는 낯선
길거리에 홀로 넘어져 있는 기분에 빠져 있었다. 땅에 넘어진 자는 땅
을 짚고 일어설 수밖에 없다.

나는 이 역사에서 잊힌 여인을 소설로 되살려 내 보겠노라 생각했다.
그날부터 나는 하던 일을 접고 리진을 찾아 헤맸다. 행여 파리에 그녀
의 흔적이 조금이라도 남아 있을까 싶어 틈이 나면 파리로 건너가 그녀
의 행적을 뒤졌다. 100년 전에 리진이 살았을지도 모를 아파트 주위를
배회했다. 파리의 19세기 풍경을 짐작해 보기 위해 복식 박물관이나 밀
랍 박물관 등 100년 전의 파리 건축물의 외형 빛깔을 거의 비슷하게 간
직하고 있다는 본(Beaune)의 거리들을 온종일 헤매고 다니기도 했다. 독
일에서 건너온 친구와 지도를 가지고 다니며 조선 시대의 왕실 의궤(儀
軌)와 직지(直旨)가 보관되어 있다는 국립 도서관을 찾아다녔다. 그러다

가 외교관의 결혼 증명서에조차 리진의 흔적이 일체 없는 것을 확인했을 때는 야릇한 슬픔이 밀려들었다. 나는 충동적으로 이 책 저 책 두서없이 사들여 폭식하듯 읽어 댔다. 센 강변이며 기메 박물관을 찾아다니고 그녀를 파리로 데려왔다는 외교관의 자취를 따라다녀도 봤으나 어디에도 그녀의 흔적은 없었다.

세 번째로 파리에 갔을 때는 자동차를 빌려 외교관의 태생지인 플랑시 마을을 찾아갔다. 파리에서 북쪽으로 세 시간쯤 달려가야 나오는 마을은 아주 한적한 산골 마을이었다. 마을을 가로지르는 긴 호수로 왜가리가 날아들었다. 외교관의 부친이 이름 뒤에 '드(de)'를 사용하는 것을 놓고 명예 훼손이라 하여 법정 싸움을 벌였다는 플랑시 백작의 저택은 그 마을에서 가장 큰 집이었다. 그 법정 싸움에서 패소해 외교관의 가족들은 그 마을에서 추방당했다. 외교관의 아버지가 경영했다는 인쇄소 겸 출판사 건물을 울타리 너머로 들여다볼 수 있었다. 지금은 빈 집 같아 보였다. 젊은 부인과 살고 있는 백작의 후손은 나에게 대저택을 구경시키면서 많은 이야기를 해 주었다. 그러나 대대로 전해 내려와 한 벽면을 가득 채우고 있던 백작 댁의 족보들 중에서 그 당시 것을 찾아 번역을 하면 그때 법정 싸움의 내용을 세세히 알 수 있을 거라는 것 외에는 그곳에서도 리진을 찾아낼 수가 없었다.

소설을 쓰기 위해 한국에서 취재를 왔다 하니 그 마을의 신문 기자가 우리를 취재해 가기도 했다. 고양이를 기른 적이 있는 내게서 고양이 냄새가 났던 것인지 백작 댁의 회색 고양이가 유독 내 뒤를 따라다녔다. 문득 "리진도 파리에서 고양이를 길렀을까?"란 생각이 들었고 그

고양이는 소설 속으로까지 따라왔다. 한번은 외교관이 사후에 자신의 태생지에 기증한 사진첩이 보관되어 있다고 하는 시내의 도서관을 찾아갔다. 그가 기증한 물품들은 상당량이었다. 기증품들을 출납해 수북이 쌓아 놓고 하나하나 살폈다. 중국에서 보낸 엽서들, 일본에서 찍은 사진들, 부임지에서 가족들에게 쓴 편지들, 시나 소설을 읽어 주기 좋아했다는 외교관의 어머니가 남긴 짧은 글들, 부임지에서 선교사와 수녀들과 함께 찍은 사진들……. 외교관의 흔적들은 수없이 쏟아졌지만 리진에 대해 추측할 수 있는 것은 없었다. 다만 몇 개의 사진첩에서 드문드문 사진이 빠져 있는 것을 발견했다. 혹시 이곳에 그녀의 사진이 끼어 있지는 않았을까? 누군가 사진을 빼낸 그 텅 빈 자리가 리진의 눈동자나 되는 양 손으로 쓸어 보았을 뿐이다. 그뿐이었다. 그녀는 완벽히 잊힌 존재였다. 어디에도 그녀는 없었다.

나는 파리에서 그녀의 자취를 찾는 것을 포기하고 한국을 뒤지기 시작했다. 그런데 결과는 마찬가지였다. 조선 시대가 어떤 시대인가. 온갖 것들이 어떤 방편을 통해서든 기록되던 시대였음에도 그녀에 대한 것은 단 한 줄도 찾을 수가 없었다. 실존 인물인 것은 확실한 건인지조차 의아할 지경이었다. 나는 크게 실망했다. 이제 와서 리진에 대한 소설을 쓰는 걸 포기해야 하나 싶어서 좌절감이 들었다.

그런데 그렇게 여러 달이 지난 어느 날 뜻밖에 새로운 꿈이 찾아왔다. "나는 소설가다." 싶었던 것이다. 소설가는 결국 허공에 허구의 집을 짓는 존재가 아닌가. 참말 같게 거짓말을 제대로 하는 존재가 아닌가. 남아 있는 자취가 없으니 오히려 작가의 상상력이 파고들 공간이 넓어지는 것 아닌가. 실망이 활기로 바뀌는 순간이었다. 그렇게 해서 100년 전 이방인의 시선으로 A4 한 장 반으로 기록된 뒤 잊힌 그녀의 생애를 향해 돌진할 수 있었다.

소설가의 공백은 자신이 구사하는 언어와 현실에 틈이 생겼을 때 발생한다. 몸과 마음이 함께 있지 않고 따로 놀고 있다고 여겨질 때. 그런데 아무 자료도 남아 있지 않은 역사 속의 인물 리진을 쓰는 동안 오히려 나는 그 간극에서 벗어날 수 있었다. 윤곽만 남아 있는 리진의 일생에 내가 꿈꾼 이야기들이 쓱쓱 스며드는 동안 나는 충만했다. 나 자신이 외국인이 되어 100년 전의 조선 땅을 여행하는 듯했다. 친숙한 것, 내가 다 아는 것이 아니면 소설로 쓸 엄두를 못 내던 내게 지나온 역사 속에서 캐낸 리진의 이야기는 새로운 영지(靈地)였다.

종군 기자 출신의 사진작가 로버트 카파는 "만약 당신이 찍는 사진이 좋지 않다면 그것은 당신 자신이 충분히 가까이 가지 않았기 때문이다."라고 말했다. 그는 인도차이나 전쟁에 종군할 당시 들판을 걸어가는 병사들을 좀 더 가까이에서 찍으려고 다가가다가 지뢰를 밟아 죽었다. 그는 죽음의 대가로 누구도 찍을 수 없었던 두 장의 사진을 더 남겼다.

오래전에 나는 글을 쓰는 일은 무엇인가에 대해서 '누군가를 잊기 위해서 마음 연약한 자가 의지하는 마지막 보루 같은 행위'라고 쓴 적이 있다. 소설가로 지낸 지난 세월 동안 나는 많은 일들을 씀으로써 한편으로는 잊을 수 있었다. 영혼까지 뒤흔드는 상처까지도 잊을 수 있던 것은 현실에서 발생한 일을 바탕으로 했으나 내가 이루고 싶은 꿈을 이야기로 환원시켜 소설 속에 불어넣을 수 있었기 때문이다. 만약 내가 글로 쓴 후에도 잊지 못한 이야기가 있다면 그것은 내가 그 이야기 곁으로 충분히 다가서지 못했거나 그 이야기 속에 아직도 꿈이 남아 있기 때문일 것이다.

지나온 시간뿐 아니라 우리가 아직 살아 보지 못한 미래 또한 숱한 이야기를 품고 있다. 인류의 삶은 이야기 속에서 태어나고 진행되며 마쳐진다. 이야기는 현실 그대로가 아니라, 현실을 바탕으로 하되 옆구리에서 새로 태어나 다른 꿈을 키우며 번성하는 것이다. 세계가 문명화되고 디지털화되는 현대 사회일수록 더욱더 이야기가 필요해지는 것은 우리가 이야기를 통해서 꿈을 꿀 수 있기 때문이다. 이것은 대지진이 일어나 무너져 내린 흙더미 속에서 구조된 한 할머니가 뜨개질을 하며 죽음의 공포를 견딘 현실이 우리에게 이야기가 되어 전파되면서 인간의 내면에 대해 다른 분석, 다른 의지, 다른 꿈을 꿀 수 있게 해 주는 것과 마찬가지이다.

이제 이야기는 더 이상 소설이나 영화 속에 국한되어 있지 않다. 건축, 무용, 미술, 음악을 통틀어 모든 분야가 이야기를 원한다. 심지어 한 개의 커피 잔에도 이야기가 담겨 있기를 원한다. 미니멀리즘(minimalism)의 극단으로 갈 때도 있으나 이내 다시 용수철처럼 이야기를 향해 튀어 오르는 게 현실이다. 풀 한 포기 자라지 않는 사막이 황폐한 게 아니다. 우리가 꿈꿀 수 있는 이야기가 사라지는 세상이 닥친다면 그때가 바로 종말일 것이다.

이처럼 이야기는 소설가인 나에게만 꿈의 재료인 것이 아니라 모든 인류의 꿈의 재료이다.

3. 이야기는 어떤 시대에도
패배하지 않는다

이문열, 소설가.

1948년 대한민국과 동갑내기로 서울에서 태어났다. 고향은 경상북도 영양이다. 검정고시로 중고등학교를 대신하고 1968년 서울대학교 사범대학에 진학했으나 1년 만에 그만두었다. 버클리대학교와 하버드대학교에서 체류 작가로 3년 머문 적이 있다.

1979년 동아일보에 중편 「새하곡」으로 등단한 이후 『사람의 아들』『시인』『우리들의 일그러진 영웅』 등 장편 20여 편과 중단편 50여 편을 발표했다.

1979년 오늘의 작가상을 시작으로 동인문학상, 이상문학상, 현대문학상 등 국내 여러 문화 단체에서 주는 상을 받았고 프랑스에서는 문화 훈장을 받았다.

프랑스, 독일, 이태리 등 세계 17개국에 소설 50여 권이 번역되어 있다.

등단 전에는 대구 매일신문 기자였고 등단 뒤에는 1994년부터 1997년까지 세종대학교에서 국문과 교수로 재직했다. 지금은 한국외국어대학교에 석좌교수로 있다.

소설 이론에서 '이야기(Story)'는 시간 순서를 따라 진행되는 일련의 사건들을 말하고, '사건'이란 행동과 속성으로 이루어진 명제들로 정의된다. 비평 용어 사전에서는 이야기를 행동과 속성으로 이루어진 명제들이 시간 순서에 따라 연속된 것이라고 정의한다. 여기서 이야기 속의 행동과 속성이란 정지되고 고착화된 상태가 아니라 움직이고 변해 가는 과정을 말하며, 이야기는 그런 운동과 변화의 명제들을 시간 순서에 따라 늘어놓은 것이라고 할 수 있다. 그러므로 이야기를 다른 말로 다시 한 번 정의하면 그것은 결국 '운동과 변화, 나아가서는 생성과 소멸의 과정을 시간 순서대로 서술한 것'이 된다.

그런데 움직이고 변화하는 것의 가장 발전된 양식은 생명이고, 생명 가운데에서도 이야기의 발신과 수신, 생산과 소비를 아울러 담당하는 것은 사람이다. 거기에서 이야기는 사람의 일이 중심이 되고 필연적으로 의인화(擬人化)를 지향한다. 이야기 속에서는 생명을 가진 것뿐만 아니라 움직이고 변화하는 물질들까지도 사람처럼 서술된다. 도끼날이 '허리'를 '파고들자' 나무가 '비명을 지르며 쓰러지고' 겨울이 '떠난' 빈자리로 봄이 '진군해' 온다.

이야기 속에 진행되는 사건을 서술할 때 시간 순서를 따름으로써 이야기의 형식이 시간과 연관을 맺듯이 사건을 구성하는 운동과 변화는 의미 내용에서 시간과 연관을 맺는다. 어떤 학자들은 시간의 역사를 따져 보고 시간의 나이를 헤아리기도 했는데 그들은 한결같이 시간이 있기 위한 전제로 운동과 변화를 지목한다. 그들에 따르면 운동과 변화가 없는 곳에서 시간은 무의미하며 그런 곳에서도 작동한다는 절대 시간은 허구일 뿐이다. 그리하여 그 운동과 변화가 시작되는 빅뱅이란 사건을 시간이 탄생한 시점으로 보아 시간의 나이를 40억 년쯤 된다고 확언하기도 했다. 그런 면에서 운동과 변화를 사건의 내용으로 삼는 이야기는 바로 언어의 그물로 포획된 일련의 시간이라고 할 수도 있다.

우리는 왜 이야기하는가

모든 존재는 자기를 드러내려는 의지를 가지고 있다. 자기를 드러내는 방식으로 가장 보편적인 것은 이야기이다. 모든 우주 창조의 신화는 자신의 존재를 드러내고자 하는 신의 의지를 의인화한 이야기이다. 특히 신이 천지 창조를 '말(말씀)'로 했다고 전하는 성경과 이집트의 프타 신화는 매우 상징적이다. 중국인들은 말 대신 '글[文]'로 천지 창조의 이야기를 개념화했다. 곧 우주 만물을 '하늘이 자신을 표현한 글[天文]'이라고 하여 '사람의 글[人文]'과 대비시키고 있다.

인간은 자기 현시(顯示)의 가장 효율적인 양식으로 이야기를 발명해 자신의 존재를 드러내려고 했다. 그것은 선고와 집행이 유예됐을 뿐 반드시 죽게 되어 있는 운명으로 태어나는 그 순간부터 인간에게 부여된 본능인지도 모른다. 인간은 이야기의 그물로 가뭇없이 흩어지는 시간을 포획해 부단하게 부인되고 소멸해 가는 자신의 존재를 지켜내려 한다. 그런 면에서 이야기는 자기 보존이나 자기방어의 본능과도 무관하지 않을 것이다.

때로는 전달과 소통의 욕구 때문에 하지 않고는 배겨 낼 수 없는 이야기들도 있다. 어떤 개별적 특수성, 특히 자신만의 유별한 체험이나 지식은 엄청난 강요로 우리를 이야기의 욕구에 휘몰리게 한다. 미다스 왕의 이발사나 신라 제48대 왕인 경문왕의 복두장(왕의 머리칼과 관을 손질하는 관원)이 갈대밭과 대나무 숲에서 소리 질러 외쳤던 것은 반드시 누구에겐가 전달하고 싶었던 이야기였다. 그들은 그렇게라도 "임금님의 귀는 당나귀 귀!"라는 말을 하지 않고는 편안하게 죽을 수조차 없었다.

하지만 자신의 욕구에 내몰리기보다 훨씬 가혹하게 강요되는 이야기도 있다. 세에라자드(Scheherazade)의 경우 그녀는 매일 밤 새로운, 그러면서도 치정(癡情)으로 잔인하게 비뚤어진 왕의 복수심을 잊게 할 만큼 재미있는 이야기를 하지 못하면 다음 날 바로 죽게 돼 있다. 곧, 이야기하지 못하면 죽을 수밖에 없는 운명이다.

얼핏, 이야기하지 못하면 죽는다는 운명은 아주 특수한 소수의 비극처럼 여겨진다. 그렇지만 어떤 연유로 이야기를 자신의 일, 특히 필생의 의무로 선택한 사람들은 이야기를 하지 못하게 되면 죽어야 한다. 이제 더 이야기할 수 없게 됐다고 절망하자 헤밍웨이는 엽총을 입에 물고 방아쇠를 당겼고, 가와바타 야스나리는 가스 꼭지를 틀고 그것도 모자라 그냥 두어도 그리 오래 숨 쉬지 못할 입과 코를 틀어막았다. 로맹 가리는 유서로 보다 복잡한 이유를 댔지만 그를 죽음으로 내몬 것도 결국은 더 이야기할 수 없으리라는 예감 또는 절망이었다.

그렇지만 조금만 엄밀히 살펴보면 이야기를 하지 못해 죽는 사람은 그들 말고도 더 있다. 우리의 삶은 뜻밖에도 이야기에 많이 의지하고 간절하게 이야기를 지향한다. 오늘날 우리 사회 각 분야에서 무언가를 성취했다고 일컬어지는 이들은 모두가 그 분야에서 무언가 자신의 이야기를 제대로 할 수 있었던 사람들이다. 그들은 그들만의 언어로 그들만의 사건을 조리 있게 연속시켰고 그들 분야가 요구하는 행동과 속성, 운동과 변화에서도 이야기의 문법에 충실했다. 그러다가 더 이야기할 수 없게 되면 그들도 죽을 수밖에 없다. 더 이야기하지 못하면 죽는다.

우리는 왜 이야기를 듣는가

죽음의 선고와 집행이 유예됐을 뿐이라고는 하지만 우리에게는 막상 다 소비하기에 꽤 길고 지루한 시간이 주어져 있다. 우리를 이야기의 생산자이면서 동시에 소비자로 만드는 것은 그 시간 중에서도 특히 '여가'라고 부르는 대책 없는 공백이다. 우리는 '재미'를 그 공백을 메우는 중요한 대책으로 삼고 있는데 이야기의 재미는 그 가운데 가장 빈번하고 유용하게 우리의 여가를 채워 준다.

재미 이외에 우리가 이야기를 듣는 까닭으로 무시할 수 없는 것은 이야기의 실용성이다. 죽었건 살아 있건 우리보다 먼저 그 길고 지루한 유예 기간을 소비한 이들의 경험은 아직 채워 가야 할 시간이 남아 있는 우리에게 때로 유용한 지식과 정보가 된다. 그런데 이야기에는, 그 속에 시간 순서대로 연속돼 있는 사건에는, 바로 그런 지식과 정보로 활용할 수 있는 선인들의 경험이 가득 차 있다.

우리가 이야기를 들어야 하는 이유 중에 극단적인 것으로는 이야기에 익숙해짐으로써 삶의 암호를 해독하는 능력을 기르는 것이다. 스핑크스는 지나가는 나그네에게 보행(步行)하는 우리의 삶을 암호 같은 수

수께끼로 바꾸어 묻고 바른 답을 하지 못하면 찢어 죽였다. 스핑크스의 수수께끼처럼 우리 삶의 이야기는 종종 비유나 상징을 뛰어넘는 암호로 대치돼 있고 그것을 잘못 해독하면 우리는 살아남지 못한다.

오이디푸스 콤플렉스가 보편성을 가진 것도 아니고 생리학적인 근거도 없다는 것이 밝혀진 지금 오이디푸스 왕의 설화는 어쩌면 그 아버지 라이오스 왕이 신탁에 담긴 암호를 해독하는 데에 실패해서 벌어진 비극으로 읽어야 할지 모른다. 그가 어린 오이디푸스를 버리지 않고 곁에서 길렀다면 장성한 오이디푸스가 자신과 왕비를 아버지와 어머니로 알아보지 못해서 생긴 끔찍한 불행은 피할 수 있었을 것이다. 히틀러는 바그너의 음악이 수용한 아리안 족의 이야기를 잘못 해석해 죽었다. 그리고 지금 이 순간 이 땅에서 벌어지고 있는 난(亂)판도 시대와 사람들의 이야기 속에 숨겨진 암호들을 제대로 풀지 못해 모두가 함께 죽어가는 과정인지 모른다.

이야기는 패배하지 않는다

고전 이론에서 이야기는 소설의 중요한 구성 요소였다. 하지만 이야기는 옛날부터 여러 장르가 공유해 온 요소다. 문화사적으로 살피면 이야기를 가장 효과적으로 수용하고 또한 효과적으로 그 소비층을 장악한 장르가 그 시대 문화의 총아였다는 느낌이 든다. 시가 이야기를 장악하면 서사시가 그 시대를 풍미했고 음악이 장악하면 오페라의 시대가 됐다. 연극이 장악하면 연극의 황금 시대였고 지금은 주도권이 영화를 비롯한 영상 문화 쪽으로 넘어간 감이 있다.

그 바람에 소설에서는 오래전부터 이야기의 본질에 관한 논의가 있어 왔다. 영국의 안티스토리(anti-story) 소설은 진작부터 이야기가 소설의 본질적인 요소라는 점을 부인해 왔고 누보로망(nouveau roman, 新小說)도 어떤 면에서는 이야기에 대한 반감 또는 부인에서 출발하고 있는 듯 보인다. 우리 작가들 가운데에도 "여러 예술 장르와 공유하는 이야기는 소설의 본질적인 요소가 될 수 없으며 소설은 순수 언어 미학의 영역에 있는 어떤 것."이라고 주장하는 이들이 있다.

하지만 이야기는 언어로 짜인 구조물이고 그 고향은 문학이다. 틀림없이 이야기는 여러 장르가 함께 활용하고 있으나 이야기하기(Storytelling)의 소비 시장에서 보면 소설 이외의 장르는 파생 상품일 뿐이다. 그런데도 여전히 여러 장르에서 이야기가 그 본질적인 요소들을 압도하며 감동과 교훈의 전초로 작동할 수 있는 것은 어디서도 패배하지 않는 이야기의 힘 덕분이다.

오늘날 소설은 여러 곳에서 위기론에 직면하고 있다. 그리고 그 위기론 중에는 거대 담론의 상실 못지않게 이야기의 위기를 지적하는 주장도 만만치 않다. 다른 표현 양식을 가진 장르가 수용하는 이야기와 소설 요소로서의 이야기를 제로섬(zero-sum) 관계로 이해한 탓이다. 다른 장르가 이야기를 갈가리 찢어가 버려 소설의 몫으로는 찌꺼기만 남게 되리라는 예단이 소설의 위기로 과장된 듯하다. 그러나 각기 다른 장르에 수용되는 이야기들은 제로섬 관계가 아니다. 이야기에는 나눌수록 커지는 위대함이 있다. 따라서 이야기를 포기하지 않는 한 그와 같은 소설의 위기는 없다. 이야기는 어느 시대에도 패배하지 않는다.

4. 이야기의 힘

윤호진, 공연 연출가.

홍익대학교 공과대학 재학 중인 1970년 실험극장에 입단했으며 연극 〈그린 줄리아〉와 〈아일랜드〉를 연출해서 화제를 모았다. 1980년 동국대학교 연극영화과 대학원을 졸업하면서 본격적인 작품 활동을 시작해 이문열 원작의 〈사람의 아들〉과 〈닥터 쿡스가든〉 〈세일즈맨의 죽음〉 〈호모 세라파투스〉 〈들소〉 등을 연출했다.

그는 1년 동안의 영국 연수를 마치고 1983년 연극 〈신의 아그네스〉를 연출해 흥행에 성공하고 다음 해 뉴욕대학교 공연학과 대학원에 입학했다. 졸업 후 귀국해 〈사의 찬미〉를 초연하고 88올림픽 기념 국립극단 공연 〈팔곡병풍〉의 객원 연출가로 활동했다. 1992년 뮤지컬 전문 극단 에이콤을 설립해 〈아가씨와 건달들〉의 제작 연출을 시작으로 뮤지컬 〈스타가 될 거야〉 〈명성황후〉 〈페임〉 〈맘마미아〉 〈러브〉와 연극 〈39계단〉을 제작했다.

뮤지컬 〈명성황후〉는 국내 대형 창작 뮤지컬 역사에 한 획을 그은 작품으로 1997년 국내 처음으로 미국에 진출해 LA 슈버트 극장과 뉴욕 링컨 센터에서 성공적으로 공연됐다. 2002년에는 영국 런던 아폴로 해머스미스 극장, 2004년에는 캐나다 토론토 허밍버드 센터에서 공연됐다. 〈명성황후〉는 지금까지 100만 명이 넘는 관객을 모았다.

그는 1995년 제1회 한국뮤지컬대상에서 〈스타가 될 거야〉로 연출상을, 이듬해인 1996년에도 뮤지컬 〈명성황후〉로 작품상과 연출상을 받는 등 많은 수상 경력이 있다.

현재 단국대학교 공연영화학부 교수이면서 단국대학교 대중문화예술 대학원 원장, 한국뮤지컬협회 회장, 주식회사 에이콤 인터내셔널의 대표를 맡고 있다.

　새로운 음식을 개발했을 때의 쾌감. 혀로 느껴지는 강렬함과 동공을 자극하는 아름다움, 그리고 먹는 이의 감동. 음식을 만든다는 것을 그저 먹음에 대한 단순한 과정쯤으로 여길 수는 없다. 우리는 흔히 좋은 감정이나 총체적인 느낌의 감정을 맛에 비유하여 표현한다. '황홀한 맛', '짜릿한 맛' 등으로 말이다. 맛은 오감을 자극하는 것으로 인도에서는 이것을 예술의 척도라고 말하기도 한다. 음식은 어떤 재료를 쓰느냐가 중요하다. 그러나 똑같은 재료와 환경이 주어져도 만드는 사람에 따라 전혀 다른 결과가 나온다. 이런 면에서 영화, 연극, 뮤지컬 등 공연 예술은 음식과 닮아 있다.

　공연 예술에서도 역시 같은 이야기를 놓고도 사람에 따라서 결과물이 달라진다. "이 시대에 우리는 어떤 이야기를 해야 하는가, 어떤 이야기가 관객을 자극하는가?"에 대한 고민은 계속되고 있다. 이야기가 힘을 갖기 위해서는 어떤 요소가 필요한 것일까?

　뮤지컬 〈명성황후〉를 만들던 1995년, 이 작품을 바라보는 시선은 차가웠다. 어느 누구도 격려나 응원을 보내 주지 않았다. '민비'로 치부되던 왕비에 관한 치욕적인 역사의 한 부분이 달갑지 않았을 것이다. 그러나 그 치욕적 역사의 한 페이지인 민비 시해 사건은 결코 그냥 지나칠 수 없는 '강렬함(intensity)'이 있는 스토리였다. 비단 한국과 일본의 관계를 떠나 어디에나 존재하는 약자와 강자의 구조적인 이야기와 시해라는 스토리가 내재되어 있었기 때문이다. 이는 곧 '보편성(universality)'이라는 요소로 발전했다. 스토리 안에서 국가와 나, 나와 이웃, 나와 내면의 나를 돌아볼 수 있는 시간을 무대를 통해 갖게 되는 것이다. 또한 인간들의 원초적인 성질과 집단과 집단 간에 발생할 수 있는 상황을 다룬 점에서 특별하게 시기를 타지 않는다는 '시의성(timeliness, 時宜性)'도 가지고 있었다.

그래서 뮤지컬 〈명성황후〉는 강렬함 속에서 받을 수 있는 감동과 더불어 보편성과 시의성을 동반한 감화를 얻게 됐다. 이것이 14년이라는 시간 동안 100만 관객을 모을 수 있었던 힘의 원천이다. 이는 비단 이야기 안에 녹여 낸 원천뿐만 아니라 제작진과 배우 모두의 노력과 능력이 적용됨으로써 얻게 된 값진 결실이다. 강렬함과 보편성, 시의성. 나는 오늘 이 세 가지를 요소로 하는 이야기의 힘에 대해 얘기하고 싶다.

이 중 무엇보다 강조하고 싶은 것은 바로 강렬함이다. 강렬함은 흥미를 유발하고 자극하는 가장 큰 요소라고 할 수 있다. 연극의 기원인 제의(ritual)에는 오로지 신에 대한 무한대의 관심과 절대적인 표현에만 열중하여 그 안에서 뿜어져 나오는 강렬함은 그 어느 것도 따라갈 수 없었다. 근대로 올수록 공연 예술이 발달하고 이와 함께 '관객'이라는 집단이 중요하게 등장하면서 현대 극작가들은 이들을 만족시킬 수 있는 것을 찾아내기 위해 끊임없는 실험적 시도를 해 오고 있다.

강렬함은 두 가지로 나누어 볼 수 있다. 하나는 겉으로 드러나는 강렬함이며 다른 하나는 내재된 강렬함이다. 겉으로 드러나는 강렬함을 가진 작품으로는 연극 〈에쿠우스〉와 뮤지컬 〈명성황후〉가 있다. 〈에쿠우스〉는 6마리 말의 눈을 쇠꼬챙이로 찌른 마구간 소년의 괴기적 범죄 실화를 소재로 하여 관객들에게 시각적인 자극을 주어 강렬함을 전달한다. 또한 〈명성황후〉는 시해 사건이라는 스토리를 통해 흥미를 일으키고 감정을 자극시키는 강렬함을 지니고 있다. 이런 작품들은 관객을 자극할 수 있는 강한 요소를 지녀 오랜 시간 많은 관객들을 흡수할 수 있는 힘을 가지게 된다. 이와 반대로 내재된 강렬함을 가진 작품으로는 체호프의 작품을 들 수 있다. 그의 4대 희곡 중「갈매기」는 주제와 줄거리의 생략이나 무대에서 사건의 후퇴, 사소한 일상사의 재현에 의해 눈에 보이지 않는 인생의 진실과 미를 시의 경지에까지 끌어올린 희곡으로 평가받고 있다. 시각적인 강렬함보다는 내재되어 있는 인간 고유의 감성을 강렬하게 자극하는 이야기로 100년이 지난 현재까지도 무대에서 힘을 얻고 있다.

강렬함은 곧 감동과 재미라고도 말할 수 있다. 흥미를 유도하는 것은 관객이 감동과 재미를 느끼게 하기 위함이기 때문이다. 이것은 이야기의 구조적인 문제와는 별개로 여겨져야 한다. 최근 할리우드에서 최고의 전문가들만 모아 완벽한 구조의 시나리오를 공동 집필해도 관객의 외면을 받는 원인이 바로 이 강렬함, 즉 감동과 재미 부분이 결핍돼 있기 때문임을 알 수 있다.

그러나 강렬함을 지녔다고 해서 모든 관객들과 소통할 수 있는 것은 아니다. 여기서 나는 '이야기의 힘'의 두 번째 요소로 보편성에 대해 얘기하겠다. 〈명성황후〉가 국내 최초로 뉴욕 링컨 센터에 진출했을 때 한국의 역사가 과연 미국 시장에 적합할 것인지에 대해 회의적인 시선이 많았다. 그러나 〈명성황후〉를 보고 나온 한 유태인 할머니는 자신이 가진 것과 비슷한 역사의 아픔을 예술로 승화한 것에 감탄했고 한 재미 교포 소녀는 자신의 나라를 알게 해 주어 고맙다는 인사를 전해 왔다.

또 한국에 거주하고 있는 한 미국인은 5년 동안 한국에서 경험한 것들보다 2시간 반 동안의 공연이 한국을 더 많이 이해하게 해 주었다고 소감을 말하기도 했다.

앞서 거론했던 바와 같이 유태인, 재미 교포 소녀, 국내 거주 외국인 등이 각각 감동을 얻을 수 있었던 것은 이 이야기가 가진 보편성 때문이다. 어느 사회에든 내재되어 있는 이야기들을 드러냄으로써 단지 민비 시해 사건이 있던 때의 조선이 아니어도 충분히 공감을 얻어 낼 수 있었다는 것이다. 이처럼 보편성은 관객과 소통하는 데에 중요한 역할을 담당한다. 소통과 감동을 불러일으키는 것은 이야기와 관객의 공통 분모를 형성하고 밀접성을 강조하는 데에서 비롯되기 때문이다. 보편성은 또한 이야기의 지속성에도 큰 영향을 끼친다. 오랜 세월 다양한 해석으로 무대에 오르고 있는 고전 작품들은 인간 본연의 모습에 입각한 것이 많이 있기 때문이다. 보편성이 전제될 때 세계가 공감하는 작품이 나올 수 있다. 좀 더 많은 세대가, 좀 더 많은 인종이, 좀 더 많은 사회 구성원들이 공유하는 작품이라면 보편성이 아주 강한 작품이라고 말할 수 있다.

1977년 실험극장에서 연출했던 연극 〈아일랜드〉는 당시 중단 없이 94회의 공연 횟수를 기록하며 큰 파격과 흥행을 이뤘다. 70년대를 바라보며 '정의'의 문제를 거론하고 싶던 젊은이들의 어두운 시절을 대변하며 빛이 된 작품이었기 때문이다. 그러나 최근에 〈아일랜드〉가 다시 무대에 올랐지만 흥행에 실패했고 평단의 공감도 얻지 못했다. 바로 이 부분에서 시의성에 대해서 얘기할 수 있다. 〈아일랜드〉는 시대적 상황의 변화로 공감을 얻어 내지 못했다. 젊은 층이 정의의 문제를 고민하던 과거 70년대와는 요즘의 사회적 분위기가 달라졌기 때문이다. 시의성은 앞서 얘기한 작품의 질과 이야기의 탄탄함과는 별개로 고려해야 할 점이다. 이것은 관객에게 어떤 이야기를 들려줄 것인가와 일맥상통하는 것으로 이 시대에 필요한 이야기, 궁금한 이야기, 흥미로운 이야기를 찾아내야 하는 것과 관련 있다.

한편 셰익스피어의 비극 작품들은 명작으로 칭송되며 아직까지도 여러 재해석과 재구성으로 무대에 오르고 있다. 그러나 이 시의성 부분에서 셰익스피어의 비극 작품들은 자칫 희극 작품이 될 수도 있다. 시대적인 변형은 작품의 구성에도 변화를 가져올 수 있기 때문이다. 예를 들어, 과거의 비극적 대사가 현대에는 희극적으로 들릴 수도 있다. 즉, 시대가 갖는 표현과 언어 변화를 고려해야 한다.

다시 음식 이야기로 돌아가 보자. 똑같은 재료가 있고 같은 환경이 주어져도 음식은 만드는 사람에 따라서 그 맛이 달라진다. 재료 자체는 살아 있는 것이 아니지만 만드는 사람에 의해 새로운 생명력을 얻게 된다. 신선하고 좋은 재료를 쓸수록, 또 실력 있는 요리사가 만들수록 훌륭한 음식이 나올 가능성이 크다. 맛 좋고 보기에도 훌륭한 음식이란 여러 가지 조건들이 환상적인 조화를 이뤘을 때 비로소 완성되는 것이다.

공연 예술도 마찬가지이다. 이야기가 얼마나 강렬하고 보편적이고 시의적인지에 따라서 그리고 누가 만드느냐에 따라서 작품의 질은 달라진다. 제아무리 구태의연한 이야기라 할지라도 예술가의 능력에 따라 강렬함을 가질 수 있다. 강렬함과 보편성을 줄 수 있는 이야기를 찾아내는 작가나 작곡가, 그리고 수많은 제작진들의 노력을 통해 비로소 하나의 완성된 작품이 나오는 것이다. 이것은 결코 쉽지 않은 작업이며 이를 발견해 내는 것은 그야말로 높은 평가를 받아야 할 능력이다.

　대형 창작 뮤지컬 〈영웅〉은 안중근 의사의 일대기를 다룬 작품으로 실제에 픽션을 가미한 새로운 형태의 역사물이다. 이 작품의 기획 배경에는 강렬함, 보편성, 시의성, 이 세 가지가 포함되어 있다. 2009년은 안중근 의사가 이토 히로부미를 저격한 지 꼬박 100년이 되는 해이다. 100년이라는 숫자와 세월이 주는 깊이는 다시 돌아오지 않는 유일성을 가지면서 큰 힘을 발휘한다. 다시 말해, 강한 시의성을 가진다는 뜻이다. 또한 하얼빈 역에서 이토 히로부미를 저격하는 상황 스토리는 커다란 강렬함을 지니고 있다. 그리고 나라의 독립을 위한 희생과 인간의 고뇌에서 느껴지는 인간애, 그리고 조국의 소중함은 보편성을 가지고 있다. 이제 과연 어떤 예술가들의 손에 의해 발전되고 만들어지느냐가 관건으로 남아 있다. 이야기의 강렬함을 극대화하고 시의성을 최대한 부각시키며 보편성의 폭을 최대로 넓히는 과정을 통해 이야기는 더 큰 힘을 가질 것이고 이는 관객 한 사람 한 사람에게 전달될 것이다.

5. 건축, 이야기 속에 살다

다니엘 리베스킨트(Daniel Libeskind), 건축가.

건축 및 도시 설계 분야에서 세계적인 명성을 떨치고 있는 인물이다.

1946년 폴란드에서 태어난 그는 1965년에 미국 시민이 됐다. 이스라엘과 뉴욕에서 음악을 공부했고 연주가로도 활동했다. 1970년 뉴욕 쿠퍼유니언대학교에서 건축공학 학위를 취득했고 영국 에섹스대학원에서 건축 역사 및 이론을 공부했다.

세계 여러 대학교에서 강의한 그는 토론토대학교, 펜실베이니아대학교, 예일대학교에서 석좌교수를 맡았다.

국제적인 이해와 평화를 촉진시킨 예술가에게 주는 상이자 건축가에게는 수여된 적이 없는 히로시마 예술상을 포함하여 수많은 상을 수상했다. 1999년에는 베를린 유대인 박물관으로 독일 건축가상을 받았다. 2003년 2월에 세계무역센터 디자인 공모전에서 수상한 후 뉴욕시 수석 기획 건축가로 발탁됐다. 2004년 미국 국무부는 문화 교류 프로그램의 일환으로 그를 최초의 건축문화대사로 임명했다. 현재 독일 드레스덴 군사 역사 박물관, 아일랜드 더블린의 그랜드운하 퍼포밍 아트 센터와 갤러리아 등 다양하고 광범위한 건축 및 도시 개발 프로젝트를 추진 중이다. 그는 또한 최근 용산국제업무지구(YIBD) 수석 기획 건축가로 선정됐다.

2008년 11월 퓰리처상 수상 건축 비평가 폴 골드버거와 함께 『카운터포인트(Counterpoint)』를 출간했다.

이 포럼의 핵심 주제는 디지털이다. 디지털은 보통 첨단 기술과 연관된다. 그러나 '디지털(Digital)'이라는 단어의 어원은 라틴어로 손가락을 의미하는 말에서 유래됐다. 나는 디지털이라는 단어가 손으로 무언가를 만드는 행위를 은유한다는 부분에 관심이 갔다. 바로 그것이 디지털 포럼이라는 이 자리에서 건축에 대해 언급하는 것이 중요하다고 생각한 이유이다.

요즘 우리는 세계 위기에 관해 귀에 못이 박이도록 듣고 있다. 건축이 이 논의들과 관련하여 과연 무엇을 기여할 수 있을까? 단언컨대, 나는 건축이라는 것이 기술, 정치, 경제에서 일어나고 있는 모든 변화 속에서 안정감을 제공한다고 믿고 있다. 우리는 종종 변화들을 너무 강조한 나머지 실제로 우리 삶 가까이에서 가장 큰 영향을 미치는 것들을 지나쳐 버리기 쉽다. 하지만 우리는 다른 세계가 아닌 바로 이 세계에서 살고 있다.

나는 항상 건축을 삶의 이야기 혹은 하나의 언어로서 생각해 왔다. 건축은 단어로 이루어진 언어는 아니지만 비율, 숫자, 공간, 빛 그리고 그림자를 통해 소통하는 언어이다. 나는 운 좋게도 건축가가 아닌 뮤지션 출신으로 건축을 시작했다. 그리고 다음과 같은 이유에서 건축과 음악이 매우 유사하다는 것을 발견했다.

첫 번째 유사점은 두 분야 모두 매우 수학적이고 기하학적이며 정밀하다는 것이다. 모든 진동, 각 그리고 숫자는 완벽하게 정확하다. 만일 그것이 조금이라도 어긋나면 아무것도 될 수가 없다. 동시에 건축과 음악은 마음뿐만 아니라 영혼으로 소통한다는 공통점을 지닌다. 다시 말

해, 이 두 가지는 구조적이고(structured), 추상적이며(abstract), 정확하고
(precise), 수학적이면서(mathematical), 형이상학적인(metaphysical) 동시에
마음속 깊은 곳과 소통한다는 점에서 매우 유사하다.

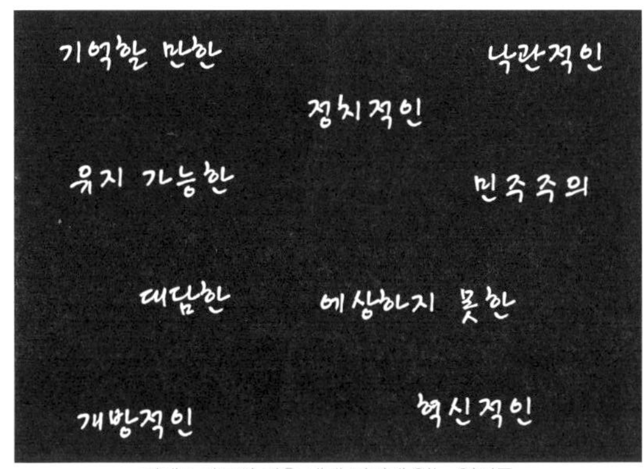

리베스킨트의 건축 세계 뒤편에 있는 언어들

낙관적 vs. 비관적

'낙관적(optimistic)'이란 말과 '비관적(pessimistic)'이라는 말은 건축가에
게는 그다지 어울리지 않는 단어들이다. 우리는 흔히 경제학자나 비즈
니스 리더, 혹은 정치적 거물의 입에서 "미래가 비관적이다." 혹은 "낙
관적이다."라는 말을 듣는다. 간혹 단조의 곡을 쓴 작곡가들이나 현실
을 어둡게 묘사하는 시인들에게서 이 단어들을 듣기도 한다.

그러나 건축가는 이들과 다르다. 사실 건축가란 미래에 대한 신념을
가지고 있고 필연적으로 낙관주의적인 관점의 직업이다. 왜냐하면 어
떤 건축물을 짓기 위해서는 미래가 과거보다는 더 나을 것이라고 믿어
야 할 필요가 있기 때문이다. 이는 '건설(building)', '개방(opening)', '전망
(horizon)' 등의 낙관적인 뉘앙스의 단어에 대한 언어적 관념이 왜 건축

으로부터 만들어지게 됐는지를 말해 준다. 나는 이에 대한 믿음을 늘 갖고 있다.

내가 했던 건축 프로젝트 가운데에서 아무런 사전 조사를 시행하지 않았던 적이 두 번 있다. 한번은 베를린 유대인 박물관을 지을 때, 또 다른 한번은 뉴욕의 그라운드 제로(Ground Zero) 프로젝트 때였다. 왜냐하면 이들은 나의 영혼과 가족에 너무도 가까운 곳이기 때문이다.

베를린 유대인 박물관

베를린 유대인 박물관은 물론 홀로코스트(Holocaust, 유럽 거주 유대인 학살)를 중요한 주제로 삼았다. 홀로코스트로 인해 우리 집안에서도 90명 이상이 목숨을 잃어야 했다. 나는 박물관의 디자인 아이디어를 고민할 때마다 더 이상 세상에 없는 사람들의 이름과 그들의 사라져 버린 문화에 대해 생각했다. "단지 어두운 역사의 단면을 보여 주기 위해 이 박물관을 짓는 것일까? 어쩔 수 없는 비관론을 상기시켜 주는 게 이 작업의 목적일까?"란 질문을 던지면서 오히려 나는 희망을 생각했다.

나는 이 프로젝트가 새롭고 희망적이며 과거의 어두운 면에 빛을 비출 수 있는 무엇인가가 되기를 바랐다. 그래서 여타의 건물들과는 전혀 다른 디자인의 건축물을 창조했다. 왜냐하면 그 박물관이 지니고 있는 역사는 이 세상 그 무엇과도 다르기 때문이다.

베를린 유대인 박물관은 몇 가지 눈길을 끄는 점이 있다. 지하 입구라든가 막다른 복도와 같은 많은 독특한 측면을 가지고 있다. 그리고 여기에는 '홀로코스트 보이드(Holocaust Void)'라는 이름의 공간이 마련되어 있는데 여기에서는 조용히 빛줄기가 내리는 것 이외에는 어떤 일도 일어나지 않는다.

도시를 매우 다른 방식으로 볼 수 있는 '망명의 정원(Garden of Exile)'도 있다. 이곳의 계단은 연속적인 구조를 가지고 있다. 이는 역사란 행복하거나 혹은 불행한 결말을 가진 완결된 이야기가 아니란 의미를 가진다. 우리는 늘 역사의 한 부분을 맡고 있을 뿐이다.

또한 '메모리 보이드(Memory Void)'라는 장소도 만들었다. 여기에는 아무것도 전시될 수 없다. 겨울에는 난방이 되지 않고 여름에는 전혀 냉방이 되지 않는다. 대신 이 공간은 메아리와 기억이 함께 울려 퍼지는 곳이다. 이 공간은 오페라 〈모세와 아론(Moses und Aron)〉의 완성을 기념하기 위해서 박물관에 포함시킨 곳이다. 베를린에서 이 작품을 만들던 아놀드 쇤베르크(Arnold Schoenberg)는 완성하기도 전에 독일에서 추방됐다. 나는 이 오페라가 그 사람의 세계가 새로운 것으로 연속되게 하도록, 즉 관광객들의 발자국이 울려 퍼짐으로써 베를린의 세계와 유럽 세계가 진정으로 이어질 수 있음을 상징적으로 나타낸다고 생각했다.

나는 건축이 도시에 대한 새로운 시각을 만드는 데에 기여한다는 점을 강조하고 싶다. 작거나 혹은 추상적인 건축물이라 하더라도 그것은 자신이 위치에 있는 도시에 대한 시각이나 심지어 역사를 바라보는 시각까지도 변화시킬 수 있다. 또한 희망적인 전망을 펼쳐 내게 하며 인간의 잠재력을 세상에 알리면서 과거보다 더 나은 무언가를 열망하는 믿음을 불러일으키기도 한다.

정치적 vs. 회피적

종종 건축은 단지 외관을 바꾸는 물리적 조작쯤으로 보이기도 한다. 그런데 그리스 인들에게 건축은 철저히 정치적인 것이었다. 정치적이란 의미의 단어인 'political'은 그리스 어로 '도시 국가(city - state)'로부터 기원한 'politeia(국가, 공화국)'를 의미한다. 이 말은 모든 사람들이 접근 가능하고 결코 소외돼서는 안 되는 무엇인가를 내포하고 있다.

내가 현재 진행 중인 건축 프로젝트는 독일 드레스덴에 군사 역사 박물관을 짓는 것이다. 드레스덴은 제2차 세계 대전 당시 폭격으로 폐허가 됐다. 여기에는 오래된 병기 공장이 있었는데 이것은 19세기에는 군사 박물관이었고 그 이후에는 나치 군사 박물관이 됐다. 그러다 다시 소비에트 군사 박물관으로 바뀌었다. 물론 현재 독일은 통일된 민주 국가이다. 그들은 오래된 병기 공장 뒤에 있는 이런 사실을 숨기려고 하기보다는 역사적으로 민주주의 사회에서 군사가 얼마나 중요한 것이었는지를 대중에게 보여 주기를 원했다. 또한 이는 전혀 부끄러워할 일이 아니다.

내가 한 것은 빌딩 내부에 다른 빌딩을 창조한 것이다. 다음 그림을 보자. 커다란 병기 공장은 U자형의 빌딩이다. 나는 그것을 관통하는 날

드레스덴에 위치한 독일 군사 역사 박물관

카롭고 뾰족한 쐐기를 박았다. 그리고 이들은 바깥쪽에서 합해진다. 민주적인 공간에서 사람들의 역사와 그들의 도시인 드레스덴의 이야기가 주마등처럼 개방되고 펼쳐지게 된다. 이 극단적인 건물은 역사적인 도시가 내려다보이는 언덕 위에 위치해 있으며 건축물이 가지는 공적 의미의 중요성을 말해 주고 있다. 건물이 작든 혹은 개인적인 것이든 이는 누군가가 볼 것이기 때문이다.

기억에 남는 vs. 잊히는

나는 건축이 기억이라는 측면을 갖고 있다고 강하게 믿고 있다. 그런데 많은 건축물들이 잊히기 쉽게 세워졌기 때문에 사람들은 갈 길을 잃어버렸다. 건축이란 우리가 누구이며 현재 어디에 있고 또한 어디로 가고 있는지를 이해하도록 삶 속에 그 자체를 새겨 넣는 것이어야 한다. 그런 의미에서 내가 한때 살았던 적이 있고 또 매우 사랑하는 도시인 밀라노에서 프로젝트를 하게 된 것은 큰 행운이다.

이 프로젝트의 한 측면은 다른 두 명의 건축가들과 협력하여 이 역사적인 도시의 중심에 공원을 조성하는 것이다. 나는 유서 깊은 도시, 위대한 건축의 도시, 또한 전진해 나가는 도시라는 의미 모두를 표현하기 위해서 이 공간 안에 세 개의 마천루를 세우자고 제안했다.

모든 도시는 서로 경쟁 관계에 있다. 건축가는 이들이 뒤처진 과거의 장소가 아닌 경쟁력 있는 도시로 만들어 주는 핵심 요소가 된다. 밀라노 프로젝트가 진행되는 곳은 도시의 중앙인 대성당에서 매우 가까이 있다. 우리는 여기에 높은 빌딩과 사무실, 호텔, 그리고 박물관으로 둘러싸이도록 새로운 광장과 함께 현대 도시에 꼭 필요한 거대한 공원을 조성했다.

공원의 가장자리에는 밀집도가 높은 주택 및 주거 지역이 생길 것이다. 나는 이런 주거 지역마저도 고유의 특성을 가져야만 하며 밀라노의 역사적인 건물의 느낌을 상기시켜야만 한다고 생각했다. 거기다 밀라노는 높은 수준의 삶과 새로운 시설, 재료, 그리고 기술적인 측면에서 매우 높은 기대치를 만족시킬 정도로 그곳만의 특색이 있어야만 한다고 느꼈다.

나는 또한 센트럴타워도 디자인했다. 레오나르도 다 빈치가 밀라노에 세우려고 했으나 실행하지 못했던 대형 돔 모형의 플라자를 제안했다. 단순히 2차원적 이미지가 아닌 완전히 공간적인, 즉 3차원 광장을

피에라 밀라노의 콘셉트

형성하는 빌딩을 만들고 싶었다.

위의 그림 상단 왼편에 있는 이미지는 강력한 중심 핵과 반복적인 층계 판을 가진 호텔 건물을 보여 주고 있다. 이는 매우 실용적인 건물이면서도 도시의 역사를 상징적이고 흥미로운 공간적 연출로 표현하고 있다.

나중에 이 부근에 밀라노 뮤지엄을 지어 달라고 요청받았을 때 나는 매우 기뻤다. 밀라노는 위대한 예술과 디자인의 도시이다. 그런 의미에서 나는 다빈치의 유명 작품인 '인체비례도'를 기초로 한 박물관 건축 아이디어를 냈다. 만약 그가 오늘날 이 작업을 한다면 그 작품을 예상하지 못한 차원과 기울기로 변형했을 것이라고 상상했다. 그래서 나는 고전 건축이 풍미하던 르네상스 시대라는 아이디어를 가지고 작업을 하고 있다. 거기다 현대 도시적 삶의 활기가 넘치며 공원과 같은 새로운 요소를 지닌 그런 작업을 말이다. 나는 공원, 도시 그리고 지역 커뮤니티의 삶에 기여할 박물관을 건설하려고 마음먹고 있다.

뜻밖의 vs. 습관적인

예기치 않은 것(unexpected)은 매우 중요하다. 우리는 일상적이고 평범한 것(habitual)으로부터 멀어져야만 한다. 종종 건축은 일상적인 습관의 하나로 여겨진다. 하지만 습관이란 실제로 자유에 대한 속박의 한 형태일 뿐이다.

스위스 베른에서 거대 쇼핑센터, 호텔, 컨벤션 센터, 그리고 노인을 위한 건강 시설 및 주택들의 복합적인 개발 프로젝트인 웨스트사이트 콤플렉스를 디자인할 때 나는 마르크스 형제(Marx Brothers)로부터 영감을 받았다. 그들의 작품 가운데 주인공이 백화점을 접수하여 이곳이 문을 닫은 뒤 친구들을 초대하고 그곳에서 살기 시작하는 내용의 영화가 있다. 백화점이 단지 물건을 판매하는 곳일 뿐 아니라 우리 삶의 한 부분이라는 것을 생각해 봤을 때 그들의 아이디어는 꽤 훌륭했다. 이 웨

스위스 베른의 웨스트사이드 콤플렉스

스트사이드 콤플렉스는 큰길에 위치한 거대 복합체로 주거지뿐만 아니라 호텔도 포함하고 있다.

위 그림에서 보듯이 이 복합체는 도로 양변에 커넥션을 이루면서 엄격하게 묶여 있다. 박물관처럼 생긴 이 백화점은 일반적인 쇼핑센터의 분위기를 완전히 바꿔 놓은 것이었다. 나는 사람들이 단지 물건을 사러 쇼핑센터 안에 들어와 있는 것이 아니라 거대한 작품 속에 있다는 느낌을 받게 하고 싶었다.

여기서 한 가지 흥미로운 사실이 있다. 박물관과 같은 공적인 곳의 작업을 할 때면 언제나 고객은 그곳이 많은 이윤을 남겨 상업적으로 성공할 수 있도록 디자인해 주기를 원하는 반면, 쇼핑센터와 같은 고객들은 상업적으로 성공을 목적으로 하는 곳임에도 불구하고 이 건축 프로젝트를 통해서 문화적 요인도 반영될 수 있도록 해 달라는 요구를 하곤 한다.

웨스트사이드 콤플렉스 프로젝트는 꽤 성공적이었다. 왜냐하면 이곳은 건물 내부로 일광을 끌어오는 등 도로변에 위치한 빌딩들에서 흔히 연상되는 것과는 거리가 먼 특성들을 지니고 있기 때문이다. 또한 길 위에 세워진 전형적인 메탈 건물이 아닌, 섬세하고 정교한 목조 건물로 사람들이 기대하지 못한 점을 실현했다는 점 또한 독특했다. 이는 뜻밖의 시도로 장소에 대한 새로운 감각을 불러일으켰다. 불경기였음에도 불구하고 수백만 명의 사람들은 이 건물을 구경하기 위해 찾아왔을 뿐만 아니라 이곳에서 쇼핑도 즐겼다. 건물 자체만을 위해 지어진 것이 아니라 그곳에서 일어나는 행위들을 촉진시킬 수 있는 건물을 본다는 것은 무척이나 멋진 일이다.

한 가지 더 언급하자면, 도시 외곽에 위치해 있던 이 쇼핑센터가 이 지역으로 케이블카와 기차역을 가져올 수 있었다. 이는 대중교통을 위한 공간이라는 가치까지 창조한 것이다. 이번 프로젝트는 쇼핑센터, 호텔, 주변 지역에 위치하여 간과되는 경향이 있던 모든 다른 건물들에게도 긍정적 영향을 주는 아주 성공적인 모델이 됐다. 대중교통의 촉진과 같이 이윤을 내면서도 사회적 공헌을 함으로써 이런 건물들의 역할에 대한 기대 수준을 높일 수 있었다.

개방적 vs. 폐쇄적

나는 폐쇄적인 것(closed)보다는 개방적인 것(open)을 적극 지지하는 편이다. 개방은 세상에 무엇인가를 돌려주지만 폐쇄는 다시 거둬들인다. 나는 매디슨 광장 근처에 뉴욕의 주거용 건축물 가운데 가장 높은

건물인 원 매디슨(One Madison)을 짓게 되는 기회를 얻었다.

이 건물은 여러 가지 면에서 개방적 가치를 지니고 있다. 우선 나는 건물의 획일적인 개념을 버리고 사람들이 건물의 어느 층에 있든지 상관없이 모두가 펜트하우스에 살고 있다고 느낄 만한 공간을 가져 왔다. 나는 전형적인 건물 이상의 것을 만들어 내고 싶었다. 내가 관여하고 있는 모든 건물은 VVIP나 적어도 VIP 수준의 지속 가능한 건물이다. 이런 부분에 대해서는 모든 건축가들이 일종의 책임감을 가져야 한다고 생각한다.

나는 모든 초고층 주거형 건물에 독창적인 특색을 반영하려고 노력한다. 원 매디슨의 경우에는 네 개의 커다란 기둥과 함께 이미 존재하고 있는 건물의 맨 위에 세워져 일부분이 된 건물이다. 이 건물은 그 자체가 개방적인 형태를 띠면서 주변의 엠파이어 스테이트 빌딩과 메트라이프 타워와 같은 역사적인 건물들과 어우러져서 아주 새로운 전망을 만들어 낸다. 최신식 주거 건물이 가지는 기술적 특징뿐만 아니라 뉴욕 스카이라인의 이미지가 지속 가능할 수 있도록 새로운 자극을 형성하고 있다.

대담한 vs. 안전한

나는 대담함(daring)을 추구한다. 건축을 하는 많은 사람들은 안전(safe)을 추구하고 있다. 물론 건축은 안전해야 하지만 동시에 대담할 필요도 있다. 덴버 아트 뮤지엄(Denver Art Museum)은 자연과 문화 사이의 연결 고리를 만듦으로써 대담성을 좇기 위해 많은 노력을 기울인 프로젝트였다. 이 건축물은 그 자체가 대담한 장소에 있다(덴버는 개척자들이 정착했던 로키 산맥에 위치한다).

로키 산맥은 뉴욕, 로스앤젤레스, 샌프란시스코와 같은 도시가 아니다. 이곳은 고난이 삶의 일부인 지역이다. 덴버 사람들은 고정된 법칙에 도전하는 건물을 원했다. 그래서 나는 이 건물에 지금껏 가장 큰 캔틸레버(cantilever, 외팔보)를 디자인했다. 그 날카로운 선이 로키 산맥과 도시의 마천루들을 잇는 듯한 상징을 지닌다. 게다가 이 건물은 다른 유명 건축물 옆에 위치하고 있어 그것과의 연결 효과나 공간과 극단적인 조각 형태를 새롭게 전시하는 효과를 동시에 불러일으키고 있다. 이런 점들이 바로 이 건물의 대담한 부분이다. 안전의 경계를 넘어서는 대담함이 없었더라면 이런 놀라운 건물은 결코 볼 수 없었을 것이다.

셀 수 없이 많은 박물관들이 다양한 설치 작업이나 고전 혹은 르네상

덴버 아트 뮤지엄

스 시대의 예술품, 기타 여러 서구 예술 전시를 진행해 오고 있다. 그러나 앞서 본 밀라노 뮤지엄은 특유의 독특하고 대담한 특성을 지니고 있다. 전반적으로 나는 옛 도시인 밀라노를 소생시키기 위해 새로운 광장, 높은 수준의 주거지와 콘도미니엄까지 지었다. 이 건물들 중 어느 것도 홀로 서 있지 않다. 오히려 도시의 기존 모습에 성장을 위한 활기를 더해 주고 있다.

덴버에서도 역시 새로운 건물들이 생겨나고 있다. 내가 디자인한 주택과 광장, 주청사뿐만 아니라 박물관, 주택가, 갤러리, 그리고 많은 새로운 건축물이 지어지고 있다. 목우 지대 중심 도시라는 덴버의 이미지는 사라졌다. 이제 덴버는 예술과 건축을 끌어안고 있는 미국의 정교한 도시가 됐다.

혁신적 vs. 공식적

내가 한국의 부산이라는 도시에서 일하게 된 것은 큰 행운이다. 단지 이곳에서 프로젝트를 진행할 수 있어서가 아니라 한국의 정신을 좋아하기 때문이다. 함께 작업했던 사람들과 고객들 모두 마음에 들었다. 그러나 한국이 다른 여러 분야에서 글로벌 리더임에도 불구하고 안타깝게도 건축 측면에서는 상투적이고 단조로운 편이라는 평가를 받아왔다.

그러나 부산 프로젝트 이후 나는 스스로에게 말했다. 부산 끝자락의 가장 아름다운 장소에 위치한 이 주거지들이 날씨가 좋은 날에는 이유도 없이 숨이 멎을 정도로 멋지다고 말이다. 다른 나라에서 이 프로젝트를 보여 줄 때마다 다른 사람들도 역시 호흡을 잠시 멈추고는 이곳이 어디인지를 물어본다.

이 프로젝트는 단지 형태 측면에서만 혁신적인 것이 아니다. 아파트의 배치, 밀도, 부지에 대한 처리, 그리고 각각의 특색 등 여러 측면에

현대 아이파크 부산

서 부산의 다른 건물들이나 다른 기존의 한국 건축물들과 비교된다. 물과 도시 사이에서 새로운 연결성을 형성한 이 프로젝트를 통해서 한국이 하이테크뿐만이 아니라 건축으로도 가장 진보되고 흥미로운 곳으로 나아가게 된 것이다.

지속 가능한 vs. 표준적인

'지속 가능성(sustainability)'이란 것은 흔히 쓰이는 단어이지만 나는 여기에 한 가지 의미를 더 부여하고 싶다. 지속 가능성이라는 것은 단순히 지구 환경을 아끼는 것만 뜻하는 것이 아니라 문화적인 부분도 포함하고 있어야 한다. 우리는 기억에 대해서도 지속 가능성을 필요로 하기 때문이다. 우리가 가지고 있는 것 가운데 기억하고 관심을 가지고 있는 것은 쉬 버려지지 않는다.

드림 허브(Dream Hub) 프로젝트를 통해서 나는 서울의 용산을 디자인하고 있다. 어떻게 하면 이동성과 아름다움을 가지고 있으면서도 과거 이 나라의 통일된 중심을 상징하는 신라와 같은 의미의 장소를 창조해 낼 수 있을까 고심하고 있다.

한강은 지형적으로 서울의 중심으로서 21세기 이 도시가 어떻게 앞으로 나아갈 수 있는지에 대한 새로운 아이디어를 결집시키는 엄청난 잠재력을 가지고 있다. 이곳은 서울 그 자체이다. 용산은 한국의 오랜 역사를 품은 한강이 흘러가고 산과 신(God), 그리고 해가 뜨고 지는 것을 보아 왔던 곳이다.

그러나 나는 이것이 옛것에 머무르지 않고 이제 막 개발되고 시작되

는 새로운 이야기, 사람들에게 또 다른 의미를 가진 새로운 선도의 이미지가 부여된 역동적인 이야기가 되도록 만들 것이다. 이는 컴퓨터로 디자인되거나 격자 종이 위에 추상적으로 그려지는 것이 아니다. 그것은 인간의 척도와 감정을 바탕으로 한 것이어야 한다. 실제 건물이 얼마나 큰지 따위에 상관없이 바로 이것이 건축의 척도라고 생각한다. 건축은 인간의 영혼에 관한 것이다. 용산 프로젝트는 단지 한국뿐 아니라 세계적으로 그 기운이 솟구칠 것이며 한국이 실제로 어떤 나라인지를 보여 줄 것이다.

민주주의적 vs. 권위주의적

9.11 사건이 일어났던 뉴욕의 그라운드 제로 지역 개발 프로젝트는 민주주의(democratic) 대 권위주의(authoritarian)의 관점에서 볼 수 있다. 그라운드 제로의 세부 계획을 세우는 일은 굉장히 어려운 일이었다. 그 곳에서는 모든 것이 멋졌기 때문에 가볍게 잠을 청하는 날은 단 하루도 없었다. 이것이 바로 민주주의의 본질이다. 윈스턴 처칠은 "민주주의는 최악의 정부 형태이다. 지금껏 시도해 봤던 다른 모든 형태들을 제치고 말이다."라는 현명한 말을 남겼다. 즉, 누군가 "이거 해라, 저거 해라." 라고 하면 그대로 해야 하는 권위주의적인 정부 아래에서 일하는 것만 큼이나 민주주의 제도권 아래에서 건물을 디자인하고 건설하는 것은 쉽지 않다는 뜻이다. 민주주의 안에서는 모든 것에 질문이 던져지고 모든 것이 역동적이며 모든 사람들이 자신이 가진 단돈 2센트에 대해 참견한다.

나에게 그라운드 제로는 2001년 9월 11일 민주주의에 대한 역겹고 끔찍한 테러리스트의 공격에 사라져 간 사람들에 대한 경의의 표시이며 의미 있는 작업이었다. 쌍둥이 빌딩이 무너졌을 때 나는 뉴욕에 있는 학교를 다니고 있었다. 나의 아버지는 월 스트리트 근처에서 인쇄업자로 일하면서 30년간 뉴욕 브롱스로 출퇴근을 했다. 또한 나의 처남은 그와 같은 빌딩에서 엔지니어로 일하고 있었다.

내가 9.11 사건 당시 어디에 있었는지는 이 이야기의 중요한 부분일 것이다. 그럼 사람들은 "제가 바로 그곳에서 있었지요."라고 대답해 주길 기대한다. 하지만 나는 사실 그때 베를린에 있었다. 바로 이날 베를린 유대인 박물관이 일반 대중에게 문을 열었다. 박물관이 개방됐을 때 나는 스튜디오로 가서 지인들에게 "이제 사람들이 박물관으로 올 수 있게 됐어. 그러니까 오늘이 바로 지나간 끔찍한 역사에 대해 생각하지 않아도 되는 첫날이야."라고 말했다. 하지만 그러고 나서 몇 시간 뒤 박물관도 역시 안전하지 못할 수 있다는 이유로 문을 닫아야 했다. 역사는 항상 진행되고 있으며 항상 과거를 바꾸고 또한 항상 무언가 예기치 못한 것을 만들어 내고 있다.

그라운드 제로를 위한 내 계획명은 'Memory Foundations(기억의 토대)'로 나의 경험에 기초한 것이다. 자유의 여신상은 단순한 상징이 아니다. 이는 전 세계 사람들의 생득권인 자유의 불꽃을 의미하는 것이다. 따라서 이는 결코 상업적인 이유로 이용돼서는 안 된다. 어떤 점에서 그라운드 제로는 이것이 비즈니스일지라도 역사적인 기억의 보존을 위해서 그 방대한 땅의 16에이커 정도는 그대로 보존돼야만 한다. 이는 사라져 간 수천 명의 사람들에 대한 슬픔과 뉴욕이 앞으로 나아가는 것 사이의 섬세한 균형을 형성할 것이다. 결국 몇 백만 평의 부지가 개발되고 16에이커는 보호됐다. 나는 이 부지의 중앙을 박물관 지하, 건물의 발자취, 그리고 침묵을 위해 비워 두었다.

나는 그라운드 제로 개발 계획 경쟁 동안에 리버티 플라자(Liberty Plaza)에서 많은 유명 건축가들과 함께 있었다. 한번은 뉴욕의 항만 관리

위원회에서 온 관계자가 테러가 있었던 곳의 부지 아래로 내려가 보지 않겠느냐고 우리 건축가들에게 물었다. 그때는 비가 오는 가을날이었고 모든 사람들은 창문을 통해서도 얼마든지 잘 볼 수 있을 것 같다고 말했다. 나를 떠민 것의 실체가 과연 무엇이었는지 모르겠지만 그때 바로 내가 그 75피트 정도를 내려갔다. 그리고 나는 이것이 무엇을 의미하는지 깨달았다.

그것은 그림이나 사진으로 절대 경험할 수 없는 것이었다. 그곳의 의미를 제대로 알기 위해서는 사람들이 사라져 간 곳 가까이로 가야만 한다. 그때 나는 이 슬러리(Slurry : 시멘트, 점토, 석회질 등 혼합물) 벽이 그 부지에 남아 있어야 하는 동시에 결코 바깥으로는 드러나면 안 되는 것으로 존재해야 한다고 생각했다. 그라운드 제로에 대한 나의 계획은 이 벽을 기념 박물관의 일부로만 보이게끔 하는 것이었다. 이는 바닥부터 하늘까지 뻗어 나가는 것처럼 보이면서 비극의 상징으로만 그치지 않고 희망의 메시지를 전달해 줄 것이다.

이 프로젝트에는 많은 이해 관계자들이 개입되어 있었다. 이들 중에는 희생자의 가족, 뉴욕과 뉴저지의 주지사, 땅을 소유하고 있는 항만 관리 위원회, 땅을 빌려 그 위에 건축하고자 하는 개발업자들 등이 있다. 이는 실제로 이 도시의 한 조각이다.

16에이커의 부지는 도시 안의 도시를 형성하면서 덴버나 볼티모어의 모든 다운타운만큼 밀집되어 있다. 나는 뉴욕의 빛을 사용하는 상징적인 기념관을 만들고 싶었다. 이곳은 오전 8시 46분(첫 번째 타워가 공격을 받았던 시각)부터 오전 10시 28분(두 번째 타워가 무너졌을 때의 시각)까지 햇빛이 계속해서 비춰질 수 있도록 기획됐다. 이는 아침 시간 출근하는 통근자들에게 기념적인 의미를 줄 것이며 하늘과 빛 속에 중요한 무엇인가가 있다는 것을 알게 해 줄 것이다.

프리덤 타워(Freedom Tower) 역시 매우 중요한 상징을 가지면서 동시에 실용적인 건물이다. 본래의 세계 무역 센터(WTC)로부터 플랫폼을 복구했기 때문에 이제 사람들은 이곳에서 프리덤 타워를 볼 수 있을 것이다. 건물들은 자유의 횃불 그 자체와 같이 기념관 부지를 둘러싸고 있으며 공기와 빛을 부여하고 있다. 프리덤 타워는 2012년에 완공될 예정이며 기념관은 2011년 9월까지 완성될 것이다.

그라운드 제로 스케치

위 그림은 직관적인 스케치의 한 종류이다. 스케치는 내가 좋아하는 작업 중 하나인데 어떤 면에서 이것은 음악과 매우 비슷하다. 지휘자는 바이올린, 첼로, 드럼 중 오케스트라의 어떠한 악기도 연주하지 않는다. 대신 오케스트라 앞에 서서 음악이 조화를 이루도록 이끈다. 이는 건축적인 마스터플랜에 대한 지휘와 동일하다. 나의 역할은 이 부지 위에서 자유롭게 내뿜는 서로 다른 목소리들 사이에 조화가 이루어지도록 만드는 것이다. 작업에 따라 부서나 파트는 나뉘어 있겠지만 목적은 오직 그 하나뿐이다.

그라운드 제로의 가상도

이는 미국으로 이민을 온 내게 모든 것을 의미한다. 나는 공산 국가로부터 건너왔다. 공산주의 정부 아래에서 성장한 나는 사람들에게 좀 더 나아질 수 있도록 교육을 받거나 생각할 자유를 주지 않은 이 체제를 몹시도 싫어했다. 미국에 왔을 때 나는 자유의 여신상이라는 이 상징이 단지 과거의 어떤 것에 그치지 않고 미래의 희망을 뜻하는 가치일 것이며 뉴욕 혹은 미국, 더 나아가서는 자유로운 세상 모두를 위한 것이라고 생각했다.

Interview

Q 당신의 디자인은 우리가 매일 보는 것들과는 다소 차이가 있는 것으로 유명하다. 이런 새로움과 대담성의 정도가 너무 급격하여 누군가에게는 몹시 불편하거나 부담스럽게 받아들여질 수도 있다. 이에 대해서 어떻게 생각하는가?

다니엘 리베스킨트(이하 리베스킨트) : 우리는 개방된 사회에서 살고 있다. 이 사회에는 서로 다른 종류의 건물, 음악, 책, 그리고 감정과 생각이 존재한다. 바로 이런 것들이 이 세상을 더욱 풍부한 곳으로 만들고 있다. 나는 내가 하고 있는 작업을 인정해 주는 고객들이 있어 행운이라고 생각한다. 건축 프로젝트를 할 때 종종 제안하는 것과 실제 실현되는 것 사이에 차이가 있어서 작업이 지체되던 때도 있었다. 가령, 베를린 유대인 박물관이 얼마나 큰 논란의 화두가 됐는지 나는 생생하게 기억하고 있다. 하지만 이곳은 지금 독일뿐만 아니라 유럽에서도 방문객들이 가장 많이 들르는 곳이 됐다. 이에 대해서 나는 매우 자랑스럽게 생각한다. 때로는 건축이 새로운 세대와 새로운 인식, 혹은 새로운 이해를 가져오기도 한다.

Q 현재 한국에서는 건축과 일상적인 부동산 개발 사이의 차이가 모호하다. 즉, 건물의 가치가 건축적 가치보다는 부동산이라는 가치에 의해 결

정된다. 사람들이 건물을 투자 대상으로 보는 것에 대해서 어떻게 생각하는가? 또한 건축가들은 미래에 건축적 가치들을 어떤 방식으로 강화해 나갈 수 있을 것이라고 생각하는가?

리베스킨트 : 건축은 부가 가치이지 투자에 대한 보조적인 대상이 아니라고 생각하는 것에는 의심의 여지가 없다. 전 세계 어디에서건 건축적인 부분의 가치가 인정받고 그것이 육성될 때 전체 개발에 대한 가치가 증가할 것이다. 나는 건축이 단순한 수준의 물리적 공사일뿐이라는 인식과 대중 예술이 되기를 열망하는 인식 사이의 차이를 보고 있다. 나는 건축은 예술, 더 구체적으로 말해서 '시민 예술'이라고 생각한다. 다시 말해, 가장 커다란 예술인 셈이다. 이 예술은 다락방에 앉아서 실습할 수가 없다. 건축은 대중적인 것이기 때문에 홀로 연습을 할 수가 없는 것이다. 한국에서 나는 세기를 넘어 우리와 소통하고 있는 몇 개의 훌륭한 전통 건물을 본 적이 있다. 건축은 실제로도 소통을 할 수 있는 일종의 언어이다. 심지어 최악의 건물조차도 우리에게 무언가 해 줄 말을 담고 있다는 점을 언급하고 싶다.

Q 나는 전에 당신의 그라운드 제로 프로젝트에 대한 강의를 들었다. 당신이 열네 살 때 배로 뉴욕까지 와서 자유의 여신상을 처음으로 본 이야

기는 매우 감동적이었다. 그리고 지금 당신은 그라운드 제로 프로젝트의 건축가가 됐다. 당신이 미국으로 건너왔을 당시의 이야기를 더 듣고 싶다.

리베스킨트 : 어쩌면 이런 이야기는 그 시절의 수백만 망명자들에게 공통된 고전적 이야기일 것이다. 배로 뉴욕까지 오게 된 것은 행운이었다. 그것이 배로 사람들이 거기에 도착할 수 있는 마지막 날이었기 때문이다. 그 후로는 비행기 값이 오히려 더 싸졌다.

그때 어머니와 누나는 4시 30분경에 나를 깨웠다. 그들은 "일어나, 일어나 봐. 뉴욕에 도착했어."라고 말했다. 나는 엽서나 영화에서 보던 뉴욕의 스카이라인을 실제 두 눈으로 보았다. 아침 일찍 안개 사이로 나타난 뉴욕과 자유의 여신상을 첫 대면하기 전 나는 이에 대해서 아무런 마음의 준비도 못했다. 자유의 여신상은 실제로 믿기지 않을 만큼 대단한 예술 작품이다. 배가 지나감에 따라 그 여신상은 놀랍게도 뉴욕의 스카이라인을 가리키고 있었다.

뉴욕이 오랜 시간 동안 많은 사람들의 손을 거쳐 그토록 놀라운 건축물들을 가지게 된 사실은 마치 기적과도 같다. 그라운드 제로의 부지 구멍 아래로 내려갔을 때 11월의 회색빛 하늘을 올려다보면서 나는 당시 그 선상에 서 있던 어린 나를 떠올렸다. 나는 뉴욕으로 배를 타고 오는 이 모든 이민자들을 목격했다. 그리고 그때 나는 그라운드 제로는 월 스트리트가 아닌 허드슨 강을 향하고 있어야 한다고 생각했다. 자유의 여신상이 뉴욕의 스카이라인을 가리키고 있는 것처럼 그라운드 제로가 허드슨 강을 향하고 있다는 것은 많은 방향으로 펴져 나가서 새로운 이웃이 형성될 수 있다는 것을 의미한다.

Q 당신은 프레젠테이션을 통해 용산 프로젝트의 착수에 대해 언급했다. 앞으로 이 용산 프로젝트는 한국을 어디로 이끌어 나갈 것이라고 생각하는가?

리베스킨트 : 이 프로젝트는 어떤 면에서 새로운 패러다임을 가지고 있기 때문에 세계의 관심을 받고 있다. 서울과 같은 거대한 역사적 도시들이 그들 스스로를 재발견한다면 자신의 전통을 새로운 도시의 스포트라이트로 가져올 수 있다. 이때 그러한 새로운 중심은 매력적이어야만 한다. 21세기 도시인들의 삶과 일, 쇼핑 그리고 다른 모든 행동들은 실질적으로 지속 가능한 방식으로 연결되어야만 하며 자동차뿐만 아니라 전체적인 삶의 질에 근거한 것이어야만 한다. 나는 이 프로젝트가 좋은 본보기가 될 것이라고 생각한다. 그리고 앞서 언급한 것과 같이 나는 한국이 이룬 산업, 하이테크, 아방가르드 음악, 영화 그리고 문학 모두에 대한 대단한 예찬론자다. 나는 당연히 이 프

로젝트는 서울의 삶의 질적 수준을 높일 것이며 앞으로 나아갈 수 있는 새로운 자극을 부여하게 될 것이라고 예상한다.

Q 지구 온난화는 중요한 문제가 되고 있다. 건물을 디자인할 때 에너지를 절약하는 모델을 사용하고 있는가? 이에 대한 생각을 구체적으로 들어 보고 싶다.

리베스킨트 : 오늘날의 위대한 건축가들은 그들의 건물을 실제로 지속 가능하면서도 탄소 배출 범위를 최소화하도록 하기 위해 고민하면서 디자인하고 있다. 우리는 역사로부터, 사용된 재료로부터, 건물의 부지가 정해진 배경으로부터, 그리고 새로운 기술로부터 많은 것들을 배워야만 한다. 이것은 단지 태양과 바이오매스(biomass : 에너지 자원으로 이용되는 식물체 및 동물 폐기물)뿐만 아니라 건물에서 나오는 부정적인 영향을 줄이면서 궁극적으로는 건물의 긍정적인 영향을 증가시킬 수 있는 많은 새로운 기술들을 의미한다.

최근 글로벌 경제 악화가 지속되고 불확실성이 만연해 있을 때 건축가들은 뒤로 물러나지 않고 작은 건물들을 짓기 시작했다. 이 위기로 인해서 시간과 전망을 잃어버리기보다는 새로운 아이디어를 내기 위한 기회로 보았다. 또한 어떻게 하면 건축물이 의미를 되찾을 수 있을지에 대해 창의적으로 생각할 수 있었다. 과거 몇 년 동안의 많은 건축들은 지나치게 사치스러웠다. 이는 단순히 규모 때문이 아니라 전 세계적인 물질주의적 아이디어에서 기초한 것이기 때문이다. 건축이란 물질주의적인 아이디어에만 기초할 수 없는 것이다. 왜냐하면 궁극적으로 건축은 정신적인 니즈를 만족시켜야만 하는 것이기 때문이다. 건물은 단순히 공간 그 자체가 아니다. 그것은 집이며 동시에 실제로 지속 가능함이라는 가치 뒤에 있는 핵심 아이디어의 총체이다.

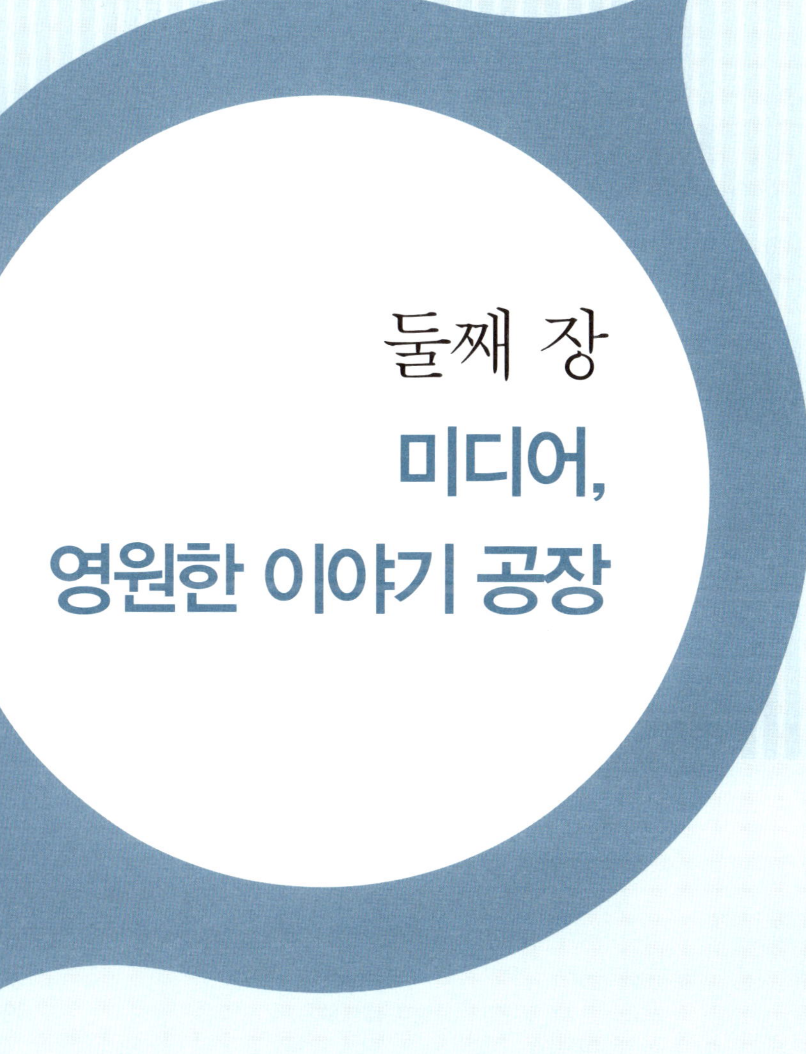
둘째 장
미디어,
영원한 이야기 공장

1. 새로운 스토리텔링 매체들

에릭 롤만(Eric Rollman),
마블 애니메이션(Marvel Animation) 사장.

현재 마블 애니메이션의 사장으로서 TV 애니메이션 및 영화의 개발, 자금 조달, 제작, 공동제작, 마케팅, 전 세계 유통을 책임지고 있다.

마블은 〈얼티메이트 어벤저스〉 〈아이언 맨〉 〈헐크〉 〈토르〉 등의 애니메이션을 연이어 제작하여 성공시켰다. 업계 타사가 부러워할 만한 TV 애니메이션 시리즈인 〈아이언 맨〉 〈울버린과 엑스맨〉 〈스파이더 맨〉 〈슈퍼 히어로 스쿼드〉 〈블랙 팬더〉 〈어벤저스〉 〈마블 아니메〉 등도 제작하고 있다. 마블은 현재 애니메이션 분야에서 아무도 필적할 수 없는 실적을 보이고 있으며 미국 주요 어린이 채널과 세계 시장의 유료, 무료 채널에서 다양한 시리즈를 방영하고 있다.

프로듀서 밥 배너의 캐스팅 디렉터로 처음 일하기 시작한 그는 5,000시간 이상의 애니메이션과 TV 시리즈, 영화 제작에 참여했으며 인디애나대학교에서 텔레커뮤니케이션을 전공했다. 2004년 마블 애니메이션에 합류하기 전까지 비디오 게임 대회를 조직하고 게이머를 관리하는 글로벌 게이밍 리그의 CEO 크리에이티브 디렉터로 출범을 지휘했다.

마블 애니메이션은 지난 75년간의 역사 속에서 새로운 매체를 통해 수많은 캐릭터들을 재창조하면서 다양한 미디어에서 성공을 거둬 왔다. 마블은 5,000여 개의 인기 영웅 및 악당 캐릭터를 탄생시키며 60년 넘게 전 세계의 엔터테인먼트 산업 위에 확립된 강력한 브랜드이다.

시장에서의 반응을 보면 우리 회사의 인기 정도를 가늠해 볼 수 있다. 50퍼센트가 넘는 시장 점유율을 기록하는 코믹 북스, 2000년 이래로 박스 오피스에서 총 60억 달러 이익을 낸 영화 작품들, 3년 안에 2,500만 개 이상 판매하고 있는 비디오 게임, 전 세계적으로 50억 달러 이상 판매되고 있는 소비자 상품 등을 보면 마블이 현재 가장 인기 있고 유명한 엔터테인먼트 자산 가운데 하나라는 사실을 알 수 있다. 매달 160만 명 이상이 마블의 홈페이지(marvel.com)를 방문하고 있다. 대단히 충성도가 높은 팬 층을 가지고 있는 실로 거대한 규모의 브랜드이다.

마블은 올드 스토리텔링 매체라 할 수 있는 만화책, 영화, 애니메이션, TV 시리즈 등에서 여전히 강세를 보이며 계속 진화하고 있다. 또한 더 넓은 관객들에게 다가갈 수 있도록 새로운 매체로 이동하는 것도 시도하고 있다. 가령 '아이언 맨(Iron Man)'이라는 캐릭터는 이미 1963년부터 독자들과 함께해 왔으며 만화책으로는 7,500만 부가 팔렸다. 2007년 한 해에만 97개의 서로 다른 만화책에서 아이언 맨이 등장했다.

마블의 새로운 스토리텔링 매체에는 디지털 코믹스, 애드버비디오(adver-video), 비디오 만화 영화(direct-to-video animation), 극장 상연 영화, 디지털 정지 영상(digital stop-motion), 모션 코믹스(motion comics), TV 애니메이션 시리즈, 비디오 게임 등이 포함되어 있다.

스토리텔링 매체의 변화

오늘날 새로운 스토리텔링 매체에 적응하기 위한 도전은 단순히 기술 전달에 그치는 것이 아니라 이야기를 지지하고 완성하기 위해 기술을 제대로 사용하는 것이다. 마블은 "스토리가 곧 승리다."라는 말을 즐겨 한다. 특히 제한된 예산으로 이렇게 다양한 새로운 매체를 통해 전달될 스토리텔링은 관객들의 관심을 끌고 그 관심을 지속시킬 수 있을 정도로 창의적이어야 한다.

디지털 코믹스는 마블이 지난 몇 년간 두각을 나타냈던 분야이다. 마블은 회사의 모든 만화책을 디지털화했으며 현재 독자들은 온라인을 통해서 이를 접할 수 있다.

애드버비디오는 바이럴 마케팅(viral marketing)을 통해 엔터테인먼트를 보여 주기 위해 고안해 낸 미디어의 한 형태이다. 우리는 이를 통해서 새로운 관객들에게 아이언 맨을 소개했다. 우리는 마블에서 가장 유명하면서 누구나 알아볼 수 있을 만한 캐릭터인 스파이더 맨을 내세워 아이언 맨이라는 새로운 캐릭터를 소개했다. 즉, 아이언 맨은 스파이더 맨의 보증 광고 방식을 통해 알려지게 된 것이다. 기술적인 부분은 매우 일반적이며 수명이 짧다. 그러나 위대한 스토리는 영원하다. 이것이 바로 마블이 추구하는 것이며 우리 스스로가 바로 스토리텔러이다.

현재 우리가 작업 중인 또 다른 분야는 비디오 만화 영화이다. 현재까지 8편가량 작업했다. 이 가운데에는 영화 상영 2년 전에 노출된 아이언 맨 캐릭터에 대한 설명이 주된 내용인 비디오도 포함되어 있다. 물론 영화는 비주얼적인 관점에서 마블의 지속적인 활력의 근원이 될 것이다.

디지털 정지 영상은 현재 작업 중인 새로운 분야이다. 마블이 생산해 낸 디지털 정지 영상 콘텐츠의 대부분은 마블키즈닷컴(marvelkids.com)을 통해서 온라인 유통이 되고 있다. 또한 인터넷을 통해 바이럴 마케팅이 이루어지고 있다. 이런 콘텐츠는 즐겁고 차별화되어 있으며 어린이 중심적이다.

모션 코믹스의 경우는 만화책과 애니메이션의 혼합 형태이다. 즉, 말 그대로 만화책의 그림을 가져와서 애니메이션화하는 것이다. 마블은 헤아릴 수 없는 양의 자료를 보유하고 있는 도서관이 있으며 이것은 곧 우리가 전 세계에서 가장 거대한 애니메이션 제작자가 될 수 있는 능력을 보유하고 있다는 것을 뜻한다.

또한 우리는 TV 애니메이션 시리즈를 방영하고 있으며 다른 매체를 통해 캐릭터들을 지속적으로 진화시키고 있을 뿐 아니라 뮤직 비디오를 통해 마블의 캐릭터들을 지원하고 있다.

마지막으로 살펴볼 새로운 매체인 비디오 게임은 마블의 거대한 수입원이다. 콘솔, 휴대용 게임, PC 게임뿐만 아니라 캐주얼 게임과 다중 접속 온라인 게임(MMO; Massive Multiplayer Online) 생산으로 이어지는 비디오 게임을 통해 70억 달러가 넘는 가치를 보유하고 있다.

시대에 따른 아이언 맨의 진화

위 그림을 통해서 1966년부터 2009년까지 몇 년에 걸쳐 아이언 맨이라는 캐릭터가 서로 다른 매체를 통해 어떻게 진화되어 왔는지를 확인해 볼 수 있다. 나도 이처럼 기술 혁신이 스토리텔링의 매체를 계속적으로 확산해 주는 역할을 할 것이지만 위대한 엔터테인먼트는 언제나 기술이 아닌 스토리 자체의 본질을 바탕으로 이루어질 것이란 점을 믿는다.

2. 로이터의 미디어 혁신 사례

요아킴 슈몰츠(Joachim Schmaltz), 로이터 미디어 부사장.

독일 최대 경제 · 금융 일간지인 한델스블라트(Handelsblatt) 온라인 사업부 사장으로 재임 중이던 2007년 로이터 통신에 합류했다. 이전에는 로이터 통신과 한델스블라트의 합작회사 대표로 독일 내 금융 커뮤니티 관련 사업을 지휘했고 그 외 다양한 매체에서 경험을 쌓았으며 인터넷 벤처회사를 설립하기도 했다. 현재 그는 미디어 전문가들과 아시아 각국 비즈니스 매니저들, 그리고 광고 영업 전문가 등으로 구성된 조직을 이끌고 있다. 그는 미디어 회사들이 당면한 사업이나 편집 관련 주요 현안들에 대한 깊이 있는 이해를 바탕으로 아시아 지역에서 로이터 미디어의 에이전시 및 컨슈머 사업 부문이 성장할 수 있도록 하는 혁신 업무에도 관여하고 있다. 2008년부터는 에이전시 비즈니스 외에도 일본, 인도 및 중국 내 컨슈머 비즈니스 부문도 함께 담당하고 있다.

홍콩에 주재하는 그는 아시아 각국을 정기적으로 방문하며 지역 내 신문 및 잡지사, 뉴스 통신사, 방송사, 뉴 미디어 고객사들과의 관계를 확대 및 강화해 나가고 있다.

“이번 위기로 당신네 사업은 얼마나 타격을 받았는가?”라는 질문은 요즘 미디어 산업에 종사하고 있는 동료들이 모이는 곳이라면 어디서나 빠지지 않고 있다. “인터넷 때문에 우리 사업이 힘들군.”이라는 푸념은 이른바 ‘올드 미디어’ 산업에 종사하고 있는 사람들로부터 주로 듣게 된다.

지금 전 세계적인 미디어 산업의 상황은 주기적이면서 구조적인 변화에 기인한 것이다. 그러나 이런 변화들은 전부 너무 자연스럽고 당연한 것이라 누군가를 비난할 수 없다. 우리는 지금 하고 있는 것이 무엇인지, 어떤 방식인지를 살펴볼 필요가 있다. 이런 관점에서 사실 많은 업계 관계자들은 충분히 빠르게 혁신에 뛰어들고 있지 않다.

그러나 이들과는 달리 로이터는 혁신이라는 관점에서 많은 것을 성취한 미디어 기업이다. 나는 이 자리에서 두 가지 예를 들어 이 사실을 입증해 보이겠다.

이번 포럼의 주제를 접했을 때 대부분의 연사들과 마찬가지로 나 역시 평소에 과거의 기록을 파고드는 데에 많은 시간을 할애하지 못했기 때문에 조금 걱정스러웠다. 오늘날 과거에 대해 시간을 보내는 것은 어쩌면 큰 도전일 것이다. 그러나 이번 포럼을 위해 나는 회사 자료실에서 시간을 보냈고 꽤 놀랄 만한 사실을 발견했다.

나는 이번 주제를 염두에 두고서 주로 『로이터의 역사(The History of Reuters)』라는 책을 살펴봤다. 이는 미디어 산업에서 로이터가 해 왔던 끊임없는 혁신과 구(old) · 신(new) 비즈니스 모델의 끊임없는 재창조에 대해 기록된 아주 흥미로운 책이다.

초창기에 로이터는 다른 뉴스 에이전시들보다 더 빠르게 금융 및 뉴스를 고객들에게 전하기 위해 전신국과의 문제를 개선해 나갔다. 그러나 이런 부분은 당위적인 것이라 하더라도 혁신을 언급할 때 떠올리게 되는 사실은 아니다. 이런 일화는 단지 뉴스 산업에 있어서 빠르고 정확한 업무 속도를 내는 것과 관련된 것일 뿐이다. 이제 미디어를 통해서만이 아니라 멀티미디어와 모바일 단말기 등으로 관객들에게 뉴스를 전달할 필요가 있다. 그래서 우리는 최근 블랙베리(Blackberry)와 아이폰(iPhone)이라는 두 종류의 애플리케이션을 출시했다. 하지만 나는 이와 같은 노력들도 역시 진정한 혁신이라고 생각하지는 않는다.

그렇다면 이번에는 소위 '로이터의 세기'라고 불리던 1851~1951년을 되돌아볼 필요가 있다. 1891년 전신 송금 사업이 런던과 인도 그리고 런던과 오스트레일리아 사이에 출범했다. 로이터는 정교한 코드를 사용하여 전신을 통해 돈을 송금하는 것이 은행을 통하는 것보다 더 저렴하다는 사실을 발견했다. 이렇게 이뤄진 로이터의 서비스는 은행에서는 혹평을 받았지만 일반 대중들 사이에서는 매우 환영받았다. 1980년대에는 오스트레일리아에 투기하는 것이 성행했는데 이로 인해서 야기된 1893년 4월의 은행 위기는 고국인 영국으로 송금하는 일이 쇄도하게끔 했다.

내가 발견한 로이터의 첫 번째 혁신이 바로 이것이다. 로이터는 효율성을 높이기 위해 세계의 한쪽 끝에서 다른 쪽 끝까지 특별히 코드화된 뉴스를 전송하는 전신선을 활용했다. 이로써 영국에서 오스트레일리아까지 뉴스를 보낼 수 있었다. 뉴스는 영국에서 오스트레일리아로, 오스트레일리아로부터 영국으로 양 방향 전해질 수 있었다. 이는 로이터 사무실을 일반적인 통신 도구 이상으로 활용할 수 있는 아이디어로 연결됐다. 단순히 이야기만 전송하는 것이 아니라 한쪽 끝에서 다른 쪽 끝까지 돈까지도 전송하는 것이었다. 지금은 그것이 혁신적이라고 느껴지지 않겠지만 당시에는 몹시 획기적인 일이었으며 결국 로이터는 은행을 설립하기에 이르렀다.

나는 이것이 단순하지만 대담한 혁신의 시도라고 믿고 있다. 만약 세상의 한쪽 끝에서 다른 쪽 끝으로 실제 물건을 전송할 수 있게 된 구조라면 돈도 역시 전송될 수 있는 것이다.

로이터의 두 번째 혁신의 사례는 인사이더(Insider)이다. 인사이더는 로이터의 가장 최신 혁신이라 할 수 있다. 이는 전 세계에 걸쳐 50만 명 이상의 금융 전문가들이 접속하도록 하며 개인화되고 검색이 가능한 유선 방송 비디오 서비스를 제공한다. 인사이더는 일방향이 아니며 모

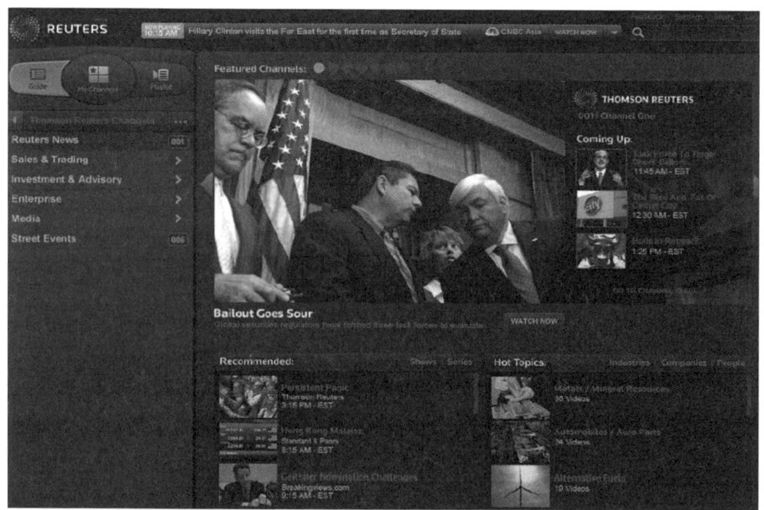

로이터의 '인사이더'

든 대중을 위한 것도 아니다. 그리고 고객들이 직접 콘텐츠를 제공하는 곳으로서 로이터는 이를 전달하는 역할을 한다. 이는 기존과는 완전히 다른 서비스 측면의 혁신이다.

3. 온라인 미디어 속
아마추어 스토리텔러들

클레이 셔키(Clay Shirky),
뉴욕대학교 인터랙티브 텔레커뮤니케이션 교수.

현재 뉴욕대학교에서 기술적 네트워크와 문화의 상호 영향에 관해 가르치고 있다. 1993년부터 인터넷의 영향에 관한 컨설턴트로도 활동하고 있으며 노키아, GBN, BBC 등 많은 기관과 함께 일한다.

그는 1996년부터 인터넷과 관련된 저술 활동을 활발히 하고 있으며, 「뉴욕타임스」「월 스트리트 저널」「하버드 비즈니스 리뷰」 등에 칼럼을 썼다.

그의 저서 『끌리고 쏠리고 들끓다(Here Comes Everybody)』는 과거 조직을 만들고 운영하는 데에 필요했던 많은 노력이 다양한 도구(인터넷, 휴대전화, 이메일 등)가 일상화된 현대 사회에서는 더 이상 필요하지 않다는 내용을 담고 있다. 사람들은 곳곳에서 이러한 도구에 의해 연결되어 있어 '조직 없이 조직된 대중'을 만들고 있다는 것이 그의 주장이다.

지금부터 21세기 미디어의 명확한 특징들 가운데 하나인 아마추어의 출현으로부터 기인한 미디어 환경의 변화를 설명하고자 한다. 나는 소셜 미디어(social media) 관련 자료를 수집하여 『끌리고 쏠리고 들끓다』라는 책을 출간했다. 이 책에 대한 다섯 자 평을 쓰자면 "Group action just got easier(집단행동이 용이해졌다)."라고 표현할 수 있을 것이다. 인터넷, 모바일과 이들을 지원하는 애플리케이션은 현실에서 사람들이 모여 콘텐츠를 생산하고 공유하는 것을 훨씬 용이하게 이뤄지도록 만들어 주고 있다.

이미 한창 진행 중이면서 시간이 갈수록 더욱 강하게 나타나고 있는 몇몇 변화에 대해 설명하기 위해서 디지털 미디어 환경에서 살고 있는 아마추어에 대한 몇 가지 이야기를 해 보자.

첫 번째 이야기는 기타를 치고 있는 한국의 한 젊은 남자의 영상에 관한 것이다. 다음 페이지에 나오는 캡쳐 이미지는 그의 훌륭한 기타 연주 실력 외에는 이렇다 할 특별함이 전혀 없어 보이는 화면이다. 이 영상에는 그럴싸한 카메라 연출도 없으며 조명 또한 조악하다. 그는 자신의 방 의자에 앉아 거의 얼굴을 알아볼 수 없을 정도로 모자를 푹 눌러 쓰고 있다. 요한 파헬벨(Johann Pachelbel)의 '캐논(Cannon)'을 연주하고 있는데 놀라울 정도로 매혹적이다. 그는 이 비디오를 촬영하여 대표적인 소셜 미디어인 유튜브(YouTube)에 업로드했다. 그러고 나서 이 영상은 전 세계에서 5,800만의 조회수를 기록했다. 한국인 한 명이 그의 방 안에 가만히 앉아서 미디어 콘텐츠 한 편을 생산한 뒤 한국 전체 인구를 뛰어넘는 수의 관객을 모은 것이다.

유튜브로 유명해진 한국의 한 기타리스트

　이는 엄청난 변화다. 그는 돈을 벌어들이는 것 없이, 또 그 누구에게 도움을 요청하거나 허락받을 필요도 없이 많은 관객을 동원할 수 있었다. 이것이 바로 우리가 현재 목격하고 있는 변화들 가운데 첫 번째로 주목할 만한 부분이다. 그러나 이것이 아마추어도 전문가들과 동일한 환경에서 미디어를 연출해 내게 됐다는 것을 의미하지는 않는다. 단지 미디어의 본질 자체가 변화하고 있다는 것을 의미한다.

　유튜브에 관한 다른 예를 들어 보자. 온라인에는 한국 방송 프로그램을 클립하여 업로드하는 몇 군데의 사이트가 있다. 업로드된 영상들은 많은 관객, 수백 수천 번의 조회, 그리고 많은 의견들을 불러 모은다. 이 영상을 시청하는 사람들은 비단 한국인만이 아니다. 특히 이는 한국

이민자 커뮤니티를 모으는 방식으로 나타나기도 한다. 이 영상을 본 사람들은 국제적인 수준에서 또 다른 사람들에게 콘텐츠를 전달하게 된다. 그러므로 여기서 미디어는 단지 개인의 소비가 아닌 커뮤니티를 소집하게 하는 수준으로 활용되는 것이다. 이 영상은 직장이나 식사 시간에 대화가 이루어지는 것과 같이 전 세계 수준에서 동시에 동일 주제에 대한 대화를 발생시키는 효과를 낸다.

'모라하나(Morahana)'라는 아이디의 한 유저는 정기적으로 한국 텔레비전 프로그램으로부터의 비디오 클립을 업로드해 왔다. 그러나 그는 한 달 전 한국 인터넷 사이트에서 비디오를 업로드해서는 안 된다는 구글의 한국 지사 정책으로 인해 이를 멈추게 되었다. 그리고 나서 모라하나는 그의 프로필 화면의 멘트를 "더 이상 비디오 업로드를 할 수 없게 됐다. 구글에 의해 저지되었다. 죄송하다."로 바꾸었다. 그의 비디오를 보던 사람들, 특히 한국 이민자 커뮤니티에서는 "영상 업로드를 그만둬서는 안 된다. 우리는 이 비디오를 통해 한국에서 무슨 일이 일어나고 있는지를 알게 된다. 제2의 방법을 찾아내야 한다."라는 내용의 글들을 올렸다. 이들은 문제를 해결하기 위해서 브레인스토밍을 시작했다. 그러다가 짐바브웨에 가게 된 모라하나는 지금 한국이 아닌 곳에 있다는 점이 구글의 서비스 제한 문제를 해결해 줄 것이라고 생각했다. 며칠 후 영상들은 다시 업로드되기 시작했다.

사람들은 협력과 논의를 통해 모라하나가 구글의 제약에서 벗어날 수 있는 방법을 찾도록 도왔다. 사람들은 분리된 개개인의 집합이 아니라 하나의 집단으로서의 힘을 가지고 있다. 그룹이 모여 이 영상을 보고 싶어 하며 그들이 협력하여 모라하나가 영상 업로딩을 지속적으로 할 수 있도록 자극 및 주의를 기울이게 해 주고 해결책을 찾도록 했다.

20세기에 익숙했던 미디어 환경 안에서는 그 중심에 대형 전문 미디어 회사가 자리 잡고 있으면서 네트워크 가장자리에 흩어져 있는 개개인에게 자료를 제공해 왔다. 이제 미디어 회사들은 변화에 익숙해졌고 커뮤니케이션의 화살은 쌍방향을 오고 갈 수 있다는 것이 명백해졌다. 개인들은 미디어 회사에 자신의 의견을 말하며 이는 실제로 유용한 가치를 가진다.

그러나 이것이 미디어 환경에서 가장 실질적이고 큰 변화라고 말할 수는 없다. 그런 방향은 이미 존재하고 있었고 이제 겨우 쌍방향이 됐을 뿐이다. 대신 이제는 청중들이 서로에게 직접 말할 수 있는 시대라는 점이 고무적이다. 이런 대화들은 과거 소수 전문 집단의 대화나 다수 아마추어 집단이 내는 소리보다도 더 많이 발생된다. 바로 이런 가장자리 대 가장자리의 대화가 21세기 미디어 공간에서 가장 획기적인 변화를 이끌고 있다.

10년 전 공식적으로 사용할 수 있는 미디어는 전문적으로 만들어진 것이었다. 그러나 디지털이 네트워크 가장자리에 있는 사용자들에게 창조의 힘을 키워 주고 있는 이상 전문적으로 생산되는 미디어만 존재하는 것은 더 이상 어려워질 것이다. 단, 이것은 전문적으로 생성된 콘텐츠가 아마추어에 의한 콘텐츠에 의해 사라져 버리는 것을 의미하지는 않는다. 전문가와 아마추어의 혼성 상태가 증가하고 있으며 이런 연결성은 이제 네트워크에 참여하는 일반 사람들에게 주어졌다는 것을 의미한다.

세 번째 이야기를 해 보자. 지난 미국산 소고기 광우병 파동에 대해 한국에서 발생한 촛불 집회의 사례를 들어 보겠다. 당시 식약청은 식품 공급에 대한 관리를 적절하게 하지 못했다. 미국산 소고기가 안전한 것으로 간주되고 마치 다시 재수입되는 것처럼 보이자 수천 명의 시민이 항의를 위해 거리로 나섰다. 촛불 집회는 정부 고위급 인사들까지도 관여할 만큼 충분히 큰 사건이었다. 그런데 그 많은 사람들은 도대체 어디서 나왔을까? 도대체 이들은 어떻게 함께 힘을 모을 수 있었을까? 마치 사람들을 거리로 몰고 나오도록 만들어진 조직이나 일부 선동자 그룹이 있는 것처럼 보일 정도였다.

실제 사람들을 거리로 모이도록 돕는 조직이 있었다. 그런데 놀랍게도 이 중에는 80만 명의 소녀 회원을 보유하고 있는 동방신기라는 한국 아이돌 그룹의 팬클럽 카페도 포함되어 있었다. 하루 수십 개의 게시물이 올라오는 이 팬클럽 카페가 촛불 집회의 중요한 거점이 된 것이다. 철야 촛불 집회에 나타난 13세의 한 소녀는 "저는 동방신기 때문에 여기에 나오게 됐어요."라고 말했다. 이는 동방신기가 미국산 소고기 파동에 대해 특정의 정치적 태도를 취하고 있다는 것을 의미하는 것이 아니다. 그런데도 그녀는 동방신기를 좋아했기 때문에 이런 정치적 이슈에 대해 저항의 입장을 취하게 됐다고 말했다. 아마 많은 사람들은 이 나이의 청소년이 정치적 이슈에 관여하게 되리라고는 기대하지 못했을 것이다.

정리하자면, 아마추어들이 이끄는 소셜 미디어의 출현과 함께 집중

되는 세 가지 큰 변화가 있다. 첫째, 아마추어들은 이제 소비하는 것뿐만 아니라 생산하고 공유할 수 있게 됐다. 둘째, 미디어는 이제 단지 개인의 소비만을 위한 것이 아닌 집단의 협력을 위한 도구다. 셋째, 이제 카테고리 사이의 경계가 점점 더 흐려지고 있다.

아이돌 그룹의 팬클럽 카페가 국가적 수준에서 심각한 정치적 결과를 야기할 수 있을 때 '커뮤니케이션과 방송', '엔터테인먼트와 뉴스', 혹은 '온라인 콘텐츠와 현실 행동'과 같은 낡은 방식의 이분법은 무너지기 시작한다. 이들 사이의 경계는 점점 더 모호해지고 있다. 사람들은 이전과는 달리 구분이 사라진 미디어 환경을 보여 주는 사건들이 증가하고 있는 것을 목격하고 있다. 이런 변화는 디지털 네트워크를 근간으로 이루어진 것이다. 낮은 비용과 네트워크가 개인에게 선사한 자유가 바로 이런 변화를 발생시킨 것이다. 새로운 자유와 능력으로 우리가 무엇을 해야 할지는 다음에 이어 갈 이야기이다.

4. 모바일 혁명,
어떻게 진화할 것인가?

설원희, SK텔레콤 M&F(Media&Future) 부문장.

서울대학교에서 제어계측공학을 전공했고 미시건대학교에서 컴퓨터공학 석사, 퍼듀대학교에서 전기공학 박사 학위를 취득했다. SK텔레콤 입사 전에는 GE헬스케어, 마이애미대학교 등에서 다양한 산업 분야의 제품 개발 및 컴퓨터공학 연구를 수행한 바 있다.

통신과 방송 융합 시대의 새로운 성장 동력인 미디어 산업 분야 및 미래 유망 산업 분야에서 국내외 신규 사업 발굴 및 차세대 기술 확보를 이끌고 있다.

2000년부터 SK텔레콤의 플랫폼 연구원장으로서 무선 인터넷 서비스 상용화에 필요한 제반 기술과 시스템 개발을 총괄하면서 다수의 핵심 기술 요소를 세계 최초로 개발했고 이를 성공적으로 상품화하는 데에 중추적인 역할을 담당했다. 또한 무선 인터넷 단말 플랫폼의 개발 및 표준화를 통해 국내 단말 플랫폼의 경쟁력을 제고하는 데에 기여했다.

2005년부터 2008년까지는 SK텔레콤이 미국에 설립한 가상 이동 통신 서비스 회사인 힐리오(Helio)의 사장을 맡으면서 다수의 혁신적인 무선 데이터 서비스와 단말기를 잇달아 출시하여 미국 이동 통신 시장에서 데이터 서비스 발전을 선도한 바 있다.

나는 여기서 미래 모바일 세계가 어떻게 진화할 것인지에 대해 시사하고자 한다. 이번 프레젠테이션은 산업 책임자들이 현재의 모바일 세계보다 더 나은 곳으로 고객과 시장을 안내하기 위해서 직면한 도전 과제들을 조명하는 데에 초점을 맞춰 볼 것이다.

모바일 산업은 우리가 일하고 살아가는 방식에 근본적인 변화를 가져오고 있다. 이제 우리는 어디에 있든지 그 누구와도 이야기를 나눌 수 있다. 또한 SMS 서비스를 통해 비음성 의사소통을 할 수도 있다. 오늘날 2억 이상의 사용자가 모바일 인터넷 서비스를 사용하여 데이터를 검색하고 있다. 한국의 싸이월드(cyworld.com)는 유선과 모바일 기기 모두를 사용한 의사소통 방식의 소셜 네트워크의 실현 가능성을 입증해 보였다. 미국의 페이스북(facebook.com) 모바일 서비스의 경우 작년 한 해에만 300퍼센트 이상의 성장세를 보였다.

모바일 서비스 제공자들은 지금 다양한 융합 콘셉트를 시험하고 있다. 예를 들어, 몇 년 사이 우리는 지불과 금융 분야에 있어 확실한 결과를 냈다. SK텔레콤은 대중교통 요금과 소액 결제의 지불을 가능하게 하는 전자 지갑 서비스(Mobile Wallet Service)를 제공하고 있다. 모바일은 또한 디지털 라이프의 중심이 되어 가고 있다. 이는 모바일 기기가 현존하는 타 디지털 기기들의 대체 기능을 제공할 것임을 시사한다.

통신 회사들은 네트워크와 R&D에 지속적으로 투자하고 있으며 고객을 위해 다양한 형태의 데이터 서비스를 제공하고 있다. 게다가 마침내 스마트폰 서비스가 전 세계적으로 시작되기도 했다. 이는 작년 세계 시장에서 4,000만 대가 팔렸으며 30퍼센트 정도의 성장을 이뤄 냈다. 이

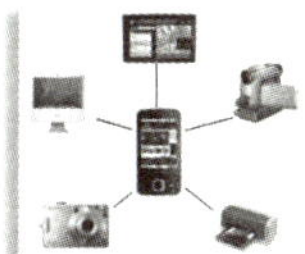

메가 트렌드 촉진제인 모바일 서비스

런 추세는 한국 내에서도 계속 이어질 것이다.

또 다른 중요한 변화 가운데 하나는 개방형 플랫폼과 개방형 네트워크이다. 이는 모바일 서비스 공급의 월드 가든(Walled-garden, 제한된 브라우징 영역) 구조를 개방형 에코 시스템(Open Ecosystem) 구조로 변형시키고 있다. 이것은 더욱 많은 사업 관계자들이 새로운 종류의 서비스와 콘텐츠를 창조해 낼 수 있고 아주 저렴한 비용으로 소비자들에게 제공할 수 있음을 의미한다.

모바일 시장을 형성하는 마지막 요인은 융합 트렌드 그 자체이다. 지금 많은 산업들이 모바일 주변으로 몰려들고 있다. 나는 이런 집합적인 노력이 미래의 모바일 변화에 진정한 촉매 역할을 할 것이라고 믿는다.

여전히 우리에겐 직면해야 할 몇 가지 도전들이 있다. 첫 번째는 콘텐츠 과부하로 인해서 각자 필요한 서비스를 발견하기가 용이하지 않다는 부분이다. 오늘날 모바일 사용자들은 과도한 정보의 홍수 속에 빠져 있으며 아이러니하게도 진정으로 얻고자 하는 정보나 서비스를 찾아내기 위해 많은 시간을 할애해야 한다.

두 번째 도전은 소비자들의 높은 기대 수준이다. 그들은 자신이 경험할 수 있는 모바일 기술이 해마다 발전될 것이라고 기대하고 있다. 특히 모바일 혁신과 변화 양상이 세계에서 가장 두드러진 한국의 소비자들은 매우 까다롭다. 소비자들은 사용하기 쉽고도 더욱 놀라움을 자극할 만한 특색을 지닌 직관적인 기기를 원하고 있다. 또한 최신 서비스와 기기에 대해 적절한 가격대와 그 가격 대비 가치 정도를 꼼꼼하게 따진다.

세 번째 도전은 어떻게 기업 시장의 가능성을 여느냐 하는 것이다. 이 시장은 전 세계적으로 미개발된 부분이며 특히 한국 시장에서는 더욱더 그렇다.

마지막으로 관심을 가져야 할 도전 과제는 미래의 융합 서비스가 다자간 파트너십을 기반으로 한 형태일 것이라는 점이다. 이로써 비즈니스는 더 복잡해지겠지만 동시에 개발되지 않은 기회를 발견하기 위해 오래 지속되는 상생의 파트너십이 증가될 것이다.

다시 첫 번째 도전 과제인 콘텐츠 과부하와 낮은 서비스 발견성에 대해서 생각해 보자. 서비스 제공자들은 소비자들이 무수한 콘텐츠 중에서 자신에게 필요한 서비스를 직관적으로 찾을 수 있도록 해야 한다. 과거의 모바일 검색과 비교해 볼 때 미래의 모바일 서비스는 사용자의 맥락적 니즈(contextual needs)를 수용할 수 있어야 한다. 게다가 사용자 인터페이스는 더욱 직관적이 될 것이다. 사용자들이 원하는 서비스로 쉽게 접근할 수 있게 하는 위젯(Widgets) 혹은 위(Wii) 게임 등을 통해 증명된 동작 감지 기술, 그리고 음성 처리 등은 머지않아 모바일 사용자 인터페이스에서 일반적인 기술로 여겨지게 될 것이다.

두 번째 도전인 소비자의 높은 기대 수준에 대해서는 서비스 사업자들이 새로운 트렌드를 반영한 모바일 경험을 지속적으로 제공하는 것으로 해결해야 한다. 오늘날 소비자들에게는 풀 세트의 커뮤니케이션 도구들이 주어져 있다. 다양한 고객 요구에 맞춰 소비자에게 최적화된 툴을 찾아 제공해야만 한다. 예컨대, 휴대전화 SMS 서비스의 경우 단말기가 꺼져 있을 때 이메일로 전송하는 식의 최적화된 통합 서비스를 제공하는 '상황 인식 접속(context-aware connectivity)'이 하나의 시나리오가 될 수 있을 것이다.

사용자들이 복합적인 플랫폼에 걸친 기기들과 어떻게 상호 작용하는가 하는 것은 중요한 통찰을 제공할 것이다. 이런 통찰은 데이터로 수집되어 더욱 유용한 서비스로 개발 및 사용돼야 한다. SK텔레콤과 같은 서비스 사업자들은 플랫폼 기술, 네트워킹, 그리고 낮은 비용으로 이런 부가 서비스를 만드는 해법에 지속적으로 투자할 것이다.

그러나 사용자들이 하나의 작은 기기 안에서 적절하게 멀티태스킹(multi-tasking)을 할 수 없다든가 하는 장애 요인이 몇 가지 남아 있다. 예를 들어, 운전 중에 SMS 메시지에 답할 수 있는 더 나은 방법은 없는지, 만약 사용자가 디지털 맵(digital map)상에서 위치를 지정하는 동시에 전화 통화로 상대방에게 다른 길을 물어 볼 수는 없는지 등의 이슈가 있다. 이런 이슈와 가치를 향한 사용자의 지속적인 요구는 우리 산업에 속한 타 사업자들에게는 도전 과제로 남을 것이다.

세 번째 도전인 기업 고객에 대한 서비스 측면을 생각해 보자. 한국은 전체 시장이 개인 소비자의 니즈를 중심으로 진화되어 온 반면, 아직까지 의미 있고 주목할 만한 기업 솔루션은 거의 제공되고 있지 않다. 심지어 글로벌 차원에서도 현재 모바일 이메일 정도만이 제공 가능한 기업 솔루션일 뿐이다. 기업 시장에 대한 일반적인 의견은 우리는 여전히 모바일 공간에서 생산성을 발전시키는 다양한 방법을 탐구하는 중이며 확실히 여기에서 많은 수익이 창출될 것이고 고객 가치가 크게 실현되리라는 것이다.

마지막 도전인 다자간 파트너십을 따져 보자. 이는 곧 융합의 경제와 관련이 있다. 융합된 모바일 기기에 대해서 비즈니스 파트너들은 공동으로 고객에게 서비스를 제공할 것이다. 또 이는 꽤 새로운 개념으로서 모바일 산업을 비롯한 융합에 관련된 타 분야 모두에게 많은 이슈와 새로운 질문들을 불러일으킬 것이다. 과연 어느 쪽이 고객 서비스와 공동 R&D 활동에 책임을 지게 될까? 어느 쪽이 IP와 특허를 소유하게 될까? 새로운 사업 관계는 어떠한 방식으로 형성될까?

옆의 그림은 오늘날의 모바일 공간을 묘사하고 있다. 우리는 고객들이 어떤 순간에도 어떤 방식으로든 접근 및 사용이 가능한 온갖 종류의 기기에 둘러싸인 완벽한 세계를 꿈꿀 수 있다. 그러나 우리가 있는 곳과 우리가 있기를 원하는 곳 사이에는 커다란 갭이 있다. 그럼에도 불구하고 우리는 미래 공간을 현재 가장 널리 활용되고 있는 세 가지의 기기들, 즉 TV, PC 그리고 모바일 기기로 이루어진 새로운 디지털 세상으로 정의할 수 있다. 우리가 물리적인 네트워킹 관점에서뿐만 아니

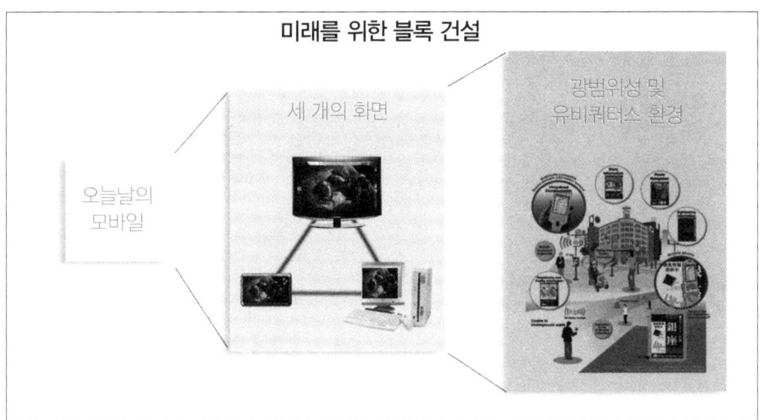

오늘날의 모바일 공간

라 사용자의 경험 측면에서도 경계가 없는 접속을 제공할 수 있다면 모든 사람들은 만족할 것이다. 이는 또한 모바일 사업이 다음 단계로 나아갈 길이다. 이런 활동들은 사람들이 실제 모바일 서비스를 그들 삶의 한 부분으로 받아들이고 수용하기 시작하는 정점을 제공할 것이다.

5. 광대역이 만드는
통신 환경의 미래

마이클 머피(Michael Murphy),
노키아 지멘스 네트웍스 아시아 태평양 지역 최고기술책임자.

워털루대학교에서 수학 전공으로 석사 학위를 수여받았다.

노텔 네트웍스(Nortel Networks)의 WCDMA 개발을 총괄하면서 2001년에 유럽 시장에 해당 기술을 소개했다.

아시아로 근무지를 옮긴 후 LG-노텔 협력 벤처 체결에 일익을 담당했다. 그 후 노텔 네트웍스 아시아 태평양 무선 사업 분야를 총괄했다.

2006년 일본 사업 총괄 매니저로 노키아에 합류했고 노키아 지멘스 네트웍스가 탄생하기까지 일본에서의 사업 확장을 이끌었다. 핵심 고객들에 대한 기술 지원을 담당하고 회사의 기술 인프라 구축 전략을 총괄하고 있다.

한국을 포함해 터키, 중국, 프랑스, 캐나다, 일본, 태국 등에서 일해 왔다. 태권도 검은 띠 소유자이기도 하다.

광대역(broadband, 초고속 인터넷)의 급증은 어떤 식으로 새로운 종류의 통신 환경을 창조할까? 아마도 통신 회사는 과거 교환원과 같은 단일 형태라기보다는 업체 간 협력체 구조를 형성하게 될 것이다. 그렇다면 내가 말하는 광대역의 급증이란 궁극적으로 무엇을 의미하는 것일까?

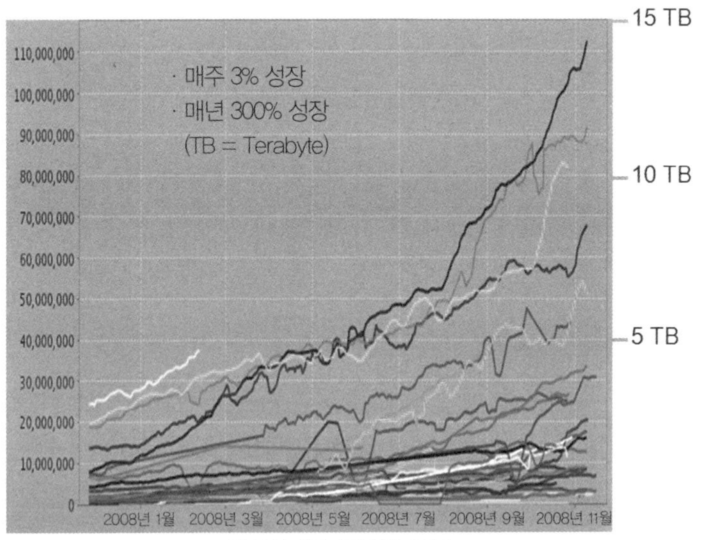

무선 고속 패킷 총계 연간 성장률

위 그래프는 32개의 노키아 지멘스 고객사의 초당 7.2메가바이트인 3G 서비스 트래픽의 연간 성장률을 보여 주고 있다. 이 고객사들 가운데 몇몇에 대한 트래픽은 매주 3퍼센트, 연간으로는 300퍼센트 혹은 350퍼센트 정도로 늘고 있다. 게다가 이런 양상은 앞으로도 멈추지 않고 계속될 것이다. 왜냐하면 기술적 관점에서 봤을 때 이 서비스가 단지 초당 7.2메가바이트인 반면 우리는 3G로 84메가바이트까지 끌어올릴 수 있기 때문이다. 더 나아가 현재 고속 패킷 접속(HSPA) 등 초고속 무선 인터넷 서비스의 세계 보급률은 2.6퍼센트 정도밖에 안 된다는 점을 감안하면 우리는 이제 막 여행의 첫발을 뗀 것과 마찬가지이다.

회선 교환(circuit switching)의 큰 장점인 음성 SMS를 보자. 전송(send) 버튼을 누르면 지역 통신사를 통해 음성 통화가 가능하다. 다시 말해, 이전에 사람들은 완전히 갇힌 제한된 브라우징 영역에 있었다면 광대역이 가능한 IP를 통해서라면 세계 어디에서도 이 서비스를 제공받을 수 있게 됐다.

게다가 만약 통신사들이 국가적으로 결합한다면 글로벌 차원에서 더 좋은 서비스가 제공될 것이다. 이런 서비스는 유선 인터넷의 경우와 동일하다. 물론 여기에는 가정에서 PC를 통해서만 2~4시간 접속해 있던 것이 이제는 24시간 액세스되어 있다는 차이가 있다.

2G 기술의 경우 GSM(Global System for Mobile communications : 범유럽

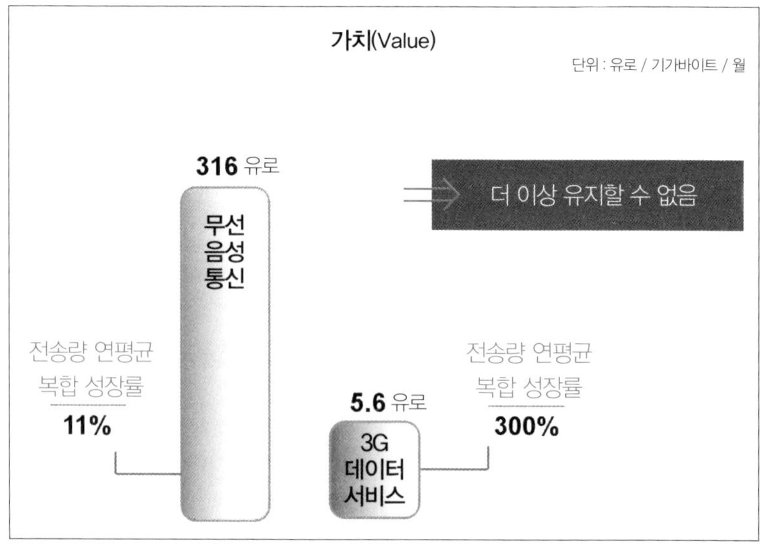

2G와 3G 데이터 서비스 요금과 성장률 비교

표준 규격으로 정해진 이동 통신 방식)을 통해서 초당 13킬로바이트로 매달 기가바이트당 316유로 정도의 비용이 든다. 음성 통신의 연평균 복합 성장률(CAGR, Compound Annual Growth Rate)은 여전히 11퍼센트로 상당한 수준이긴 하지만 해마다 성장 속도가 느려지고 있다. 게다가 일반적으로 매달 음성 통화의 가격은 낮아지고 있다. 반면 3G 데이터 서비스의 경우 그 가치는 매달 기가바이트당 5.6유로이며 300퍼센트 이상의 성장을 보이고 있다.

이전에 큰 수익을 가져다주던 것은 물러나고 거의 이익이 되지 않던 부분은 엄청난 성장을 이루고 있다. SK텔레콤을 포함한 많은 통신사들은 더욱 풍부한 데이터 서비스를 제공함으로써 기존의 서비스의 이런 하락을 공격적으로 상쇄시키고 있다. 데이터 서비스는 일반적으로 IT, 모바일 기기, 미디어, 그리고 인터넷의 교차점에 있다. 그리고 여기에 의학적 활용이나 위성 영상과 같은 꿈같은 계획을 더 보탤 수도 있다.

사업자와 통신사로서 우리의 스케줄은 3GPP(The 3rd Generation Partnership Project, 제3세대 파트너십 프로젝트) 기준 관점에서 대개 연간 단위이다. 그러나 이 공간에서의 스케줄은 주간 또는 월간 단위이다. 모든 비즈니스가 운영되는 방식 또한 완전히 다르다. IT 공간에서는 틈새 부분이 있고 다른 인구 통계와 다른 방식의 환산법 그리고 많은 실험이 진행되고 있다.

이를 바라보는 관점에서 IT 공간에서는 가치 변화가 일어나고 있다. 이전에 사용자가 원했던 가장 중요한 것은 한 나라 안에서 어디에 있든지 좋은 품질의 음성 통화 서비스를 받는 것이었다. 그러나 더 이상은 그렇지 않다. 이제 사용자들은 좋은 품질의 음성 통화 서비스는 당연한 것으로 받아들이고 있으며 다음 단계의 요구는 더욱 풍부한 서비스를 제공받는 것이다.

그래서 통신사들은 무엇을 해야 할까? 인터넷의 거대한 데이터 파이프를 제공해야 할까? 불행히도 인터넷의 데이터 파이프 제공 서비스는 수도와 전기 설비에 해당하는 비즈니스 모델에 더 가까울 것이다. 게다가 이런 설비 사업은 일반적으로 독점 형태를 가지게 된다. 이 사업은 아마도 적당한 수익을 내긴 하겠지만 그것이 매우 만족스러운 수준은 아닐 것이다. 다른 옵션으로는 새로운 멀티미디어 거인이 되는 것을 생각해 볼 수 있다. 그렇다면 우리가 미디어 인터넷 공간으로 뛰어들어 현재 이 분야에 있는 엄청난 리더들과 경쟁하기 위해서 노력해야 할까?

사실 우리는 답을 알 수 없다. 오직 하나의 답만 있는 것도 아닐 것이다. 우리는 많은 실험이 진행되고 있고 그로 인한 혼란을 겪고 있는 것도 목격하고 있다. 스카이프(Skype)와 구글 보이스(Google Voice)와 같은 새로운 서비스 제공자들이 출현했으며 이들은 새로운 세계적인 통신사가 되어 가고 있다. 아이폰은 지난 9개월간 앱스토어를 통해 10억 회의 애플리케이션 다운로드를 제공하는 등 매우 성공적인 결과를 보여 주고 있다. 노키아의 경우 오비(Ovi)로 아이폰과 비슷한 결과를 냈다. 이들은 어떻게 사업자와 통신사를 완전히 뛰어넘는지를 보여 주는 좋은 예가 되고 있다. 다른 R&D 소스인 사용자 생산 콘텐츠를 기반으로 사업자와 통신업자로부터 독립적으로 이를 유통시키는 것이다.

판매자의 관점에서 이 산업 내에서는 세 가지 구조적인 변화가 일어

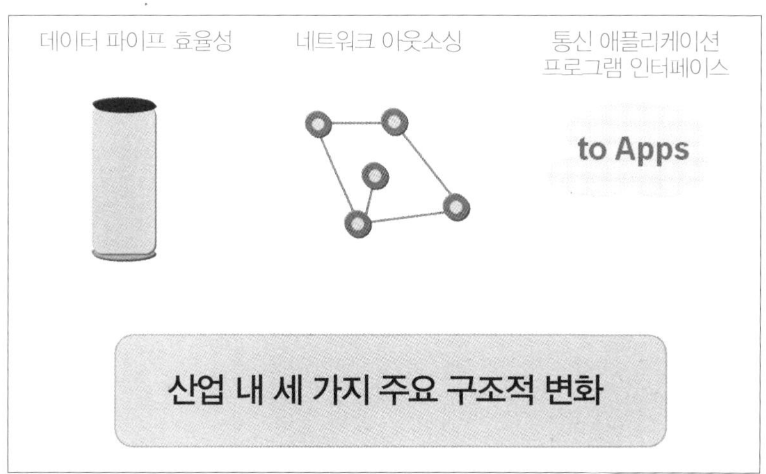

통신사들의 사업자 혁명

나고 있다. 첫째, 데이터 파이프를 제공하는 것을 생각해 보자. 이는 큰 이득을 주지 않기 때문에 판매자들은 이 부분에서 비용 대비 효율적인 솔루션을 제공해야만 한다. 그것이 장비 자체가 되든지 혹은 장비를 작동하는 방법이 되든지 간에 말이다. 그렇지 않으면 판매자 자신이나 고객들 모두에게 별 이점을 가져다주지 못할 것이다.

두 번째로 네트워크 서비스 관리에 대한 아웃소싱이 증가하고 있다. 인프라에서부터 서비스, 콘텐츠, 포털 사이트의 가치 변화로 인해 많은 통신사들은 더 이상 그들의 네트워크를 관리하고 싶어 하지 않는다고 말한다. 심지어 몇몇 통신사의 경우 아웃소싱 업체에게 "네트워크 자산을 소유하고 관리해라. 우리는 단지 마케팅과 새로운 서비스 개발에만 힘쓸 것이다."라는 요구를 하고 있다.

세 번째 구조적인 변화는 많은 서비스들이 유선에서 무선으로 재포장된 것이다. 실제로 이 과정을 통해서 우리는 더욱 많은 것을 할 수 있게 됐다. 예컨대 유선의 경우 IP 주소가 집을 식별하지만 무선의 경우 SIM(Subscriber Identification Module) 카드가 각 개인을 식별하게 되는 것이다. 또 무선으로 우리는 누군가가 어디에 있는지, 어디로 가는지, 얼마나 빨리 가는지를 알 수 있다. 이런 정보로 제공할 수 있는 혁신적인 서비스들은 무수히 많다. 한 가지 우리가 생각해 봐야 할 것은 그런 정보를 어떻게 애플리케이션 제공자들에게 전달하여 그들이 더 많은 정보를 얻게 되며 네트워크에서 부분적인 제어를 가할 수 있느냐 하는 것이다.

요컨대, 지금 광대역은 우리를 새로운 환경으로 이끌고 있다. 미래의 통신사는 전통적인 통신사가 아니라 판매자, 통신사, 인터넷 플레이어, 타 플레이어를 포함한 파트너 협력체로서 고객들에게 하나의 통합된 풍부한 경험을 제공하게 될 것이다.

6. 모바일 엔터테인먼트 산업의 융합 트렌드

존 지아마테오(John Giamatteo),
리얼 네트웍스(Real Networks) 최고운영책임자.

세인트존스대학교에서 회계학 학사 및 MBA 학위를 취득했다.

1988년부터 2005년까지 다국적 통신 장비 회사인 노텔 네트웍스에서 근무했다. 특히 노텔 아시아 태평양 지역 사장 재임 시에는 1,400명이 넘는 지역 임직원들을 이끌며 괄목할 만한 사업 성장을 일궈 냈다.

2005년도에는 디지털 엔터테인먼트 회사인 리얼 네트웍스의 부사장으로 임용됐으며 2006년도부터 2008년도까지 리얼 네트웍스 TPS & IO(Technology Products and Solutions and International Operations) 조직 총괄 사장을 맡았다.

나는 이 자리에서 모바일 엔터테인먼트 산업의 핵심 트렌드 몇 가지를 말할 것이다. 여기서 '융합'은 모바일 서비스를 기존보다 더욱 다재다능하고 편리하게 만들어 나가고 있는 많은 혁신을 대표하는 핵심 단어이다. 나는 이런 서비스들을 소비자들이 일상적으로 사용할 수 있도록 만드는 관점에서 몇 가지 다른 융합 트렌드에 대해 얘기할 것이다.

우리는 모든 것이 너무 빨리 변화하고 있는 시대에 살고 있으며 모바일 엔터테인먼트 역시 예외는 아니다. 디지털 엔터테인먼트의 콘셉트는 1990년대에 발생했다. 리얼 네트웍스가 1990년대 초중반에 리얼플레이어(RealPlayer)를 출시했다. 이는 PC를 통해서 세계로 인터넷 서비스를 가져온 개척자로 평가된다.

모바일 엔터테인먼트는 10년 전부터 통신사들에 의해 소비자들에게 제공되는 부가 가치 서비스의 형태로 적응했다. 초창기에 모바일 엔터테인먼트는 분리되어 있는 온라인의 독립 저장 공간으로 여겨졌다. PC를 통해 이용되는 게임, 음악, 비디오, 콘텐츠는 모바일 기기를 통해 사용되는 것과는 매우 달랐다. 대부분의 경우 모바일은 당시 사람들이 즐기고 있었던 온라인 경험에 비해서 매우 좁은 시장, 혹은 추가적인 것으로 여겨졌다.

오늘날에는 더 많은 사람들이 온라인과 모바일 모두를 통해서 동일한 디지털 엔터테인먼트 콘텐츠와 서비스를 사용하고 있다. 이에 대한 좋은 예가 바로 한국의 SK텔레콤을 통한 음악 서비스인 '멜론(MelOn)'이다. SK텔레콤은 5~6년 전 온라인과 모바일 서비스를 연결해 주는 최초의 디지털 음악 서비스로서 멜론 서비스를 성공적으로 시장에 내놓았다. 멜론 이후 온라인과 모바일 사이에 경계를 없앤 콘셉트의 서비스들이 수없이 생겨났다.

하나의 경험으로 온라인과 모바일을 결합시키는 융합은 단지 시작에 불과한 것으로, 이후 여러 가지 혁신들이 그 뒤를 이었다. 더욱 많은 서비스들이 서로 섞여 결합되고 있으며 소비자 니즈를 위해 더욱 단단히 묶이고 있다. 이런 활동들은 비즈니스적인 의미를 생산하고 있다. 이와 관련된 몇 가지 주목할 만한 융합 트렌드를 간략하게 살펴보자.

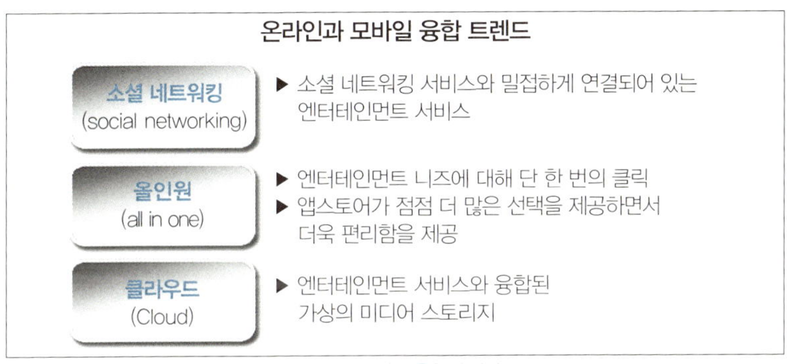

온라인과 모바일 융합의 양상

첫 번째는 소셜 네트워킹(social networking)과 서비스 융합이다. 이미 알고 있듯이 소셜 네트워킹은 모든 이들의 삶에서 매우 중요한 부분이 되어 가고 있다. 사람들은 서로 연결되어 있고 그들의 이야기, 생각, 사진을 언제 어디서든 공유하고 있다. 비슷한 취미나 흥미를 가진 사람들이 함께 모이며 온라인을 통해 그들의 생각을 교환하는 것은 이제 낯설지 않은 광경이 되어 가고 있다. 미국의 페이스북은 매우 창조적이며 개방적인 인터페이스를 중심으로 표준화된 솔루션을 제공함으로써 타 서비스 제공자들이 소비자에게 접근할 수 있는 길을 열어 주었다.

그 결과는 매우 인상적이었다. 페이스북 사용자들은 이제 그들이 특정 음악, 게임, 비디오 제목에 대해 얘기하는 도중에 관련 콘텐츠를 구매할 수 있다. 또한 소셜 네트워크상의 친구들에게 그 콘텐츠를 선물로 즉각 보낼 수도 있다. 이렇게 새롭게 제공된 편리함으로 소셜 네트워킹을 통한 서비스 사용은 매우 빠르게 증가하고 있으며 페이스북뿐만 아니라 서비스 제공자들은 그들이 함께 만들어 낸 파이를 공유하고 있다.

두 번째 트렌드는 전통적인 엔터테인먼트 환경에서 융합된 서비스를 제공하는 것이다. 애플은 아이폰과 앱스토어, 그들의 강력한 애플리케이션을 통해 새로운 기회를 창출해 내고 있다. 날씨 정보에서 게임까지 모든 다른 종류의 엔터테인먼트와 정보들이 간단하고 사용하기 쉬운 애플리케이션으로 다운로드되고 있다.

현존하는 전통적인 엔터테인먼트 서비스들 또한 다른 방식의 서비스로 진화하고 있다. 예컨대, 우리는 이제 벨소리 다운로드, 음악 전곡 듣기, 뮤직 비디오 감상 등의 서비스를 받을 수 있다. 원래 이런 것들은 분리된 절차를 요구하는 방식의 WAP(Wireless Application Protocols) 애플리케이션이었다. 이런 서비스들이 진화하면서 소비자들에게 한층 더 편리함을 제공하고 편리한 옵션들과 묶여 연결되고 있다. 이런 과정을 통해 서비스 제공자들은 수익을 창출하고 있다.

실제로 우리가 이런 통합 솔루션을 제공했던 미국의 주요 통신사는 그들의 전통적인 엔터테인먼트 패키지의 연간 판매량에서 20퍼센트의 성장을 기록했다. 여러분은 "이미 한국에서는 빈번하게 벌어지는 일이기 때문에 별로 새로울 것이 없다."라고 말할 수도 있을 것이다. 물론 맞는 말이다. 그러나 한국의 주요한 서비스 제공자들 역시도 이와 같은 서비스를 제공하는 데에 있어서 융합이 중요하다고 인식한다. 이 사업에 있어서 그런 많은 혁신들이 이곳에서 시작됐고 세계 각국에서 그 뒤를 따르고 있다.

우리가 매우 열정적으로 도전하고 있는 세 번째 트렌드는 클라우드(Cloud) 서비스이다. 엔터테인먼트 서비스와 밀접하게 결합된 클라우드 서비스는 가상의 정보 관리와 빨라진 네트워크 속도로 더욱 풍부한 경험을 가능하게 만들 것이다. 이 강력한 결합은 모든 서비스에 접근 가능하도록 만들 것이다. 그러므로 우리는 이런 모든 융합 트렌드를 창조하는 데에 온 노력을 기울이고 있다. 또한 디지털 엔터테인먼트 시장과 산업이 사이즈와 질적인 측면 모두에서 지속적으로 성장할 것이라고 믿는다.

융합에서 이런 혁신들을 이끄는 요소는 무엇일까? 이미 4,000만 대 정도가 사용되고 있으며 현재도 계속 증가 추세에 있는 스마트폰, 통신 접속이 가능한 MP3 플레이어, 그리고 개인 미디어 플레이어 등을 들 수 있다. 이렇게 항상 접속되어 있는 기기들은 모두 PC로 접근할 수 있을 뿐만 아니라 온라인 모바일 경험을 제공한다. 가령, 많은 사람들은 모바일 기기와 PC 모두를 통해 소셜 네트워크 사이트인 싸이월드에 로그인할 수 있다. 이는 현재 출현하고 있는 기기들 사이의 경계선이 없어지고 있는 한 사례이다.

모바일 네트워크 속도와 수용 능력은 3G 세계에서 매우 강화됐다. 그리고 이런 네트워크의 진화는 서비스들이 융합된 환경에서 더욱 효과적인 방식으로 작업할 수 있도록 하는 엄청난 기회를 제공한다. 이런 변화를 추진하고 있는 것은 도대체 무엇일까? 고객들은 어떤 기기일지라도 언제 어디에서든 서비스에 즉각적으로 접속할 수 있기를 바란다. 이는 또한 산업적으로도 우리가 함께 해결해야 할 과제이다.

그렇다면 과연 누가 서비스 융합 혹은 다른 형태의 혁신으로 시장 점유율 경쟁에서 승리할까? 디지털 엔터테인먼트 시장에는 세 종류의 다른 플레이어들이 애쓰고 있다. 그들은 자신만의 강점으로 더욱 많은 시장 점유율을 차지하기 위해 경쟁하고 있다. 이런 각각의 모델들의 차이점을 설명하기 위해 미국의 한 음악 비즈니스를 예로 들어 보자.

첫 번째 모델은 '레이어 – 마스터(layer – masters)'라 불린다. 여기에 해당하는 회사들은 매우 특화되고 회사 각각의 가치 사슬 안에서 네트워크를 통해 서비스를 제공하는 것을 시도하고 있다. 예컨대, 음반 회사들은 통화음과 컬러링뿐만 아니라 음악 전체를 다운로드하기 위한 디지털 소스를 제공한다. 리얼 네트웍스와 같은 디지털 미디어 회사들은 융합된 서비스와 플랫폼을 제공하고 통신사들은 그들의 유무선 네트워크로 이 서비스와 정보를 전달해 준다.

'도미네이터(dominator, 지배자)'라고도 불리는 두 번째 모델은 가치 사슬 전체를 가로질러 경계 없는 양질의 경험을 사용자에게 제공하기 위해 노력하는 회사들이다. 애플과 마이크로소프트와 같은 회사들을 예로 들 수 있다. 그들은 최상의 사용자 서비스란 완전한 가치 사슬의 일관되고 엄격한 관리에서 이루어지는 것이라고 믿고 있다. 그 결과 그들은 자신의 전문성을 가치 사슬 요소의 하나에서부터 다른 곳까지 확장하고자 하는 경향을 보이며 가치 사슬의 끝에서 끝까지를 지배하고 제어하기 위해 노력한다.

세 번째 모델은 '인테그레이터(integrators, 통합자)'라고 불린다. 이들 역시 최상의 사용자 서비스가 가치 사슬 전체를 관리함으로써 성취되어야만 한다는 데에 동의한다. 그러나 이를 지배하기보다는 동일한 목적을 성취하기 위해서 사슬 각각에 존재하는 타 플레이어들과 함께 협력한다.

모든 모델들은 각각 장단점을 가지고 있다. 레이어-마스터들은 그들의 특화된 핵심 역량으로 높은 진입 장벽을 만들어서 그들 각각의 사업 영역 안에서 높은 시장 점유율을 즐길 수 있다. 그러나 이는 그들보다 훨씬 더 체계화된 고객 편익을 보유하고 있는 도미네이터과 인테그레이터로부터 공격받기 쉽다는 취약점이 있다. 도미네이터의 경우 품질에 대한 자신의 신념에도 불구하고 도전과 기회를 동시에 받아들이지 못할 때가 있기 때문이다. 이때 그들은 속도를 조정하거나 그들의 시장 점유율을 확대하는 것에 한계가 있음을 보이기도 한다.

도미네이터로서의 애플은 다양한 창조적인 혁신들을 제공해 왔다. 또한 한쪽과 다른 한쪽을 잇는 디지털 음악 서비스를 제공하는 부분은 거의 성공적이었다. 동시에 우리가 서비스 융합을 목격했듯이 인테그레이터들과 레이어-마스터들은 소비자들의 요구를 충족시키기 위해, 즉 훨씬 더 빠른 시간 안에 새로운 서비스를 제공하기 위해 매우 가까이에서 작업하고 있다. 대부분의 산업에서는 보통 두세 개의 강력한 비즈니스 모델을 대표하고 있는 몇 개의 회사들이 그 시장을 나누고 있다. 디지털 엔터테인먼트 시장 역시 이와 유사한 흐름을 따를 것이다.

마지막으로 인테그레이터가 어떠한 방식으로 비즈니스를 하는지를 살펴보자. 리얼 네트웍스는 인테그레이터 모델에 초점을 맞추고 있다. 이 모델의 장점 중 하나는 협력을 통해 새로운 서비스를 개시하는 데에 필요한 거대한 자본과 파트너 회사들의 경쟁력을 취할 수 있는 것이다. 그러나 동시에 가치 사슬 안에서 가끔은 다른 안건을 가진 서로 다른 멤버들과 함께 서로 다른 목적을 위해 협력을 하는 것이 때로는 개발 초기 단계에서 장애나 갈등으로 나타날 때가 있다.

내가 소개하고자 하는 회사는 리얼 네트웍스와 MTV의 합작 회사인 랩소디 아메리카(Rhapsody America)이다. 이 회사는 미국 전역에 걸쳐 융합된 디지털 음악 서비스를 제공하고 있다. 랩소디 아메리카는 모든 것을 제어하지는 않지만 지금보다 더욱 경계가 없는 디지털 음악 서비스

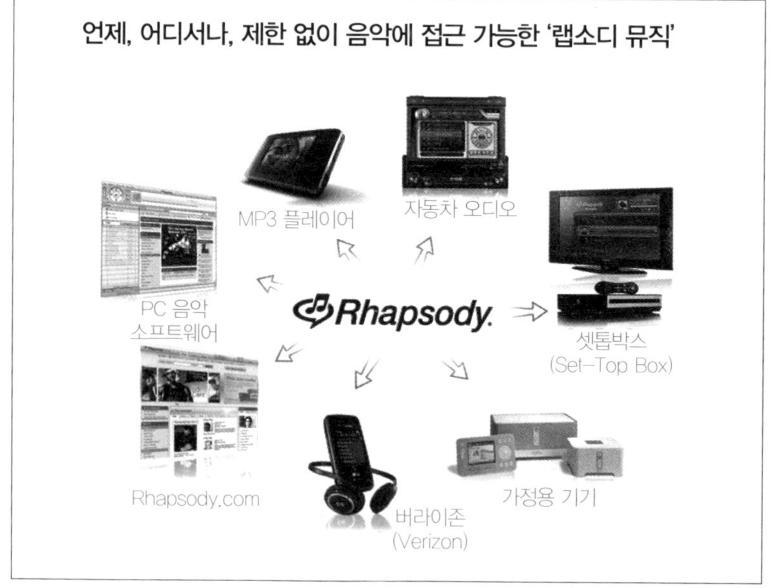

소비를 촉진하기 위해 많은 파트너들과 협력한다. 이 목적을 달성하기 위해서 온라인 포털의 야후, 페이스북과 같은 많은 유명 인터넷 회사뿐만 아니라 MP3 플레이어 제조자인 아이리버, 산사, 하이얼, 티보, 필립스 등과 다른 많은 기기 제조 회사와 파트너십을 맺고 있다. 또한 글로벌 통신사 고객인 버라이존(Verizon)과 자연스럽게 긴밀한 파트너십을 형성하고 있다. 이들 업체는 미국 전역에 걸친 8,000만 명의 고객들에게 서비스들을 제공하고 있다.

아직까지는 새롭게 떠오르는 융합 디지털 엔터테인먼트 시장에서 어떤 모델이 최적인지, 또 어떤 회사가 결국 승리하게 될지를 논하기는 시기상조인 것 같다.

나는 이 프레젠테이션을 통해 융합의 개념이 모바일 엔터테인먼트에 지속적인 영향을 끼칠 것이며 이는 증가하는 소비자의 니즈에 의해 더욱 촉진될 것임을 우리 모두 인지하게 되기를 바란다. 비즈니스 모델은 여전히 계속 생겨나고 있고 승자를 가리기에는 너무 이르다. 그러나 두세 가지 비즈니스 모델들은 진화할 것이고 이들이 결국 성공하게 될 가능성이 크다. 한국 회사들은 신기술과 융합 트렌드의 선두권에 있다. 나는 이들이 레이어-마스터, 도미네이터 그리고 인테그레이터에게서 나타나는 문제들의 해결책을 제공하는 데에 매우 중요한 역할을 할 것이라고 생각한다.

Interview

Q 미디어의 융합과 관련해서 가장 흥미로운 서비스를 꼽는다면 무엇이 있을까? 또한 방금 발표한 것을 바탕으로 이런 모든 변화의 결과로 실제로 크게 바뀌게 될 서비스는 무엇이 될까?

존 지아마테오(이하 지아마테오) : 5주 전 스페인의 보다폰(Vodafone)에서 새로운 서비스를 출시한 것이 매우 흥미롭다. 음성 통화 부분이 감소함에 따라 공격적으로 데이터 서비스 쪽으로 전향하는 이유는 그것이 미래 사업의 핵심 분야이기 때문이다. 보다폰의 접근은 데이터와 음악 관련 데이터 패키지를 무제한으로 제공하는 것이었다. 그들은 기본 데이터 서비스의 일부로 이런 서비스들을 묶을 수 있는 음반 업자들과 매우 흥미로운 거래를 했다.

단언하기에는 조금 이르지만 첫 5주 안에 보인 성장세는 대단했다. 그리고 이것이 그 자체를 다른 시장으로 확장시키게 되는 트렌드가 될지 유심히 지켜보고 있다.

마이클 머피(이하 머피) : 우리 자신을 '공급해 주는 자(vendor)'로 생각하기보다는 앞으로는 '가능하게 하는 자(enabler)'라고 생각해야 할 것이다.

우리가 하고 있는 것 중 가장 흥미로운 개발 가운데 하나는 인터페이스를 제공하는 것이다. 그래서 리얼 네트웍스와 같은 애플리케이션 제공자들이 네트워크 정보로부터 이득을 취하게 될 것이라고 본다.

설원희(이하 설) : "이 모든 혁명은 어디를 향해 가고 있는가?"로 질문을 조금 확장시켜 보겠다.

이런 융합이 발생하고 있는 곳에는 두 가지 핵심이 기본적으로 존재한다. 하나는 산업 측면에 있으며 또 하나는 사용자 중심의 관점에 놓여 있다. 이 두 현상은 모바일 단말기에 의해서 추진되었으며 모든 개개인의 삶에서 확장된 부분이 되어 가고 있다. 그들은 모든 종류의 서비스에 대해서 매체의 역할을 하고 있는 것이다. 나는 이 산업의 주역들이 이를 그들의 가장 중요한 수익으로 고려하고 있다고 생각한다.

또한 산업 주역들은 비용 절감의 가능성들을 찾고 있다. 예를 들어, 미국의 주요한 영화 유통 업체 가운데 하나는 영화를 직접 찍음으로써 극장에 유통시키는 비용을 줄이기를 원하고 있다. 영화 유통에는 매우 많은 비용이 필요하기 때문이다. 그들은 모든 영화를 인터넷을 통해서 사람들에게 공짜로 내보내고 싶어 하지만 이와 동시에 여전히 저작권 침해 및 네트워크상에서 영화가 도용되는 것을 두려워하고 있다.

소비자 측면에서는 TV, PC, 모바일 세 종류의 스크린은 모두 융합되고 경계가 없는 세계에서 이전보다 훨씬 특별한 가치를 제공할 수 있을 것이다.

Q 사람들은 신문이라는 미디어가 쇠퇴해 가고 있다는 사실을 알고 있다. 또한 이것이 한국에 국한되지 않고 여러 나라에서 일어나고 있는 상황이라는 것도 인식하고 있다. 그러나 타 신문사와는 달리 「월 스트리트 저널」은 그들의 정보에 요금을 부과하여 적당한 이윤을 남기고 있다. 과거 광대역 서비스들은 지불 구조를 인터넷 서비스로 통합시키는 것으로부터 이득을 얻지 못했다. 지금도 마찬가지로 대부분은 이 모든 무상 서비스를 당연하게 생각하고 있다.

그러나 웹이 모바일 기기에 적용되면서 정보 접근에 대해 소액 결제가 가능한 기회를 가지게 됐다고 생각한다. 사용자들이 반길지는 모르겠지만 이는 현재 고통스러워하고 있는 많은 콘텐츠 홀더(Content Holder)들에게 확실한 부양책이 될 수 있을 것이다. 아마존은 전자책 단말기인 '킨들(Kindle)'을 선보였고 사용자 경험을 제대로 제공한다면 무상으로 가능한 콘텐츠를 팔 수 있다. 이런 현상들에 대해서 어떻게 생각하는지 언급해 달라.

머피 : 앞서 음성과 3G 데이터 서비스 성장 비교 차트에서도 봤듯이

만약 광대역이 100퍼센트의 인구 모두를 포함할 정도로 커진다면 그를 커버할 만한 시스템을 현재 갖추고 있지 않다. 우리가 잃는 부분을 채울 수 있는 또 다른 수입원이 있어야만 한다. 많은 사업자들은 이와 동일한 질문을 품고 있다. 만약 모든 것이 인터넷 기반의 서비스로 가게 된다면 "내 돈은 어디로 가는 것인가?", "네트워크에 대한 지불은 어떻게 이뤄지는가?" 하는 의문점들이 생긴다.

이런 지불이 어떻게 이뤄지는지에 대해서는 당연히 변화가 필요하다. 그러나 핵심은 킨들과 같이 풍부한 사용자 경험을 제공하는 것이다. 이를 위해서 함께 체계를 만들어 나가는 것이 우리의 역할이다. 그러면 결국 소비자들은 그에 대한 정당한 지불을 시작할 것이다.

지아마테오 : 나 또한 비슷하게 생각한다. 실제로 이미 여러 부문의 서비스에서 소액 결제를 조금씩 시작하고 있다. 우리는 음악, 비디오, 게임, 그리고 타 서비스에 있어서 300만 명의 구독자들을 보유하고 있다. 또한 "어떻게 하면 더 접근하기 쉽고 이들의 지불이 용이하게 만들 수 있을까?" 하는 생각을 하게 되었다. 소액 결제는 트렌드이며 산업이 진화함에 따라 함께 나아가야 할 필요가 있는 부분일 것이다.

그러나 글로벌 경제의 상황을 고려해 보면 수익 창출 계획을 광고 판매에 기대는 것은 결코 좋은 생각이 아니라고 생각한다. 메시지가 됐든 게임이나 통화 연결음 데이터가 됐든 모바일 기기를 통한 서비스를 어떻게 제공할 수 있을지에 관한 부분은 확실하게 점검해야 할 것이다.

「월 스트리트 저널」의 사례를 통한 신문 산업에 대한 질문자의 지적은 매우 좋았다. 나는 이들이 아직 현실을 받아들이고 있지 않다고 생각한다. 그들은 여전히 낡은 방식으로 대응하고 있다. 인쇄 산업은 확실히 쇠퇴하게 될 것이다. 따라서 기존의 아날로그 출판물 모두가 다른 종류의 기기들 및 TV, PC, 모바일이라는 세 가지 기본 스크린을 통해 사용자에게 도달할 수 있도록 해야 한다.

설 : 가령 브라우징(탐색기) 서비스는 아이폰의 가장 유명한 서비스이다. 그런데 데이터 사용률 대비 수익에 대한 AT&T의 최근 자료를 보면 데이터 서비스의 오직 5퍼센트가 이메일이며 50퍼센트는 브라우징임에도 불구하고 그 5퍼센트가 실제로 가장 큰 수익 흐름에 포함되어 있다. 즉, AT&T는 현재 통신업자들에게 공동 딜레마인 약 20~30퍼센트의 수익 창출에 대해 고심하고 있다. 그들은 모든 종류의 서비스를 제공하기를 원한다.

그러나 이 모바일은 대역폭(bandwidth : 데이터 통신 기기의 전송 용량)

과 자원이 제한되어 있다. 우리는 소비자들에게 제공하는 가치의 비용과 인프라를 설립하는 것에 수반되는 비용 사이의 균형점을 찾을 필요가 있다.

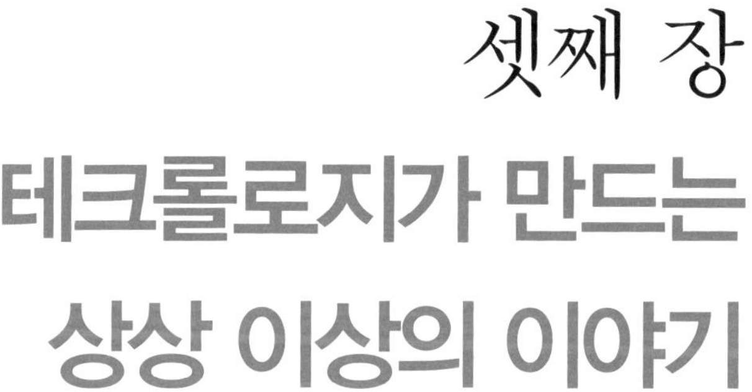

셋째 장

테크롤로지가 만드는
상상 이상의 이야기

1. 기술 혁신과
마케팅의 만남

윌리엄메리대학교를 졸업하고 버지니아의 지역 방송국에서 직장 생활을 시작한 후 CBS 엔터테인먼트, 터너 방송, NBC에서 홍보 담당자로 일했다. NBC에서는 커뮤니케이션 담당 수석부사장 겸 뉴스 커뮤니케이션 부사장을 맡았고 1998년 GE의 기업 커뮤니케이션 담당 부사장으로 임명된 후부터 GE의 최고임원으로 활동하고 있다.

2003년부터 GE의 최고마케팅책임자로 업무 범위를 넓혀 마케팅과 세일즈를 관장했고 에코매지네이션(Ecomagination)과 상상력 돌파 등 GE의 대표적인 경영 혁신을 추진하며 교차 사업 간 성장 시책을 주도했다. 2005년 GE의 미디어 및 엔터테인먼트 사업 부문인 NBC 유니버설의 미디어 담당 사장으로 임명되어 디지털 전략, 사업, 콘텐츠 및 배급 업무를 이끌었다. 또한 마케팅 및 리서치 팀을 이끌며 광고 혁신 활동을 주도했다.

현재 GE가 추진하는 새로운 전략적 과제 두 분야를 지휘하고 있다. 하나는 GE의 다양한 사업부가 참여하는 디지털 프로그램으로 주로 소비자 건강에 중점을 두고 있으며, 다른 하나는 에코매지네이션 환경 기술을 확대하기 위해 협력 네트워크를 구축하는 것이다.

나는 이 자리에서 GE가 혁신을 위해 어떤 다양한 플랫폼의 개발을 해 왔으며 또 그것이 어떻게 우리 회사 성장의 발판을 이뤄 나갈 것인지에 대해 말하고자 한다.

GE는 세계적인 기술 회사 가운데에서도 선두 그룹에 자리 잡고 있다. 우리는 에너지 산업을 필두로 항공기 산업에서 의료 산업, 미디어 산업, 그리고 그 모두를 잇는 연계 산업에 대한 투자까지 다방면으로 투자하고 있다. 우리는 130년 동안 혁신에 혁신을 거듭했다. 그리고 전구를 발명하고 전력 발전기를 개발한 회사인 만큼 혁신에 대해서 몇 가지 노하우가 있다. 하지만 실제로 혁신을 지속하기 위해서 우리는 끝없이 스스로를 자극해야 했고 새로운 노하우를 개발하기 위해 노력해야 했다.

GE는 거의 5만 명의 과학자들을 보유하고 있다. 오랜 세월 동안 우리는 기술에 대한 스스로의 절대적 신뢰가 있었기 때문에 마케팅과 판매는 저절로 이뤄질 것이라고 믿었다. 하지만 21세기에 들어서면서 기술 혁신이 전 세계적 차원으로 이뤄지는 가운데 우리 또한 한층 더 새롭게 성장하게 됐다. 그 시기는 불과 몇 년 전일 정도로 매우 최근이다.

우리는 당시 더 큰 성장을 위해서라면 기술에만 의존할 수 없고 더 많은 혁신이 필요하다고 생각했다. 특히 마케팅 부문의 부활을 통해 새로운 혁신을 추진하려고 했다. 그것은 바로 광고 혁신 활동이었다. 이는 새로운 산업 모델과 산업 전략을 제시함으로써 다방면으로 기술을 적용하면서 이를 통해 새로운 기회를 찾는 것에 기초한다. 먼저 우리는 마케팅에 대한 투자를 두 배로 늘렸다. 그러고 나서 우리는 "기술과 혁신 모두가 같이 한데 모여서 앞으로 나아가자."라고 말했다.

2003년에는 향후 여러 세대에 걸쳐 기술적, 상업적 기회를 지속적으로 열어 줄 아이디어에 대한 투자를 시작했다. 우리는 그것을 상상력을 통한 새 발견이라고 여겼고 성장을 위한 최우선 과제라고 생각했다. 초기 3~5년 사이에는 그런 아이디어 하나하나가 1억 달러 이상씩의 수익을 창출해 내길 기대했다. 그러면서 우리는 좀 더 체계화된 접근으로 회사 차원에서의 혁신을 추구했다.

우리는 혁신이라는 과제를 전통적인 경영학 모델을 기초로 해서 세 가지 분야로 분류했다. 그것은 바로 '핵심적 혁신, 보조적 혁신, 새로운 비즈니스 모델 창출'이다. 우리는 그런 틀 아래 적절하게 투자를 분배하려고 노력했다. 50퍼센트 정도는 핵심적 혁신에, 35퍼센트는 보조적 혁신에, 그리고 나머지는 새 모델 창출에 분산 투자했다.

우리는 그 과정 속에서 많은 것을 배웠다. 혁신이라는 것은 하나의 정형화된 잣대로 평가할 수 없다는 것이 그중 하나이다. 우리는 창출된 새 모델들이 하루 빨리 핵심적 혁신에 적용되기를 원했지만 동시에 그것들이 성공할 수 있을지도 평가해 보았고 수익성이 있을지에 대해서도 치열하게 논의했다.

우리는 새로운 아이디어들을 개발하기 위해서 정형화된 프로세스를 만들었다. 이를 통해서 아이디어들이 너무 일찍 사장되는 경향이 있음을 깨달았다. 이후에는 너무 빨리 결정하고 움직이는 것에 대해 경계하기로 했다. 하지만 반대로 너무 늦게까지 가능성이 없는 아이디어에 대해 미련을 갖고 계속 투자하는 경향도 있었다. 가령, 현재 자금 상황이 세 가지 아이디어에 대한 지원이 가능한 상황인데 무리해서 다섯 가지에 지원하다 보면 어느 하나도 만족시키지 못하는 상황이 벌어지곤 했다. 우리에게는 더 엄격한 기준이 필요했다. 그래서 우리는 "실패를 하더라도 빨리 해서 이를 최소화하자."라는 모토 아래 더 많은 사전 테스트를 하고 더 세분화된 이정표를 세우는 모델을 도입했다. 우리는 혁신에 대해 알려 줄 외부 인사들을 초빙해서 아이디어를 키워 가고 성장을 가속화하는 데에 많은 투자를 했다.

우리가 개발한 것 중에는 혁신 가이드라인과 혁신을 이루기 위한 도구에 더 초점이 맞춰진 것들이 있다. 우리는 지난 2년 동안 다트머스대학교에서 혁신을 제대로 가르칠 수 있는 사람도 초청했다. 무엇보다 제일 기억에 남는 것은 "이 세계의 주인인 만큼 분야를 키워 내야 하는 것이 바로 당신들의 최우선 과제라고 여겨야 한다."라는 부분이다. GE의 제프리 이멜트(Jeffery Immelt) 회장 또한 이런 과제를 잘 수행해 나가고 있다. 우리 회사의 최고 아이디어 중 약 25개 정도의 아이디어를 회장 직속으로 소유하게 하여 투자와 관리가 제대로 되도록 하고 있다. 지난 몇 년간 우리가 하고 있는 것은 이런 식으로 보호받는 아이디어군을 만드는 것이다. 약 100여 개의 아이디어가 늘 특별 관리 속에서 개발과 평가가 이뤄지고 있다. 이는 아마도 훗날 수익으로 이어질 것이다. GE는 이런 새로운 부분을 통해서 30퍼센트 정도의 수익을 달성하는 것을 목표로 하고 있다.

사실 지금은 시장의 성장세가 거의 둔화되어 있는 환경이라 이와 같은 우리의 투자 활동은 만족스러운 결과를 내기 어려운 것이라고 할 수 있다. 그럼에도 불구하고 우리가 성공했던 사례를 몇 가지 살펴보자.

우리가 배운 교훈 중에서 투자 자원에 대한 것을 눈여겨볼 만하다. 우리는 하려는 것을 모두 다 할 수는 없다는 것을 깨달았다. "100퍼센트 실패를 택할 것인가, 아니면 50퍼센트의 성공을 택할 것인가?" 이런 생각 아래 GE는 소규모 투자와 전략적 제휴라는 방법을 선택하게 됐고 그것은 현재 새로운 경제 현실과 디지털 세상 속에서 GE가 나아가는 방식이 됐다.

여기 몇 가지 예가 있다. 우리는 이런 혁신을 이루기 위한 노력을 2003년부터 시작했다. 이 시기에 GE는 나에게 2년간 NBC 유니버설 광고 부문을 맡아 달라고 부탁했다. 무엇보다도 회사는 디지털 미디어 분야에서 시동을 걸고 새로운 비즈니스 모델을 창출해 내길 기대했다. 오늘의 나를 만들고 GE가 나아가는 방식을 세운 특별한 두 가지 경험을 소개하겠다.

하나는 '피콕 주식형 펀드(Peacock Equity)'를 만든 것이다. 이를 통해서 게임 회사에서 건강 관련 검색 엔진에 이르기까지 다방면으로 위험 부담과 규모가 작은 디지털 미디어 벤처 회사에 투자하게 됐다. 벤처 회사와의 제휴를 통해서 그들로부터 혁신을 배우고자 한 것이다.

또 다른 한 가지는 NBC의 경쟁회사였던 뉴스 코퍼레이션(News Corporation)과 제휴한 것이다. 우리 두 회사는 2년 전 디지털 미디어 공간에서 성공하고 발전해 나가기 위해서 콘텐츠의 총체적인 융합을 이뤄 낼 수 있는 통합 전력을 세워우기로 결정했다. 그렇게 함으로써 우리는 '훌루닷컴(hulu.com)'이라는 동영상 전문 사이트를 만들어 냈다. 이는 NBC와 뉴스 코퍼레이션이라는 아주 전통적 회사에서 만들어진 매우 성공적인 벤처 회사라고 평가된다. 훌루닷컴의 경험은 새로운 산업을 만들어 내기 위해 필요한 것이 무엇인가에 대한 기존의 관점을 바꿔 놓았다.

우리는 아마존의 낡은 기업 문화 속에서 벤처 기업 정신을 살려 낸 기업가인 제이슨 킬라(Jason Kilar)를 고용했다. 초기에 우리는 회사 안에서 가장 좋은 것들을 모아서 다양한 종류의 새로운 기회를 만들려고 했다. 그러나 경험을 통해 보면 오래된 구조의 회사에서는 이것이 어렵다는 점을 알고 있었다. 당시 우리는 모든 일에 지나치게 서두르는 바람에 기존의 기술을 적절히 사용하지 못하고 어떤 콘텐츠를 채택해야 하는지도 제대로 결정하지 못하고 있었다. 그때 벤처 마인드로 무장한 킬라가 나타나 단순하게 "당신네가 가진 최고의 것으로 시작합시다."라고 말했다.

나는 이 두 가지 경험이 성공을 위한 최선의 길을 안내할 것이라고 믿었다. 결국 기술과 상업적 노하우, 그리고 파트너십을 형성할 수 있는 능력으로 혁신의 기반을 구축했다.

우리는 지난 2004년 출시한 에코매지네이션이라는 무공해 기술 부문에서 5년 동안 실제로 그렇게 실행해 왔다. 에코매지네이션은 무공해 기술 분야에서 어떻게 차별화된 혁신을 할 것인지 GE 임직원 모두가 함께 고민하겠다는 의지의 산물이다. 우리와 이야기를 나눈 고객들의 요구는 일관됐다. 그들은 무공해 기술과 관련해서 더 책임감을 가지고 일하고 싶어 했다. 하지만 그 과정에서 낮은 수익으로 인해서 자신의 회사가 파산하지 않아야 한다는 의지도 강했다. 그들은 자신들의 비즈니스 모델을 성공적으로 이끌면서도 이 부분에서 발전할 수 있기를 원하고 있었다.

2004년 5월, 우리는 일련의 공약과 함께 친환경 성장 전략에 착수했다. 우리는 오직 친환경 산업에만 집중하여 1년에 15억 달러의 투자를 유치하겠다고 약속했다. 또한 2010년까지 200억 달러의 수익을 목표로 성장하기를 원했다. 또한 GE 스스로 온실가스 방출을 감소하기로 약속했다.

몇 년 후 몇 가지 가시적 결과물이 나왔다. 기존의 2배 규모인 매년 15억 달러를 R&D에 투자하겠다는 약속을 이행했다. 이 과정에서 환경 인증을 받은 75가지 신상품이 나왔다. 우리는 이와 관련해 여러 표준을 제정하기 위해서 노력해 왔다. 지표를 매우 엄격하게 세웠기 때문에 환경 인증 부분에서 모두 합격할 수 있는 제품들이 나왔다. 그리고 2010년에는 목표 지점인 200억 달러에 도달할 것이다. 올해 우리는 180억 달러의 판매치를 예상하고 있다. 이는 예전에는 존재하지 않았던 부문의 판매이다.

우리는 온실가스와 탄소의 배출량을 1퍼센트까지 감소시키겠다고 약속했다. 그런데 우리는 2년이나 빨리, 그것도 8퍼센트까지나 이들의 배출량을 줄이는 등 예상보다 훨씬 훌륭한 결과를 냈다. 이는 혁신의 힘이란 조직 전체를 통해서 그 효력이 발휘된다는 점을 입증해 준 것이다. 우리는 온실가스를 더욱 감소시키면서 프로세스를 더 잘 만들 수 있는 방법을 찾아봤다. 그래서 도요타의 '보물 사냥'이라는 과정을 벤치

마킹하여 GE만의 지속 가능한 '환경 보물 사냥'을 만들었다. 현재 여기에는 약 200명의 인원이 속해 있다. 그리고 이는 GE가 연간 약 1억 달러를 아끼도록 해 준다.

우리는 이 과정이 더욱 투명해지기를 바라며 또한 전 세계에서도 여기에 참여하기를 원한다. 우리는 미국 기후작용 연합(The United States Climate Action Partnership)이라는 조직과 협력 관계를 유지하고 있다. 이 조직은 정부와 사업체를 모아서 올바른 종류의 친환경 기술을 장려하기 위한 입법을 제안한다.

이런 혁신 플랫폼들은 앞으로 여러 세대를 거쳐서 다양한 제품에 활용될 수 있을 것이다. 그 첫 번째가 '지능형 전력망(Smart Grid)'인데 이것은 전기의 디지털화와 관련된다. 한국은 이 부분에서 매우 앞서 나가 있지만 다른 곳은 미비한 수준이다. GE는 제품 이외에도 서비스와 IT, 소프트웨어, 가전의 지능형 계량기(smart meters)와 연결된 모든 것에 입지를 다지려고 노력하고 있다. 이런 마인드를 가지고 우리는 구글과 함께 팀을 짰다. 그러고 나서 우리는 몇 달 전에 지능형 전력망 영역에 공동 투자를 하겠다고 발표했다. 아울러 우리는 정확히 지능형 전력망이 무엇인지에 대해 사람들을 교육하는 데에도 노력하고 있다.

또한 GE는 에너지 저장과 배터리에 대한 노력도 해 오고 있다. 우리는 고출력 기관차를 운용하는 데에 사용됐던 핵심 배터리 기술을 가졌으며 그것을 이동 통신 영역을 포함해 전자 통신탑을 위해 배터리를 제공하는 새로운 영역으로 옮겨 왔다. 또한 우리는 개발 파트너인 A123 시스템이라는 회사에 투자해서 자동차 배터리를 생산하는 파트너가 되는 방법을 고찰하기 시작했다. 우리는 전기 자동차의 다음 세대가 될 배터리 자동차와 관련해서 그들과 함께 일하고 있다.

이런 활동들은 우리가 좀 더 그런 종류의 투자를 할 필요가 있다는 것을 상기해 주었다. 이후 우리는 친환경 기술 영역에서 투자 기금을 만들었다. 지금까지 배터리에서부터 태양력과 풍력에 이르기까지 20개의 신규 분야에 투자해 왔다. 이런 식으로 우리는 기술과 혁신을 모아서 하나의 멀티 플랫폼을 만들어 다양한 세대를 거쳐 추진해 왔다.

GE는 최근에 이것과 비슷한 혁신을 발표했다. 우리가 '헬시매지네이션(healthymagination)'이라고 부르는 새로운 노력이다. 이것은 우리에게 엄청나게 중요한 사업 전략이다. 여기서 우리는 혁신을 위한 또 다른 플랫폼을 만들기 위해 에코매지네이션의 틀을 차용했다. 우리는 이런 혁신에 대해서 높은 책임 의식을 가지고 있다. 확실하게 비용을 낮춰서 다양한 계층의 환자들이 접근하게끔 만드는 동시에 의료 진단상의 오류가 없도록 품질 향상이 이뤄지도록 하는 것이 이 혁신의 핵심이다. 우리는 이런 중요한 목표들의 일부를 충족시키기 위해서 의료보호 분야에 있는 모든 회사의 혁신들에 집중할 것이다. 그 방법은 다음과 같다.

첫째, 우리는 100개의 혁신들을 도입할 예정인데 그중 적어도 50개는 활용하기 간단한 보건 의료 분야에 활용할 것이다. 농촌, 신흥 시장, 모자 보건 등에 힘을 쓸 것이다.

두 번째 흥미로운 분야는 의료 IT이다. 이것은 우리가 전자 의학 기록 소프트웨어 개발에 많은 투자가 이루어질 플랫폼이다. 이를 위해서 우리는 미국에 있는 인터마운틴 헬스케어(Intermountain Healthcare)와 메이요 클리닉(Mayo Clinic)과 팀을 이루어 왔다. 우리는 세계에 있는 모든 의학 규약들과 의학 저널에 있는 정보를 모아서 하나의 통합된 데이터베이스에 넣기를 원한다. 그래서 어디서든 침대 곁에서 의사가 바로 그 정보에 접근할 수 있도록 할 것이다.

현재 보건 의료 혜택의 소비자화가 이뤄지고 있다. 그런데 우리 웹사이트 일부인 NBC 유니버설에서 보건이라는 부분이 굉장히 중요하다는 사실을 깨닫게 하는 직접적인 일들을 목격하게 되었다. 거기에는 또한 건강함과 관련된 온라인상의 많은 커뮤니티가 있다. 우리의 계획 중 하나는 병원에서의 기술을 집 안으로 가져와서 가정 건강 사업을 만드는 인텔과 제휴하는 것이다. 이는 노년층이나 만성 질환에 시달리고 있는 사람들에게 집에서 바로 의료 보건 서비스를 받을 수 있도록 하기 위한 계획이다.

아울러 우리 회사의 직원들 역시 더욱 건강해지도록 서비스할 예정이다. 이런 노력들은 사람들로 하여금 우리가 데이터베이스를 입력하고 그들의 건강 자료에 접근하는 것을 허락할 것이다.

지금까지 GE가 기술적 혁신뿐만 아니라 고객 차원에서의 혁신에도 관심을 기울이고 노력하고 있음을 설명했다. 또한 이를 통해서 높은 수익을 낼 수 있다는 것도 보여 주었다. 우리는 에너지에서 의료 보험과 미디어 산업에 이르기까지 소프트웨어와 IT 분야에서 점점 더 투입 자본의 규모를 키우고 있다. 또한 중요한 경향을 따라가기 위해 GE의 모든 자원들에 훨씬 더 공격적으로 반응할 수 있게 됐다. 이런 중요한 플랫폼들을 통해 우리의 기술들을 이용했다. 이 플랫폼들은 우리가 고유한 브랜드를 만들고 전 세계에 있는 사람들이 GE가 기술을 주로 친환경 기술과 의료 분야에 집중시키고 있다는 것을 이해하게 만드는 강력한 방법이었다.

2. 디지털이 이끄는 개인화 서비스

이호수, 삼성전자 미디어솔루션센터 부사장.

1971년 서울대학교와 한국과학기술원(KAIST)에서 전자공학을 전공했고 노스웨스턴대학교에서 인공 지능 분야 연구로 박사 학위를 취득했다.

그 후 뉴욕에 소재한 IBM 왓슨(IBM Watson) 연구소에서 2005년까지 약 20년간 컴퓨터 관련 분야를 연구했다. 특히 고객이 안고 있는 문제를 효과적으로 해결하기 위하여 연구, 컨설팅 활동 및 솔루션 개발 등을 아우르는 비즈니스 패러다임 정착에 많은 기여를 했다. 2004년에는 한국에 IBM 유비쿼터스 컴퓨팅 연구소를 설립하여 임베디드 소프트웨어, RFID, 텔레메틱스 등의 연구 개발을 주도한 바 있다.

2006년부터 삼성전자에서 소프트웨어연구소장으로 전사적인 소프트웨어 분야를 주도했으며, 2008년 6월부터는 음악, 영화, 게임 등의 콘텐츠와 다양한 인터넷 서비스 분야 비즈니스를 위해 작년에 출범한 미디어솔루션센터를 총괄하고 있다. 휴대전화, TV, 컴퓨터 등을 비롯한 다양한 모바일, 홈, 오피스 기기들의 사용성과 가치를 높이기 위해 인터넷과 콘텐츠 서비스를 효과적으로 연계하는 방안과 사업 관련 활동을 하고 있다.

많은 학술 논문을 비롯해 8개의 미국 특허를 보유하고 있다. 1996년에는 재미 한인 정보과학기술자협회(KOCSEA) 회장을 맡았으며, 현재 차세대융합콘텐츠 산업협회의 회장을 맡고 있다.

나는 오늘날 기술적, 문화적, 사회적 경향을 모두 고려해서 미래 디지털 커뮤니티가 무엇을 이끌 것인지에 대해 생각해 보았다. 그리고 미래에는 개인화된 서비스가 우리 일상에 널리 보급되고 이를 지배할 것이라는 결론을 내렸다.

누군가 당신과 다른 헤어스타일을 하고 있다면 이를 보고 당신은 뭐라고 생각하는가? 흥미롭다고 생각하는가? 아닐 것이다. 사람들은 자연스럽게 타인과 자신을 차별화하는 방법을 찾기 때문이다. 이런 개인화의 가장 좋은 예는 헤어스타일이다. 이 부분에서는 누구라도 자신의 기호를 반영하는 독특한 모양을 가지고 있다.

개인화는 개인의 요구나 필요의 측면에서 차이점을 조절하는 방식이다. 그것은 시간이 지나면서 진화됐다. 그 결과 우리는 다른 많은 개인적인 방식을 가지게 됐다. 나는 이 자리에서 4가지 타입의 개인화 서비스에 초점을 맞출 것이다. 셀프 매시업(self mash‒up), 셀프 디자인(self design), 셀프 캐스팅(self casting), 개인화된 추천 서비스가 바로 그것들이다. 각각에 대해서 적절한 예를 들어 보겠다.

첫째, 셀프 매시업 서비스에 대해 이야기해 보자. 웹2.0 덕분에 지금은 모두가 자신만의 콘텐츠를 만들어서 자유롭게 다른 사람과 공유할 수 있게 됐다. 그 결과 정보 총량은 거대하게 증가했다. 즉, 오늘날 우리가 직면한 문제는 정보 부족이 아니라 과잉이다.

올바른 정보를 찾기 위해서 우리는 보통 검색 엔진을 활용한다. 만약 당신이 검색 엔진에 'vacation'이라는 단어를 입력한다면 100페이지가 넘는 검색 결과 목록을 얻게 된다. 이를 좀 더 유용하게 하기 위해서 우리는 원하는 주제만을 볼 수 있게끔 웹페이지 구조를 주문 제작했다. 이것을 셀프 매시업 서비스라고 부른다. 아이구글(iGoogle)은 셀프 매시업 서비스의 가장 좋은 예이다.

페이지플레이크(Pageflakes)라는 웹사이트를 살펴보자. 가령 사용자가 CNN, 음악, 비디오, 위키피디아, 날씨, 사진을 포함해 토픽 혹은 뉴스를 통한 검색을 원한다고 가정해 보자. 사람들은 그러한 주제들을 선택하고 우리는 뉴스, 사진, 날씨를 포함해서 선택된 다른 것들에 대한 웹페이지를 만든다. 이런 개인화된 페이지는 짧은 시간에 쉽게 만들어지면서도 사용자가 자신의 취향에 맞는 정보를 쉽고 빠르게 찾도록 한다.

개인화의 다음 유형은 셀프 디자인이다. 이것의 좋은 예는 '마이트윈닷컴(Mytwinn.com)'이라는 웹사이트이다. 한 소녀는 자신의 사진을 사이트로 보낸 후 외모와 스타일 면에서 자신과 닮은 맞춤형 쌍둥이 인형을 얻을 수 있다. 셀프 디자인의 또 다른 예로 나이키의 맞춤형 신발 주문 사이트 'NIKEiD'를 들 수 있다. 사용자는 패턴과 색상, 그런 다음 신발의 한 부분을 선택함으로써 자신만의 독특한 나이키 신발을 디자인할 수 있다.

과거에는 맞춤형 제품들이 아주 비쌌지만 이젠 더 이상 그렇지 않다. 오늘날의 기술 발전을 통해서 다양한 물건들에 대해 사용자들이 더 용이하게 접근하여 맞춤 형태로 만들어질 수 있게 됐다. 이는 서비스 제공업자들에게는 도전이라고 볼 수도 있다. 왜냐하면 그들은 경쟁력 있는 개인화 절차와 시스템을 고안해야 하기 때문이다.

다음으로는 셀프 캐스팅 서비스를 살펴보겠다. 현재의 기술로 우리는 자신만의 방송 채널을 만들 수 있다. 또한 이 방송 채널에서 계정을 만든 후에 자신만의 쇼를 방송할 수 있다. 동시에 이 쇼에 대해 다른 사람들과 채팅을 할 수도 있다. 자신만의 쇼와 콘텐츠를 완벽한 방송 채널에 구현하는 것이 바로 셀프 캐스팅 서비스의 예이다.

또 다른 예로는 조금 다른 형식이긴 하지만 위키미디어(Wikimedia)를 들 수 있다. 이 재단은 그 유명한 위키피디아, 위키뉴스(Wikinews), 그리고 위키서너리(Wiktionary)와 같은 많은 온라인 협력 커뮤니티들을 만들어 왔다. 이 커뮤니티들은 커뮤니티 내에서 자신들의 콘텐츠를 다른 사람들과 자유롭게 공유하고 방송한다.

다음으로 살펴볼 것은 개인화된 추천 서비스이다. 현재 개인화된 추천 서비스들은 매우 넓게 활용되고 있다. 특히 전자상거래 사이트에서 흔히 볼 수 있다. 가장 두드러진 예인 아마존의 웹사이트는 과거 구매 기록과 행동, 그리고 의사소통에 기반을 두고 추천 항목들을 만든다. 마케팅과 고객 만족을 보장해 주기 위한 가장 효과적인 도구이기 때문에 이 서비스는 널리 활용되고 있다.

삼성전자는 개인화 서비스의 측면을 잘 구현한 인터페이스를 개발해 왔는데 이 UCI(Universal Content Identifier)는 사용자들이 스타일, 감정, 기능에 따라 자신들만의 배경 화면을 만들도록 해 준다. 배경은 날짜, 날씨, 위치 등에 따라 바뀐다. 예를 들어, 누군가 도쿄에 가려고 계획한다면 배경은 도쿄의 유명한 식당 위치 지도와 같은 도쿄와 관련된 정보를 통합한다.

UCI의 또 다른 재미있는 측면은 배터리의 수명을 보여 주는 것이다.

가령, 휴대전화 배경 화면에 보이는 뱀이 움직이는 상대적인 속도는 휴대전화에 남아 있는 배터리의 양과 비례한다. 만약 뱀이 빠르게 움직인다면 배터리는 완전히 충전이 되어 있는 것이고 천천히 움직인다면 배터리는 적게 남아 있는 것이다. 우리는 현재 헤드셋, MP3 플레이어 등을 포함한 이동용 장치를 위해 이런 UCI를 개발하고 있다.

개인화 서비스는 매우 중요하다. 이것은 개인의 가치에 관한 문제이다. 그리고 오늘날 고객들은 예전보다 훨씬 더 강하게 이를 요구하고 있다. 그들은 아주 작고 단순한 상품을 주문할 때도 특별히 맞춤화된 상품을 선호하고 게다가 즉각적으로 받아 보기를 원한다. 나는 개인화 트랜드가 디지털 라이프와 커뮤니티에 널리 퍼질 것이라고 믿는다. 그리고 가장 강력한 개인화 능력을 가진 회사가 세계 시장에서 더 경쟁력이 있을 것이라고 생각한다.

3. 멀티터치와 새로운 인터랙티비티

제프 한(Jeff Han),
퍼셉티브 픽셀(Perceptive Pixel)의 창립자이자 수석 과학자.

코넬대학교에서 전기공학과 컴퓨터공학을 공부했다. 원래 컴퓨터 그래픽과 멀티미디어 시스템 분야를 연구했지만 현재 기계 학습과 인간 - 컴퓨터 상호 작용에 더욱 초점을 맞추고 있다.

지식 근로자를 위한 멀티터치 인터페이스 연구 개발 및 마케팅 회사인 퍼셉티브 픽셀을 창립해 짧은 시일 내에 성공적인 회사로 성장시켰다. 이 회사는 국방, 정보, 의학 영상, 방송, 에너지, 금융, 교육 등 다양한 분야의 정상급 파트너들과 협력하고 있다. 퍼셉티브 픽셀은 CNN, ABC 등의 방송사에서 2008 미국 대선 방송 방식을 완전히 변화시키면서 유명해졌다.

그는 2006년 열린 TED 회의에서 멀티터치 인터페이스 개념을 대중에게 성공적으로 소개하면서 인정받았고 그가 개발한 기술은 발표되자마자 이 분야의 연구에 활력을 불어넣었다.

또한 2009년에는 가장 권위 있는 디자인 어워드인 미국 내셔널 디자인 어워드의 인터랙션 디자인 부문의 수상자로 선정됐다. 2008년 「타임」이 선정한 '가장 영향력 있는 100인'에 이름을 올렸으며 연구와 저술 활동을 지속해 왔다.

나는 이 자리에서 멀티터치 관련 기술이 개발된 이래로 종종 발생하는 두세 가지 의문점들에 대한 의견을 말하고 또 함께 이야기를 나눠 보는 시간을 갖고자 한다.

우리는 지금까지 7년간 멀티터치에 매달려 왔으며 3년 전에는 TED 회의(IT, 엔터테인먼트, 디자인 분야 등의 글로벌 CEO들이 강연 및 토론을 가지는 자리)에서 멀티터치의 개념을 아주 멋진 방식으로 세상에 알렸다. 그 후 3년이 다시 지났고 그때와 마찬가지로 가장 흔하게 받는 질문이 "왜 이것을 시작했는가?", "왜 하필 멀티터치인가?", "왜 지금 인터페이스를 연구하고 있는가?" 등의 것들이다.

나는 실제로 컴퓨터 그래픽 때문에 컴퓨터공학 분야와 인연을 맺게 됐다. 나는 성장하면서 비주얼적인 면이 강하고 창의적이라는 매력을 지닌 컴퓨터공학과 전자공학을 공부하게 됐다. 게다가 나는 수학도 굉장히 좋아했기 때문에 어떻게 보면 컴퓨터 그래픽 쪽으로 가게 된 것은 너무나 당연했다. 컴퓨터 그래픽을 사용하면 완전히 새로운 것을 만들어 낼 수 있다. 즉, A라는 것을 입력하면 B라는 완전히 다른 종류의 것이 나온다. 이는 일종의 속임수이다. 요즘은 이런 것을 게임기로도 해볼 수 있다. 그러나 이것의 핵심은 할리우드에서 하는 특수 효과 작업 같은 것을 할 때 기술을 제공하는 것에 있다. 이처럼 컴퓨터 그래픽은 내가 컴퓨터에 빠지게 된 계기였다.

그러나 지난 20~25년을 돌아보면 컴퓨터 그래픽이 얼마나 놀라울 정도로 발전해 왔는지를 확인할 수 있다. 이는 내가 "음, 더 이상 흥미롭지 않을 수도 있겠군."이라고 생각하기 시작한 이유이기도 하다. 나는 점점 실제와 같은 그림을 만드는 깃에 싫증을 느끼기 시작했다. 또한 인풋과 아웃풋은 여전히 사람과 컴퓨터 작업 사이의 커다란 문제라는 것을 깨달았다. 이것이 아마도 내가 왜 멀티터치에 빠져들게 됐는지에 대한 근본적인 이유일 것이다. 그러나 산출 부분, 즉 그래픽 부분은 계속 비약적으로 발전하고 있기 때문에 지금은 더 이상 흥미롭지 않다. 최소한 나 같은 사람에게는 말이다.

그래서 나는 그러한 인터랙티비티 문제의 한 부분인 다른 종류의 것을 살펴보고 연구하기 시작했다. 카메라 같은 것이 매우 흥미로워서 나는 상호 작용할 수 있는 예술 작품들과 같은 방식으로 여기에 접근하기 시작했다. 단, 키보드와 마우스가 아닌 조금 덜 전통적인 방식으로 말이다. 카메라는 컴퓨터로 풍부한 입력을 가능하게 한다. 이와 같은 특성은 매우 흥미롭다.

나는 잠시 휴식을 취하며 시간을 보내다가 어느 순간 실질적인 영감을 받았다. 어느 날 나는 점심을 먹다가 컵을 들어 보았다. 그러고는 손가락의 생김새를 살펴봤다. 특정 각도에서 그리고 정말로 가까이에서 보면 컵 표면에 있는 약간의 물로 나의 지문을 볼 수 있었다. 여러분도 앞에 놓인 컵을 들어서 한번 보아라. 이것은 주목할 만한 지문 센서가 된다. 실제로 터치의 개념은 매우 흥미로운 것이며 그날의 영감은 터치 관련 문제를 해결하기 위한 흥미로운 접근이었다.

멀티터치는 항상 바라 왔던 기술이다. 또한 오랜 시간 동안 이론화되어 있긴 했지만 훌륭한 센서의 부재라는 장벽에 부딪쳤다. 이와 같은 영감을 받는 경험은 마치 뉴튼의 사과 이야기처럼 문제를 해결하는 사람을 인도하는 사건이 되기도 한다. 멀티터치 연구는 이 컵에 찍힌 지문으로 인해서 새로운 전환점을 맞이하게 됐다. 나는 "좋아, 그래픽은 훌륭해. 이젠 좀 더 인터랙티브한 부분을 파고들어 보자."라고 말했다. 그 후로 우리는 터치에 몰두하기 시작했다. 흥미로운 점은 내가 학생들로부터 많은 이메일을 받기 시작했다는 것이다. 그들은 "현재 당신이 하고 있는 일을 하기 위해서는 무엇을 공부해야만 하는 것인지 말해 줄 수 있나요?"라는 질문을 보내왔다. 이에 대한 대답은 매우 간단한다. 당연히 수학과 과학을 공부하는 것이다. 이는 정확히 내가 한쪽 분야에서 다른 쪽 분야로 더 용이하게 넘어갈 수 있도록 해 준 부분이기도 하다. 그러나 일반적으로 우리 같은 사람들이 왜 수학과 과학을 공부하는지 이해하지 못하는 경우가 많다. 이는 단순히 방정식을 외우고 낡은 문제를 푸는 것이 아니다. 새로운 해결책과 심지어 아직 공부하지 못한 부분의 새로운 문제들을 스스로 찾아내는 것이라고도 할 수 있다. 그럼으로써 수학과 과학은 이런 종류의 일에 대한 훌륭한 토대를 마련해 주고 있다.

그럼 우선 멀티터치란 무엇인지에 대해 간단히 소개하겠다. 멀티터치는 한번에 여러 번 이상의 터치가 가능하도록 해 주는 능력을 말한다. 단순히 두세 개가 아니라 열 손가락 모두를 사용하는 것을 의미한다. 예를 들어, 피아노를 칠 때 한 번에 건반 하나만으로 연주를 하는 것이 아니라 가진 손가락 모두를 사용하는 것이다. 더 확실한 예시를 들어 보자. 멀티터치는 이제 어디에서나 잘 알려져 있는 개념이지만 특히 기본적인 것을 몇 가지 예로 들어 본다면 다음과 같다.

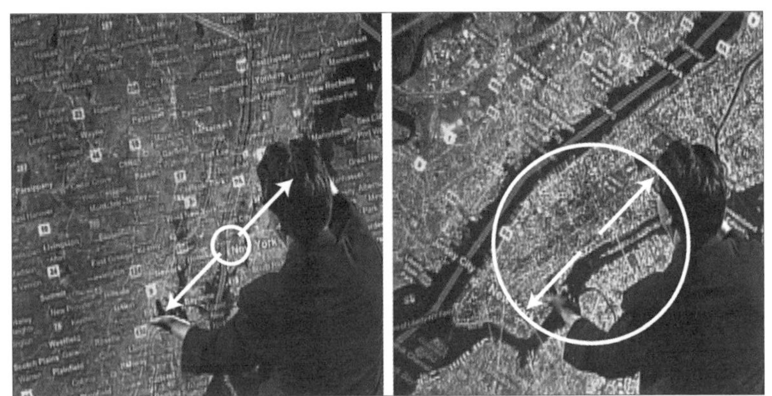

지도 화면상에서 멀티터치를 활용한 줌(zoom) 기능.

당신이 만일 지도를 가지고 있다고 해 보자. 당신은 화면에서 한 손가락을 사용하여 지도를 이동시킬 수 있다. 그러나 두세 개의 손가락을 활용한다면 위 그림처럼 줌 기능도 활용하게 된다. 이는 매우 직관적이고 간단하며 활용하기 아주 자연스러운 기술이다. 이는 매우 깔끔한 인터페이스로 나이드신 부모님이나 어린 아이들도 쓸 수 있다. 컴퓨터 연산이 저절로 일어나도록 하는 자연스러운 방법이다.

이것이 바로 우리가 몇 년 전에 하고 있던 작업이다. 지도를 제작하고 사진이나 동영상, 심지어 애니메이션을 다루기도 한다. 예를 들어, 내가 검색어를 입력하면 묶음 이미지가 화면에 나타난다. 혹은 삭제하거나 애니메이션화될 수도 있다. 다시 한 번 말하지만 이는 꽤 단순하고 자연스러운 특성이다.

다시 질문으로 돌아가 보자. 아직도 많은 사람들은 우리에게 "이 특성이 도대체 무엇에 유용한 것입니까? 이게 다인가요?"라고 계속 질문을 하고 있기 때문이다. 물론 아직까지는 이 정도가 전부이다. 하지만 멀티터치 사용은 이제 너무나 유명해져서 우리는 이것이 이 정도에서 머무르지 않게 되길 바라고 있다.

또한 우리가 몇 년 전에 회사를 설립하게 된 이유가 바로 "이런 기능은 정말로 무엇에 유용한 것입니까?"라는 질문에 대해서 답하기 위함이었다. 컴퓨터는 우리에게 더 나은 삶을 제공하며 인간의 시간을 더욱 생산적으로 활용하도록 만드는 것이라고 생각한다.

그럼 이와 관련하여 우리가 해 오고 있는 흥미로운 작업 몇 가지를 설명하겠다. 우리는 GE헬스케어와 공동으로 방사선 애플리케이션을 만들어 냈다. 우리는 의학 영상에 많은 관심을 가지고 있다. 이 영상 역시도 두 개의 손가락을 이용하여 움직일 수 있도록 했다. 그러나 이 데이터는 기존의 2차원이 아닌 3차원이다. 즉, 이전에 여러 장의 사진을 보는 것보다 훨씬 더 복잡한 데이터에 접근할 수 있는 인터페이스를 사용하게 된 것이다. 이것은 실제로 매우 높은 해상도의 대량 측정기 세트로 3차원으로 되어 있다. 아마도 누군가는 이것이 너무 전문적인 데이터로서 오직 의사들이나 특정 직업의 사람들만을 위한 것이라고 오해할지도 모른다.

어쩌면 사소해 보일지 모르는 의학 영상과 같은 분야에서 시작한 것이 실제로 중요한 가치를 지니고 있다. 이것은 생명을 구하는 역할을 한다. 이제는 높은 해상도의 기계들이 만들어지고 있다. 방사선 학자들은 그들이 능력이 있더라도 그들이 해낼 수 있는 만큼 일을 할 수가 없었다. 데이터는 훌륭하지만 인터페이스가 방해가 됐기 때문이다. 그들은 좀 더 나은 진단을 하기 위해 영상의 장면을 올바르게 잘라 내는 것조차 시작하지 못했다. 그러므로 인터페이스 문제를 다룸으로써 우리는 이를 좀 더 사용하기 편리한 것으로 만들기 위해 노력했다. 이는 높은 해상도의 센서와 스캐너를 가지고 작업하는 모든 이들의 잠재성을 활용하도록 해 준다. 또한 방사선 학자가 자신이 직접 하는 것보다 더욱 많은 이미지를 분석할 수 있도록 도와준다. 그들은 실제로 더 나은 진단을 하고 비용을 아끼며 모든 사람들의 삶의 질을 향상시킬 수 있을 것이다. 이는 지금 우리가 연구하고 있는 것들 가운데 단지 하나의 예일 뿐이다. 이런 데이터 형태는 의학에서뿐만 아니라 다양한 비즈니스 측면에서 활용되고 있다.

최근 미국 대통령 선거에서 주요 방송 3사는 이해를 돕기 위해 우리의 기술을 사용했다. 이 부분에서 꽤 복잡한 과정을 거쳤으며 우리 기술을 사용하여 앵커들의 방송과 선거 데이터가 일반 청중들에게 전달되도록 복잡한 실시간 데이터 스트림을 분석하도록 도왔다. 이전에 TV에서 어떤 그래프들이 사용됐는지 생각해 보자. 당시의 앵커들은 마치 연기자처럼 실제로 보이지 않는 것을 보이는 척해야 했다. 그들은 실제로 텔레프롬프터(teleprompter : 테이프가 돌아가면서 출연자에게 대사 등을 보이게 하는 장치)를 통해 스크립트를 읽었다. 도형이나 그래픽이 요청될 때 따로 마련된 그 화면들이 실제 방송에 단지 삽입만 됐던 것이다. 예술 부서의 누군가가 오래 전에 만들어 놓고 앵커의 뒤에서 이렇게 말을 한다. "자, 이제 이미지를 보여 줄 겁니다."

그러나 인터페이스는 무엇을 가능하게 할까? 가령 존 킹(John King)과 같은 사람들을 생각해 보자. 그는 정치에 대해 모르는 것이 없는 정치 분석학자이며 미국의 거의 모든 곳을 방문하여 어떻게 투표가 당선으로 이어지는지에 대한 관련성을 이해하고 있는 절대적 대가이다. 인터페이스는 이런 그가 연기자와 같은 역할을 하기보다는 그가 가진 진짜 능력을 보여 주도록 도와준다. 분석가들이 꼭두각시 인형처럼 그들에게 제공되는 것을 단순히 되뇌도록 하는 것보다는 그들 본연의 업무인 분석에 집중할 수 있도록 해 준다. 우리가 방사선 애플리케이션을 통해 보았듯이 이것은 각계 전문가들이 실제로 그들의 일을 할 수 있게끔 도와주는 것이다. 이것은 다른 사람들에게 진짜로 중요한 핵심 콘셉트를 전달하도록 한다.

우리가 이것에 지속적으로 관심을 갖고 있는 이유는 단지 이와 같이 TV 방송국과 협력해서 더 많은 기술을 팔아 보려는 데에 있지 않다. 이것이 의미 있는 이유는 다양하게 활용될 수 있기 때문이다. 예를 들어, 여러분이 강의를 한다고 할 때, 혹은 예술가가 동료들에게 그의 작품과 디자인에 대해 설명을 하려고 할 때, 엔지니어가 팀원들에게 그의 최신 디자인에 대한 리뷰를 원할 때 각 부문 최고관리자들이 그의 부서원들에게 재무 상태에 대한 분석을 보여 주려고 할 때 등 모든 경우에 활용될 수 있다. 이렇게 보면 우리가 이런 기술을 가지고 하려는 것이 무엇인지, 왜 이런 기술이 사람들에게 유용하게 사용될 수 있는지 이해할 것이다.

이 기술을 활용하는 사람들은 컴퓨터 전문가가 아니다. 우리는 이전에도 이와 비슷한 기술을 가지고 있었다. 그러나 현재의 기술은 분석가들이 실제로 컴퓨터를 어떻게 사용하는지 모르더라도 그들의 일을 수행할 수 있게 돕는다. 그들이 분석가이든 최고관리자이든 예술가이든 엔지니어이든 상관없이 이 기술을 사용하기 위해서는 컴퓨터를 다루는 복잡하고 어려운 방법을 알아야 하는 것이 아니라 단지 그들이 잘할 수 있는 주어진 일만 하면 된다. 그것이 바로 이 기술의 최고 매력이다. 어떤 사람은 자신의 블랙베리 활용법을 거의 알지 못한다. 그러나 그는 이 도구로 컴퓨터가 해낼 수 있는 부분을 활용해서 자신의 일에 활용하고 있다.

교육과 관련된 부분을 자세히 설명하지는 않겠다. 나는 교육에 큰 가치를 두고 있다. 다만 기술에서 교육과 같은 부분은 꽤 흥미롭다는 점을 다시 한 번 말하고 싶다. 아이들은 컴퓨터가 할 수 있는 것과 할 수 없는 것에 대해 크게 구분하지 않는다. 그들의 머릿속은 컴퓨터가 우리와 같은 방식으로 상호 작용할 수 있고 우리처럼 양손에 한꺼번에 데이터를 가지고 있다고 가정하고 있다. 그들이 이런 기술에 얼마나 관심이 많은지 보고 있으면 우리가 그들에게 끼칠 수 있는 영향력에 대해 진지하게 생각하게 된다. 이런 기술들은 어린 학생들에 의해서 다음 수준의 혁신으로 더 창조적인 결과를 낼 것이다.

4. 의학 로봇과 수술의 미래

나군호, 연세대학교 의과대학 비뇨기과 부교수.

연세대학교 의과대학 졸업 후 존스홉킨스 병원에서 최소침습 수술과 복강경 수술 전임 과정을 거쳐 초빙 교수로 활동했다. 또 존스홉킨스 경영대학원 의학전문 MBA 프로그램을 수료했다.

그는 영상보조 최소 절개술(VAMS)을 개발한 후 존스홉킨스 의대에서 로봇 및 복강경 수술 전문가 루이스 카부시 박사와 함께 연구를 진행하기도 했다. 그는 후복막과 경복막을 모두 포함하는 복합복강경 수술법뿐만 아니라 로봇 수술에 이르기까지 포괄적인 최소침습적 수술 경험을 보유하고 있다. 귀국 후 연세의료원에 로봇수술 센터를 설립하고 2005년 국내 최초로 로봇 전립선절제 수술에 성공했다.

그는 최소침습 비뇨기과 수술 관련 저술 활동을 활발하게 하고 있다. 한국 내 비뇨기과학잡지의 편집장을 맡았고, 미국비뇨기과학회, 미국외과의사협회, 세계비뇨기과학회, 복강경수술협회를 비롯한 다양한 의학협회 회원으로 활동하고 있다.

한 세기 이전의 존스홉킨스 병원에서는 의사들이 모든 입원 환자들을 둘러보기 위해 매일 회진을 하곤 했다. 이는 오늘날 여러분이 입원했을 때 보는 것과 매우 흡사한 광경이다. 실제로 나도 이와 같이 나만의 정기적인 회진을 실행하고 있다. 의사는 환자들과 인사를 나누고 환자가 어떤지를 상담하며 환자의 현재 상태를 파악하기 위해서 현장에서 환자를 검진한다.

그러나 1980년 이후 수술적 치료의 새로운 양식들이 등장하고 있다. 일례로 복강경 수술이나 내시경 수술 등을 들 수 있으며 이들 모두는 환자 측면에서 반길 만한 치료 방법이다. 이렇게 새롭게 발전된 방법들을 배우는 것은 매우 어렵기 때문에 다소 문제가 있었다. 이 치료법들은 '젓가락(Chopstick) 수술'이라고도 불렸는데 그 이유는 이런 수술 기술을 배우는 것은 젓가락질하는 방법을 배우는 것만큼이나 까다롭고 어렵기 때문이었다.

의학을 제외한 나머지 다른 분야에서 산업 혁명은 생산성과 품질 향상을 통해 경쟁에서 생존할 수 있게 했다. 의학의 경우는 다소 차이가 있다. 왜냐하면 의학에 대한 사회의 시각은 선택이 아닌 필요에 가까웠고 이런 생산성과 품질은 큰 문제가 되지 않았기 때문이다. 이런 맥락에서 사람들은 품질이 어떻든 상관없이 의학적 치료를 위해서라면 부담스러운 액수의 프리미엄을 지불해야만 했다. 21세기의 미국, 한국, 그리고 다른 국가에서 의학 비용은 지나치게 비싸지고 있다. 그러나 의학과 관련해서 우리 사회는 단순히 현 소비 수준을 지속할 수 없을 것이다.

그런데 최초의 의학 로봇을 시작으로 의학 분야에서도 혁명이 서서히 발생하기 시작했다. 바로 수술 로봇이다. 나는 이것을 지난 3년 전부터 사용해 오고 있다.

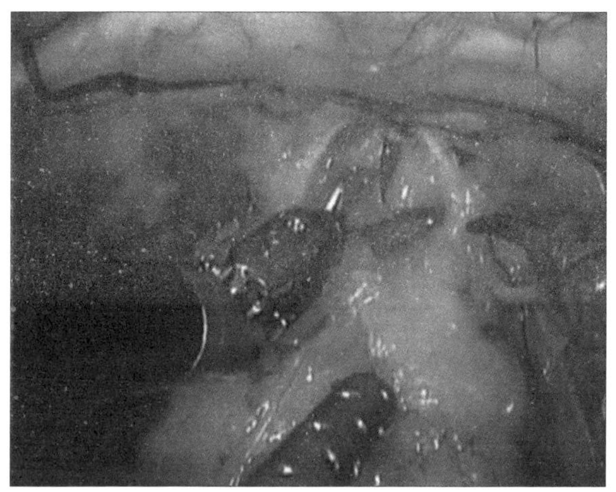

로봇을 이용하여 성공한 최초의 수술

위 그림은 전립선암 환자가 로봇을 이용하여 치료받고 있는 장면이다. 환자의 수술 과정에서 로봇을 활용한 기술을 쓰는 것은 복잡한 문제들을 줄이고 암을 제어하는 활동에 더욱 초점을 맞출 수 있게 되므로 매우 유용한 것으로 평가된다. 더욱 정확한 시각으로 정밀함을 높여서 좀 더 나은 질의 장기 절개가 가능해졌다. 작년 미국과 한국에서는 60퍼센트가 넘는 전립선암 환자들이 로봇을 이용한 치료를 받았다. 이런 로봇 활용 치료는 앞으로도 계속될 것으로 예상된다.

그렇다면 의학 로봇 분야에서 우리는 어디를 향하고 있는 것일까? 단지 수술 과정에서 로봇을 사용하는 것이 전부일까? 나는 그렇지 않다고 생각한다.

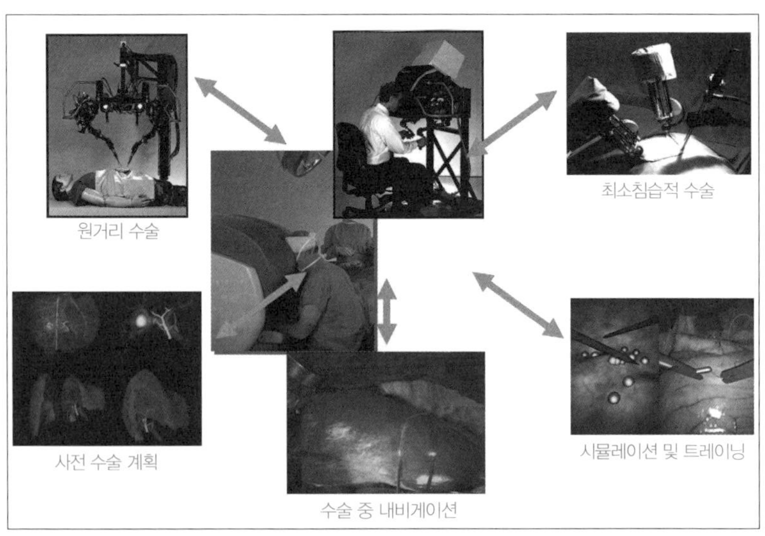

수술의 미래

위 그림에서도 볼 수 있는 이 플랫폼은 예행연습과 수술 계획 프로그램까지 포함한다. 마치 자동차 내비게이션과 유사한 내부 수술 내비게이션 시스템으로 의사가 더 안전하고 정확한 수술을 시행할 수 있도록 도와줄 것이다.

이런 기술을 통해 우리는 다음 세대의 의료에 변화를 주어야 한다. 우리는 5~10년 동안 선배들의 어깨너머로 수술 과정을 지켜보는 방식으로 학습을 했다. 이제 우리는 수술 과정을 가르치고 시험을 치르게 하며 또한 성적을 매길 수 있다. 따라서 환자들은 자신의 의사가 수술을 성공적으로 수행할 자격이 있는지에 대해서 신뢰를 가질 수 있을 것이다.

미래의 수술실에는 실시간 스캐너 혹은 영상을 비추는 도구, 방사선이 없는 MRI 기계, 의사 혹은 다른 의학 전문의에 의해 작동되는 수술

로봇, 그리고 수술 도구를 바꾸고 건네주는 등 수술 시 필요한 업무를
수행하는 보조 로봇들이 있게 될 것이다.

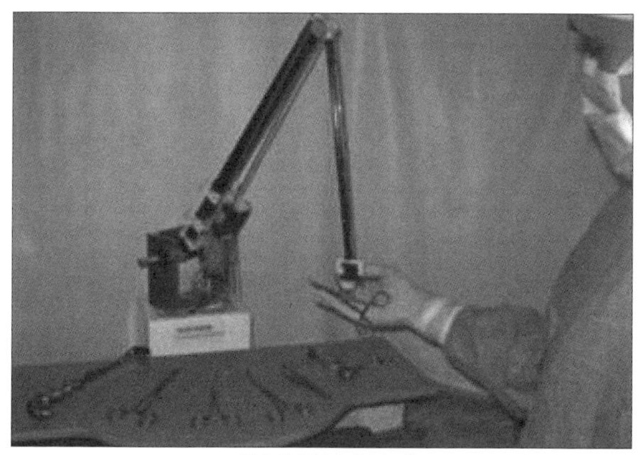

간호사 로봇 '페넬로페'

위 그림은 간호 업무를 수행하는 로봇의 원형이다. 이것은 수술이 행
해지는 동안 수술 도구들을 건네주는 수술실 간호사의 역할을 한다. 아
주 단순해 보이지만 이는 훈련된 직원, 의사, 간호사, 그리고 많은 비용
이 드는 건강 관리 전문가 등을 대체함으로써 엄청난 비용을 절약하게
해 준다.

다음 그림은 '회진 로봇(rounding robot)'으로 알려진 로봇의 예를 보여
준다. 이 로봇이 만들어진 것은 불과 몇 년 전의 일이다. 이것은 모터가
달린 아주 간단한 도구로서 의사에게 작은 도움을 준다. 의사는 컴퓨터
모니터를 통해 이 로봇을 제어한다. 이 로봇을 통해 수술 과정을 관찰
할 수 있으며 의사가 원거리에서 회진하며 환자들과 대화를 나눌 수도
있게 됐다.

5년 전에는 환자들에게 이런 도구의 사용이 부정적으로 받아들여질

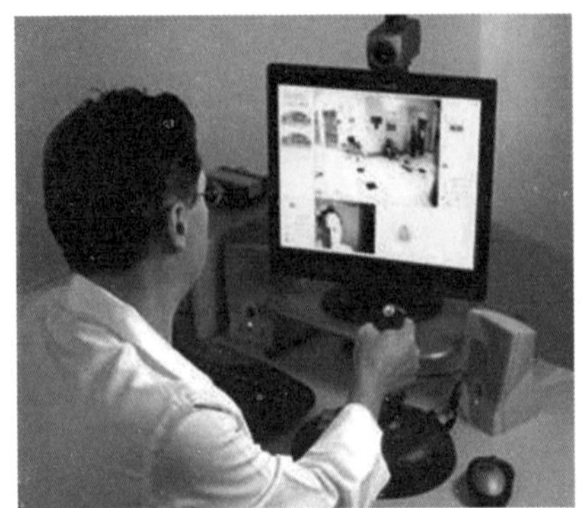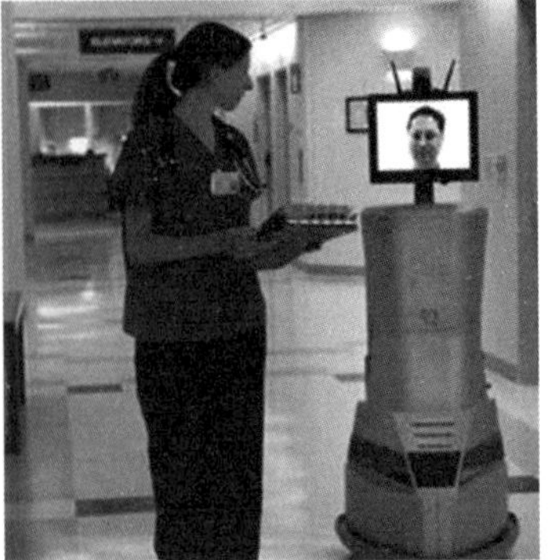

회진 로봇

수도 있을 것이라는 우려가 있었다. 그러나 실제 환자들의 의학 로봇 기술에 대한 수용 정도를 연구한 결과, 정반대였다. 나를 포함한 의사들은 매일 아침에 회진을 통해서 "안녕하세요, 오늘은 좀 어떠신가요?"라는 말을 하고 돌아간다. 이 기술은 의사들이 환자들과 조금 더 편안한 상황에서 대화를 하며 특정 부위에 대한 검사를 할 수 있게 하고 환자들의 상태에 대해 논의하도록 돕는다. 나는 이 포럼 중에도 서울 시내에 있는 내 병원에 접속하여 모니터를 통해 실시간으로 환자들을 볼 수가 있다. 아마도 이런 기술이 곧 널리 퍼질 것이라고 확신한다.

다음으로 인구 노령화에 대해 말하고 싶다. 이는 의학적으로도 매우 어려운 문제이다. 아마도 여러분의 가족 가운데에서는 80세 혹은 90세가 넘는 분이 계실 수도 있을 것이다. 아시아 인구의 노령화 비율은 점점 증가하고 있다. 이에 대한 의학적인 부분에서의 한 가지 단순한 해결책은 움직이기 어려운 환자들이 일상적으로 움직일 수 있는 능력을 제공해 주는 의족과 같은 인공 보철 기술이다. 또한 재활 치료에 필요한 엄청난 비용 및 인원을 대신해서 아주 정교한 로봇 테라피를 선택할 수도 있다. 내가 그리는 미래에는 모든 방마다 고정된 로봇이 있어 매일 허드렛일들을 도울 것이다. 또한 휠체어를 사용하여 어디든 가도록 해 주며 문을 열어 주는 등 일상적인 것들을 도와줄 것이다.

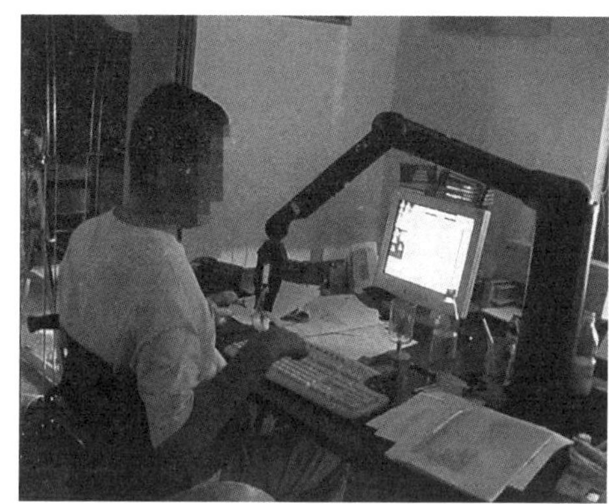

일상에서 로봇의 활용

위의 로봇은 20년 전에 만들어진 것이다. 이 로봇은 움직일 수 없는 사람들이 컴퓨터 키보드를 칠 수 있도록 도와준다. 매우 단순한 도구이지만 오랫동안 연구된 것이며 앞으로는 이런 로봇들을 더욱 많이 만나게 될 것이다. 또한 지능형 모바일 보조 시스템은 TV, 냉장고 등이 컴퓨터와 연결되어 있는 곳에서 사람들이 손가락을 움직이지도 않고 오직 명령만으로 이 제품들을 작동시킬 수 있다. 이런 기술은 노령화된 인구를 보살피는 데에 크게 유용할 것이다.

또 다른 단순한 로봇은 '보조 로봇'이다. 이 로봇은 노인들이 먹고 옷을 갈아입고 일상생활을 하도록 도와준다. 사실 한국은 작년부터 간호 보험 계획을 시작했다. 이 계획은 로봇이 집 안을 돌아다니며 노인을 돌보거나 심지어 그들의 친구가 될 수 있도록 하는 것이다. 또한 작은 로봇을 개발하여 노인들이 계속 잘 움직이도록 도움을 주는 인터랙티브한 도구로 사용되도록 했다.

마지막으로 일상적인 가사를 돕는 역할을 하는 로봇 하인과 로봇 친구를 소개하겠다. 아직은 영화 속에서만 볼 수 있지만 일본을 필두로 이미 많은 원형들이 개발돼 있다. 실제로 인간은 생화학 도구를 몸에 부착시키는 것으로 소위 600만 달러의 사나이가 될 수도 있으며 로봇의 도움으로 더욱 많은 일들을 해낼 수 있다.

2009년 현재까지의 이 모든 발전들은 빙산의 일각일 뿐이다. 지금까지 우리는 수술하는 동안 로봇을 어떻게 이용하는지 살펴봤다. 이는 의학에서 쓰이는 로봇 능력의 1퍼센트도 안 되는 부분이다. 회진 로봇, 재활 의학 및 바이오 로봇, 혹은 600만 달러의 사나이 등에 대해 아주 간단하게 묘사만 했지만 이 모든 것들이 단순히 꿈으로 남아 있지만은 않을 것이다.

5. 로봇의 개입이 변화시킨 의료 프로세스

러셀 테일러(Russell Taylor),
존스홉킨스대학교 컴퓨터공학 교수.

1970년 존스홉킨스대학교를 졸업하고 1976년 스탠포드대학교에서 컴퓨터공학 박사 학위를 받았다. 1976년 IBM 본사 왓슨 연구소에 합류해 로봇 공학, 자동화 기술, 컴퓨터 통합 수술 분야의 다양한 연구에 참여했다.

그는 컴퓨터 통합 수술 분야에 조예가 깊다. 1988년부터 1년간 로봇 고관절치환 수술 시스템인 ROBODOC의 최초 원형을 개발했다. 또한 그는 IBM에서 컴퓨터 보조 두개안면 수술과 로봇을 이용한 내시경 수술을 위한 독창적인 시스템들을 개발했다. 1998년에는 존스홉킨스대학교에서 컴퓨터 수술 시스템 & 기술 연구소(CISST ERC)를 설립했고 현재 이 연구소의 소장을 맡고 있다.

그는 정형외과학, 경피국소 치료, 초정밀 수술, 방사선 치료, 최소침습 로봇 수술 분야에 적용하는 모형화 및 영상화, 로봇 공학에 대한 연구를 하고 있다.

전문 저널과 학술 회의에 각각 55편, 163편의 논문을 발표하고 책을 출판하는 등 다양한 저술 활동을 해 왔으며 IEEE 로봇·자동화학회지의 명예 편집위원이자 IEEE와 AIMBE 석학회원으로 활동하고 있다. 다양한 상을 받았고 28개의 미국 특허를 가지고 있다.

그는 2000년 모리스 뮬러 어워드의 '가장 뛰어난 컴퓨터 보조 정형외과 수술' 부문을 수상했고, 2008년에는 IEEE 로봇·자동화학회에서 의료 로봇 및 자동화 시스템 선구자에게 수여하는 상을 받았다. 2009년에는 도쿄대학교 공학대학 특별연구원으로 선임됐다.

산업 로봇 개발 기술의 대부분은 폭넓게 활용할 수 있다. 특히 의학 분야를 살펴보면 인간과 생산 기술, 그리고 정보 기술 사이의 협조가 생산 부문에서 효율을 높인 것처럼 중재 의학(Interventional Medicine)에서도 큰 효과를 주고 있다.

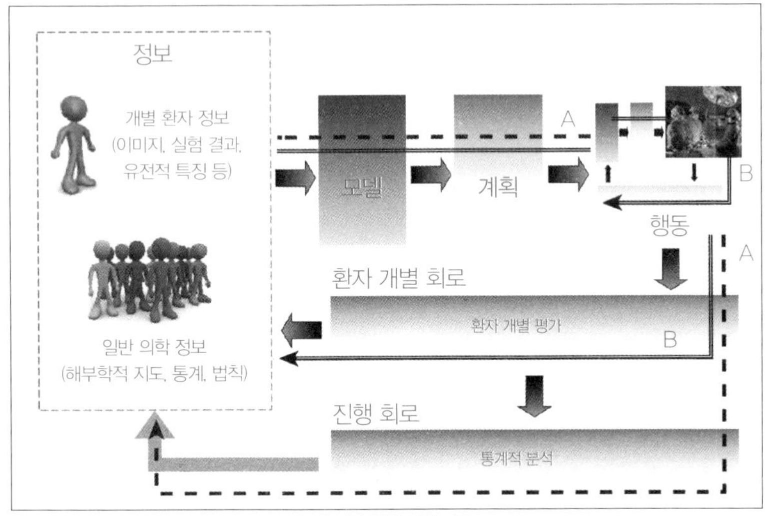

중재 의학 활용 과정 예상

위 그림은 앞으로 발생될 것이라고 예상되는 중재 의학 활용 과정의 윤곽을 그려 놓은 것이다. 이것은 지정된 환자에 대한 모든 정보를 저장하는 데에서 시작된다. 컴퓨터는 의사가 환자의 상태를 진단하고 중재를 원활하게 계획하도록 이 정보를 융합한다. 이제 이 모든 정보를 수술실과 중재실로 가지고 간다. 이런 시스템과 다른 보조 기술들로 의사는 계획된 일을 진행할 수 있으며 이후에는 전체 계획이 실행됐다는 것을 검증한다.

기술자인 나는 이런 정보 경로를 컴퓨터의 제어 회로(Control Loop)로 생각한다. 융합, 계획, 실행, 평가의 과정은 의학을 포함한 많은 분야에서 일어나는 일이다. 컴퓨터를 기반으로 기술을 활용할 때의 장점은 모든 정보가 저장되며 추후에 통계적인 분석을 위해 사용될 수 있다는 것이다. 내가 IBM에서 생산 문제를 다룰 때 통계적 과정을 통한 제어를 위해 이런 방식을 사용했다. 그래서 나는 앞의 그림에서 치료 과정(점선 A)과 각 환자에게 맞춘 과정(실선 B)의 융합이 의학적 혁명을 촉진시킬 것이라 생각한다.

내가 개발에 참여했던 또 하나의 예는 로보닥(ROBODOC, 로봇 의사)으로, 스캔을 이용하여 고관절 전치환 수술을 계획하는 데에 사용됐다. 로봇은 실제로 이식 수술 동안에 환자의 몸에서 수취될 뼈를 의사가 제자리에 정확하게 놓도록 준비하는 데 도움을 주었다. 이것은 사실 오래된 아이디어이다.

기술을 떠나서 오늘날 절차상의 방법들은 의학의 창시자로 알려진 임호텝(Imhotep)이 가르친 것과 크게 다르지 않다. 임호텝은 위와 비슷한 과정을 가르쳤다. 즉, 관찰하고 진단하고 계획하여 실행하며 자신이 한 것으로부터 기억하고 배운다는 일련의 과정이다. 이런 과정에서 컴퓨터의 도움을 통해 우리는 더욱 효과적인 결과를 낼 수 있다. 궁극적으로 기계와 사람 그리고 컴퓨터 사이의 파트너십은 매우 많은 이점을 제공할 것이다. 게다가 이런 이점들은 결국 우리에게 어떤 종류의 기술들을 받아들이게 할 것이다. 그 이점들 몇 가지를 살펴보자.

이런 파트너십이 제공할 수 있는 초인적 능력은 목표점을 정확하게 해 준다. 의학 영상을 통해 보고 중재를 덜 침해하게 하는 것이다. 예를

들어, 우리는 로봇을 사용하여 스캔으로 영상화된 신장의 종양에 대해
생체 검사를 실행할 수 있다. 현재 정확성을 증가시키기 위해 진행되고
있는 다른 몇몇 연구들은 다음과 같다.

환자의 몸속에 삽입되는 바늘의 경사면을 조금 뒤틀어서 완벽한 정
확성으로 바늘을 조정하고 수술 동안 그 위치를 유지할 수 있도록 도와
주는 수술 도구가 있다. 또한 정확하게 목표물을 찾아내기 위해 환자의
몸속에서 방해물 주변을 돌아다니는 것에 초점을 맞춘 도구도 있다.

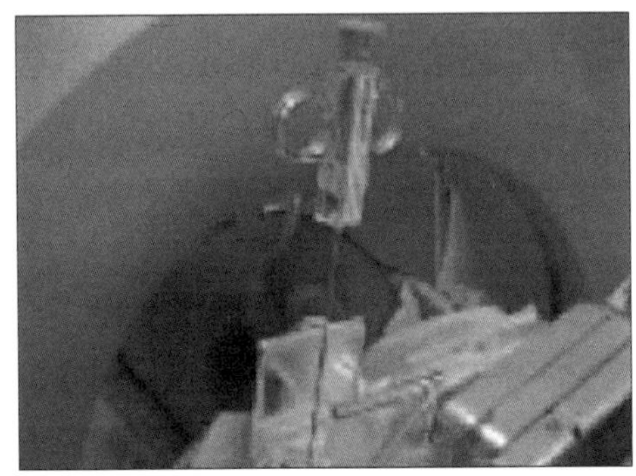

다빈치 로봇

위 사진은 다빈치(daVinci) 로봇을 보여 준다. 이 로봇의 작은 손 덕분
에 의사는 매우 고난이도의 기술로 환자의 몸속으로 손을 집어넣을 수
있다.

기계가 제공하는 또 다른 이점은 인간의 한계를 넘어서는 정확성과
정밀함이다. 예를 들면, 앞에서도 언급됐던 고관절 전치환 수술 로봇과
망막에 대한 미세 수술을 들 수 있다. 후자의 시스템에 대해 흥미로운
점은 실제로 수술을 리드하는 것은 로봇이 아닌 컴퓨터와 비디오 현미
경이라는 사실이다.

　로봇은 의사의 능력을 놀랄 만큼 발전시켰다. 의사도 사람이기에 이들의 손이 미세하게 떨리는 것은 아주 자연스러운 일이다. 그러나 예를 들어 눈 혈관의 넓이를 생각해 보면 이런 작은 떨림은 상대적으로 매우 큰 영향을 미친다. 로봇이 이런 떨림을 제거하도록 해 주는 두 가지 방법이 있다. 하나는 로봇이 의사의 손 떨림을 감지하여 의사의 움직임을 멈추게 하는 것이다. 우리 실험실에서 실행됐던 또 다른 시도는 의사와 로봇 모두 수술 도구를 쥐고 있게 하는 도구이다. 의사가 수술 도구를 움직이면 로봇은 의사의 진행 경로를 떨림 없이 따라가게 되는 것이다. 이런 방식으로 의사는 여전히 수술을 주도하고 있으며 로봇은 그의 손이 떨리지 않는 효과를 내도록 한다.

　의학 로봇의 또 다른 커다란 능력은 의사가 매우 미세한 힘을 느끼게 하는 것이다. 눈 수술을 할 때 드는 힘은 실제로 사람이 느낄 수 있는 것의 10분의 1 정도 수준이다. 그러나 우리는 직경 1.5밀리미터의 수술 도구를 개발했으며 이것은 매우 미세한 힘을 감지할 수 있는 능력을 가지고 있다. 예를 들어, 혈관을 찌르는 바늘의 힘은 인간이 느끼는 것의 10분의 1 정도로 작다. 이런 수술 도구를 사용하는 것은 그 과정을 제어하는 것을 돕는다.

　우리는 의사들에게 좀 더 나은 정보를 제공할 수 있다. 예를 들어, 스캔으로 찍은 신장의 종양과 다빈치 로봇에 의해 찍힌 비디오를 융합한다. 의사에게 융합된 종양의 디스플레이는 종양의 가시성을 강화시켜 의사가 그 종양을 완전히 제거할 수 있도록 지원한다. 이런 모든 기술에 대한 수익은 안정성, 일관성, 그리고 궁극적으로는 더 나은 결과를 증진시키는 것이다.

마지막 이점은 치료 과정의 질을 향상시키기 위한 통계적 방법과 데이터베이스의 활용과 관련된다. 종양의 방사선 치료에 대해서 얘기해 보도록 하자. 목표는 주변의 중요한 구조에 전달되는 분량을 최소화하면서 종양에 처방된 방사선 분량을 전달하도록 계획하는 것이다. 이런 절차를 계획하는 것은 매우 어렵다. 그러나 이제는 지금까지의 모든 환자의 데이터베이스를 저장하여 여기에서 해당 환자와 가장 비슷한 경우를 식별해 내고 환자가 겪을 만한 문제를 미리 인식하거나 과거 가장 적합했던 치료가 무엇인지를 알아낸다. 이런 발견은 우리가 더 나은 계획을 세우는 데에 도움이 된 경험을 지속적으로 사용도록 해 준다.

이 놀랄 만한 기술은 아주 재미있고 흥미로운 연구물이다. 이런 분야에서 일하는 사람들에게 가장 동기 부여가 되는 것은 자신의 업무가 실제로 다른 사람들의 삶에 변화를 가져다줄 수 있다는 인식이다. 의사에게 초인적인 능력을 부여함으로써 다른 사람들을 위해 의학적으로 만족스러운 결과를 낼 수 있다. 그리고 이것이 바로 우리 일에 대한 궁극적인 보답이다.

6. 슈퍼 영웅이 된
디지털 시대의 의사들

캐서린 모어(Catherine Mohr),
인튜이티브 서지컬(Intuitive Surgical) 의학연구팀장.

아버지인 폴 맥크레디 박사와 함께 몇 년간 엔지니어로 일했다. 외과의학으로 전공을 바꾸기 전에 고고도 항공기를 위한 대체 에너지와 연료 전지를 개발했다. 이후 스탠포드대학교 의학대학에서 수련하던 중 직접 고안한 최소절개 수술용 장치를 상용화하는 회사를 공동 창립하기도 했다.

기계공학자로 처음 활동했던 MIT 인공 지능 연구소에서 로봇공학의 선구자인 켄 솔즈베리 교수와 함께 비구조화되고 변화하는 환경에서 작동할 수 있도록 설계된 로봇에 대해 연구했다. 수술 로봇 다빈치의 이용 방법을 연구하고 임상적인 관점의 새로운 로봇 구조를 평가하며 발전된 다음 세대의 로봇 수술을 위한 신기술을 찾고 평가하고 있다.

그는 레지던트들에게 시뮬레이션 기반 교수법을 통해 임상 치료를 가르치고 있다. 또한 전 세계 해양 문제를 해결하기 위한 자금 조달 연구 단체인 블루월드 얼라이언스의 이사회 멤버이자 수석 과학 고문으로 활동 중이다.

그의 다양한 경력에 공통되는 특징은 인간 생활을 향상시키기 위해 새로운 기술 적용 방법을 끊임없이 탐구해 왔다는 점이다.

새로운 디지털 시대에서 의사의 역할은 진화됐다. 인튜이티브 서지컬은 다빈치 로봇을 만든 하이테크 의료 회사이다. 나는 환자의 수술 결과를 향상시키는 제품들을 소개할 것이다. 이것들이 근본적으로 의사에게 어떤 능력을 부여하여 어떤 방식으로 환자에게 더 나은 치료를 제공하는지를 이해하는 것에서부터 시작해 보자.

지금 세계는 너무나 다른 두 가지의 건강 관리 문제에 직면해 있다. 언뜻 보기에 두 문제는 전혀 관계가 없어 보인다. 15억 인구는 기본적인 의료 관리조차 받지 못하는 상태에 놓여 있으며 예방 혹은 치료가 가능한 질병임에도 불구하고 어린 나이에 죽는 경우도 허다하다. 최소한의 정도로만 의료 관리 정책을 수행하는 국가들에서는 그 인구의 50퍼센트 이상이 15세 미만의 어린이들로 구성돼 있다. 반대로 풍족한 국가에서는 빠른 고령화가 진행되고 있다. 유럽과 아시아의 많은 나라에서는 65세가 넘는 사람의 수가 15세 미만의 사람의 수를 훨씬 능가한다. 나이가 들수록 사람들은 노화에 따른 질병을 치료하기 위해 더욱 많은 수술을 필요로 한다.

아시아와 유럽 지역에서 필요로 하는 의료 관리는 아프리카와는 명백하게 다르다. 기술과 관련된 전공을 가져서 그런지 나는 자연스럽게 기술이 이런 두 가지 문제 모두에 대한 해결책을 제시할 것이라고 희망하게 된다. 이와 관련된 다양한 전례가 있다.

기술은 디지털 시대에 더 이상 새로운 것이 아니다. 게다가 기술이란 우리 선조들이 처음으로 도구를 사용하기 시작한 이래로 의료 관리에 대한 발전을 촉진시켜 왔다. 수술이라는 개념이 등장한 것은 이미 수천

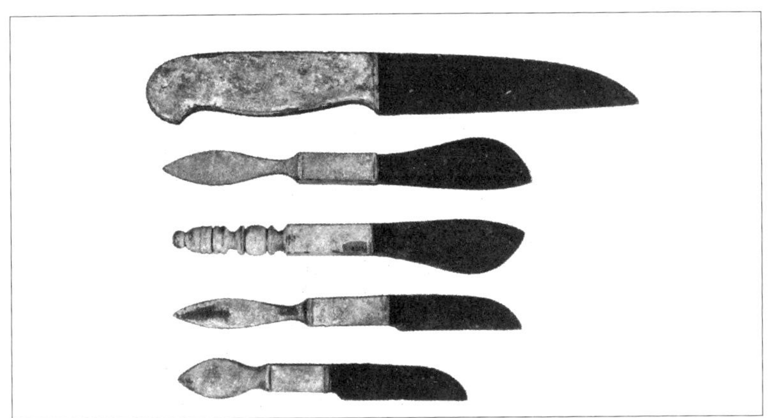

년 전의 일이다. 구석기 시대에는 모든 지역에서 천공술(뇌에 구멍을 내는 외과술의 일종)과 같은 대담한 수술이 매우 원시적인 도구로 시도됐다. 우리는 왜 이런 수술들이 행해졌는지 단지 추측만 할 뿐이다. 그러나 우리는 고고학적 증거를 통해 원시적인 도구로 행해진 수술들이 꽤 성공적이었다는 것을 해석할 수 있다. 뼈의 가장자리가 아문 것을 통해서 이 환자들이 수술 이후 몇 달간 혹은 몇 년을 더 살았다는 것을 짐작한다.

인간은 기본적으로 기술 주도적인 동물이다. 청동 시대와 마취의 시대를 넘어 새로운 기술과 도구들은 집을 짓고 음식을 만드는 데뿐만 아니라 전쟁과 치료에까지 널리 활용됐다. 마취, 무균 관리, 항생제 등은 세기의 전환점에서 수술에 급격한 변화를 가져온 기술적인 혁신이었다. 이런 기술들의 결합은 이전에는 탐사되지 않았던 신체 속으로 들어가 치료하도록 해 주었다.

로데릭 맥그루(Roderick McGrew)는 이런 혁신들이 소위 '수술의 영웅 시대'를 열었다고 말한다. 수술의 영웅들은 창자, 심장, 뇌의 수술을 새롭고 대담한 방법으로 시도했다. 이는 인간의 몸에 새 길을 열어 주었고 역사적으로 치료가 불가능했던 질병들을 수술적인 치료로 고칠 수 있게 만들었다.

이런 위대한 수술들은 물론 한계가 있었고 그것은 우리 앞에 놓인 도전 과제이다. 기술의 시대인 오늘날 우리는 다시 한 번 수술의 역사에 있어 새 시대에 진입하고 있다. 나는 수술의 영웅 시대를 지난 21세기 디지털 시대는 '수술의 슈퍼 영웅 시대'가 올 것이라고 말하고 싶다.

슈퍼맨이 인간과 다른 점은 무엇인가? 바로 초인적인 힘일 것이다. 슈퍼 영웅들은 초인적인 능력으로 범상치 않은 일들을 한다. 디지털 기술 시대에는 의사들도 놀랄 만한 재주를 부리게 됐다. 우리는 절개 부위를 최소화하기 위한 방법을 찾다가 로봇 기술을 사용하기 시작했다. 미세 절개의 다른 한편에는 의사의 손에 완전한 능력을 확보해 줄 수 있는 로봇 기술이 있다. 이런 도구들은 직접 의사의 손으로 제어되며 로봇은 모든 동작을 흉내 낸다. 신체에 도달할 수 있는 의사의 손이 확장된 것이다. 그래서 마치 사람의 몸을 넓고 크게 절개한 뒤 수술한 것과 같은 결과를 낸다.

이런 기술은 1999년부터 존재했으며 세계의 수많은 병원에서 이용되기 시작했다. 복잡한 수술들이 이제는 이런 방식으로 훨씬 간단하게 이루어진다. 예를 들어, 정확하고 정교한 절개를 요하는 전립선 수술의 경우 이런 미세 절개를 통해 최소침습 수술을 할 수 있다. 게다가 우리는 이제 뛰고 있는 심장 위에 바로 대체 혈관을 봉합할 수도 있다. 심장을 절개하지 않고도 심장 안으로 들어가 판막을 고칠 수 있다.

오늘날의 수술 로봇은 이 모든 것들을 가능하게 했다. 그러나 우리는 이를 그 이상으로 사용할 수 있다. 새롭게 발견된 힘을 통해 심지어 현실의 척도까지 변화시킬 수도 있다. 로봇은 의사의 손의 움직임을 매우 정교하고 미세한 움직임으로 변형시킬 수 있게 한다. 펨토세컨드 레이저(femtosecond laser)와 같은 기술로 우리는 세포 단계에서 수술을 할 수 있는 능력과 정교함을 가지게 될 것이다.

암 수술의 경우를 살펴보자. 암 수술에서 가장 큰 문제점은 암세포가 표면 아래에 있는 경우 잘 볼 수가 없다는 것이다. 그러나 새로운 적외선 비전 기술은 특별히 암세포만을 타깃으로 하여 이에 대한 표시를 하도록 한다. 우리는 이런 마커(marker)를 종양이 있는 곳에 주입하여 암이 생겨난 곳으로부터 림프절까지 어디로 퍼져 나갈지 추적할 수 있다. 또한 이 기술을 이용하여 심장의 문합이 제대로 이루어졌는지 확인할 수 있다. 특히 절개한 심장을 닫기 전에 피가 흘러넘치지 않는지를 알 수 있다. 또한 신장의 종양에서 건강한 신장을 지키고 필요한 부분만 정확하게 제거할 수 있도록 암에 걸린 세포만 두드러지게 보이도록 할 수도 있다. 이는 물론 간에 생긴 종양에서도 가능하다. 마침내 우리는 새로운 탐색기를 사용해서 세포를 관찰하여 직접 암을 식별하고 수술 도중에 중요한 신경을 건드리지 않게 하는 등 좀 더 세심하고 미세한 수준으로 치료할 수 있게 됐다.

의료 관리에서 또 다른 기술의 발전은 더 나은 수술을 제공할 수 있는 능력을 증진시켰다. 세포의 커뮤니케이션에 대한 비밀을 알아내면서

조기에 암을 발견하는 능력과 암에 대해 더 집중적인 치료를 하는 능력이 생겼다. 이런 모든 기술을 모아서 오늘날의 슈퍼 영웅들은 어떤 것이든 발견하고, 보고, 도달하고, 또한 제거할 수 있다.

그러나 그 무엇보다도 수술의 세계를 크게 변화시킬 부분은 원거리 커뮤니케이션의 비약적 발전이다. 커뮤니케이션 기술의 발전은 선진국과 개발국 모두를 혁신시켰다. 물조차 제대로 관리되지 않는 취약한 인프라를 가진 빈국에서도 기술적 성취를 이뤘으며 이제 휴대전화를 통해서 실시간 정보를 교환할 수 있는 무선 커뮤니케이션 기술까지 보유하고 있다.

이런 글로벌 커뮤니케이션 성장의 중심을 이루고 있는 광섬유와 위성 커뮤니케이션 네트워크는 원격 교육 또한 가능하게 한다. 누군가는 내가 수술 로봇을 만드는 사람이기 때문에 이런 커뮤니케이션을 이용하여 원격 수술이 가능하기를 원한다고 생각할지도 모른다. 그러나 그렇지 않다. 원격 커뮤니케이션이 원거리에서의 간단한 수술 정도를 촉진시키는 것은 장기적으로 그다지 매력적이지 않다. 오히려 수술 이외의 측면에서 생각해 보자. 만약 이렇게 빠른 속도의 커뮤니케이션 기술을 활용하여 원거리에 있는 노련한 의사가 복잡한 수술의 단계에 대해 경험이 부족한 상대쪽 의사를 교육하게 하는 것은 어떨까? 이로써 두 가지 이점이 생겨난다. 환자는 원거리에서 노련하고 경험이 풍부한 의사로부터 진단받고 치료받게 되며 경험이 부족한 지역의 의사는 이런 교육을 통해 의료 능력을 향상시키게 된다. 물론 그것은 이 의사가 속한 지역 사회의 이득으로 돌아갈 것이다.

　수술의 슈퍼 영웅 시대는 수술의 영웅 시대와 매우 큰 차이가 있다. 그 가운데 하나는 그 슈퍼 영웅 모두가 사람인 것은 아니란 사실이다. 또한 모두가 서양인도 아니다. 디지털 시대에 있어 기술 집약적인 수술 혁신은 전 세계에 걸쳐 일어나고 있으며 특히 한국에서 매우 활발하다. 자, 수술의 슈퍼 영웅의 시대로 들어온 것을 환영한다. 이제 여러분은 세계 어느 곳에 있든지 자신이 있는 병원으로 그들의 초능력을 가져오게 될 것이다.

Q 앞으로 5년 혹은 10년 안에 의학 로봇 분야에 어떤 일이 벌어질 것이라고 생각하는가?

나군호 : 수술 분야에서 한국은 처음으로 아시아의 선두에 섰다. 특히 로봇을 사용한 의학에서 말이다. 또한 우리가 가진 텔레커뮤니케이션 능력과 거대한 전자 회사들을 고려해 봤을 때 한국이 머지않아 의학 로봇 분야에서 세계 선두 주자가 될 수 있다고 생각한다.

1943년 IBM에 의해 최초의 컴퓨터인 에니악(ENIAC)이 개발됐을 때 사람들은 컴퓨터가 중국이나 미국 등과 같이 인구가 많은 나라에서 통계를 내는 데에나 필요할 것이라고 논쟁하면서 전 세계를 통틀어 오직 다섯 대의 컴퓨터만 있으면 충분하다고 생각했다. 그러나 한 사람은 조금 다르게 생각했다. 1975년에 빌 게이츠는 모든 방, 책상, 가정에 컴퓨터가 있어야만 한다고 믿었고 컴퓨터 소프트웨어를 제공하여 대단한 성공을 이뤘다. 그리고 이제 컴퓨터는 어디든 없어서는 안 될 존재가 됐다.

이와 같이 오늘 포럼에 참석한 우리 연사들 모두 미래의 모든 병원에는 로봇이 있게 될 것이라고 내다보고 있다. 가까운 미래에 모든 병원뿐만 아니라 모든 가정과 방에 우리에게 도움을 주는 로봇을 가지게 될 수도 있을 것이다.

러셀 테일러 : 우리는 앞으로 필연적으로 화상 진찰과 다른 정보와의 통합을 더 자주 지켜볼 수 있을 것이다. 또한 현재 이용되고 있는 한두 종류에 그치지 않고 훨씬 다양한 로봇을 보게 될 것이다. 마지막으로 나는 데이터 수집 능력을 갖춘 이런 시스템의 사용이 더욱 활발하게 이루어져 우리가 과거에 연구했던 것이 현재의 활용 측면에서 연관될 수 있기를 바란다. 그렇다면 실제로 더 나은 중재 의학 프로세스로 변화하도록 과거의 경험을 바탕으로 축적된 데이터베이스를 사용할 수 있을 것이다.

캐서린 모어 : 나 역시 특정 수술에 사용될 수 있는 맞춤 제작된 로봇을 더욱 많이 볼 수 있을 것이라는 생각에 동의한다. 더 많은 화상 기술이 출현하고 있는 것을 확인하게 될 것이다. 이런 로봇들이 수술 이외에도 사람들에게 많은 도움을 제공하는 것을 보고 싶다. 즉, 집으로 돌아간 뒤에도 그들이 자립하도록 도와주는 것이다. 이런 진정한 발전을 앞으로 5년 혹은 10년 안에 볼 수 있기를 기대해 본다.

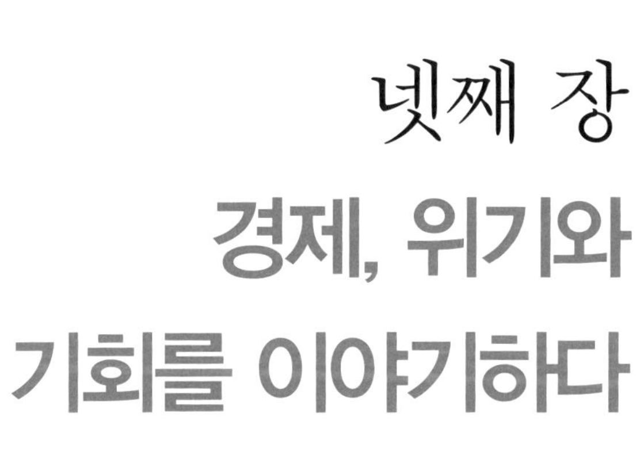

넷째 장
경제, 위기와
기회를 이야기하다

1. 인간의 부조리와
금융 시스템

댄 애리얼리(Dan Ariely), 듀크대학교 행동경제학 교수.

텔아비브대학교를 졸업하고 노스캐롤라이나대학교에서 인지심리학 박사 학위를, 듀크대학교에서 경영학 박사 학위를 받았다.

행동경제학자인 그는 인간이 완벽하게 합리적이라는 가정하에 연구를 진행하는 정통 경제학과는 달리 인간이 시장에서 현실적으로 어떻게 행동하는지 연구한다. 그는 사람들의 일상적 행동에 관심을 갖고 사람들이 감정 상태에 따라 어떻게 의사 결정을 하고 물건을 사고 저축하고 고통을 다스리고 늦장을 부리고 거짓말을 하는지를 연구해 왔다. 그는 인간이 이성적이지 않으며 비합리적인 존재이지만 다행히도 그런 비합리성이 일관적이어서 예측 가능하다고 이야기한다. 그의 연구는 흥미로우면서도 기존의 상식에 도전하는 깊은 통찰력을 보여 준다.

그의 연구는 주요 심리학, 경제학, 마케팅, 경영 저널에 발표됐고 「뉴욕 타임스」 「워싱턴 포스트」 등 주요 언론에도 소개됐다.

베스트셀러 『상식 밖의 경제학』의 저자이기도 한 그는 후쿠아 경영대학원 인지신경과학 센터와 경제학과에서 활동하고 있다. 매사추세츠 공과대학교(MIT) 미디어 예술 과학 프로그램에서도 강의하고 있다.

나는 인간의 부조리, 즉 우리가 결정을 내릴 때 일으키는 실수에 대해서 연구해 왔다. 경제를 망가뜨린 피의자를 비난하고 손가락질하거나 이에 대한 희생자를 찾으려고 하는 것은 쉬운 일이다. 그런 행동은 일종의 인간 본성이다. 하지만 나는 같은 실수를 반복하지 않기 위해서 어떻게 경제를 통제해야 하는지에 대한 고민의 일환으로 이런 인간의 본성을 이해하는 것이 무엇보다 우선돼야 한다고 생각한다.

나는 몇 년 전 엔론(Enron) 스캔들이 발생했을 때 이익과 속임수의 충돌에 대해서 생각하기 시작했다. 이 회사를 붕괴시킨 원인은 미국 경제에서 400억 달러를 훔친 시스템을 만든 누군가이거나 혹은 엔론이 조직된 방식 자체에 있는 체계적 결함이었을 것이다. 만약 그것이 후자라면 아마도 우리는 각자의 사업을 하는 방식에 약간의 변화를 주어야 할 필요가 있을 것이라고 믿었다. 그래서 나는 이 부분에 대해서 몇 가지 실험을 하기로 했다.

속임수에 있어서 합리적인 방식을 기술해 보겠다. 누군가 "정직이 최선의 방책이다. 그럼 두 번째의 방책은 무엇일까?"라고 말한다고 질문했다고 해 보자. 표면적으로는 정직 다음으로 할 수 있는 결정은 매우 기본적이고 간단한 것처럼 보인다. 보통 여러분은 가격과 이익을 분석하고 고찰할 것이다.

하지만 이 과정이 실제로 발생할까? 이것을 조사하기 위해 몇 가지 실험을 해 보았다. 일단 나는 간단하고 풀기 쉬운 20개의 수학 문제들을 충분한 시간을 주지 않고 사람들에게 출제했다. 나는 참가자들에게 문제를 풀도록 5분의 시간을 준다고 말하면서 시험지를 돌렸다. 그리고 그들이 잘 풀어낸 문제 하나당 1달러를 주기로 했다. 참가자들은 답을 알아내기 위해서 매우 열심히 문제를 풀기 시작했다. 평균적으로 사람들은 4개의 문제를 풀 수 있었고 나는 그들에게 4달러를 주었다.

이번에는 다른 참가자 그룹을 만들었다. 이번 참가자들에게는 5분이 지난 후에 직접 답을 맞추게 한 후 시험지를 찢어 버리도록 했다. 그런 후에 그들이 얼마나 많은 정답을 맞혔는지 말하도록 했다. 과연 어떤 일이 발생했을까?

두 번째 그룹에 있는 대다수의 사람들이 살짝 속임수를 썼다는 것이 판명됐다. 두 번째 그룹에서 평균적으로 정답을 맞힌 개수는 앞의 그룹 평균인 4문제보다 1~2문제 많았다. 만약 주류 경제를 지지하는 합리적 기대 이론을 증명하려면 사람들이 이보다 훨씬 많이 속이게 하기 위해서 실험에 어떤 조작을 할 수 있을까? 전통적인 이론에 의하면 참가자들은 자신이 더 속일수록 훨씬 많은 돈을 얻는다면 1달러를 받을 때보다 더 많이 속일 것이다. 따라서 이번에는 2, 5, 10달러를 주기로 했다. 그러나 실제 실험에서는 속임수에 의해서 더 많은 보상이 주어져도 속인 정도는 아까와 같은 수준에 머물렀다. 즉, 사람들은 속이긴 했지만 보상이 커진다고 더 많이 속이는 것은 아니었다.

여러분 가운데 누군가는 그 참가자가 자신의 속임수가 드러나서 창피를 당할 가능성을 고려해야 한다고 주장할 수도 있다. 그러나 이런 가능성이 있더라도 그것 또한 중요하지 않다는 결과가 나왔다. 즉, 탄로 날 가능성이 없다고 해도 사람들은 더 많이 속이지 않았다.

사람들은 언제, 왜 속임수를 쓰는 것이며, 또 왜 아주 많이는 속이지 않는 것일까? 그 이유는 누군가 천국의 문 앞으로 와서 그들을 심판하는 사람에게 다음과 같이 말하는 만화의 한 장면과 비슷하다. "기회가 되는데도 거짓말하지 않는 자들은 단지 실패자일 뿐이다!" 이 이야기에서 시사하는 바는 우리는 스스로 속일 수 있는 어느 정도의 범위를 한정하며 그 정도에 대해서는 관대하다는 것이다. 즉, 위에서 나타난 결과는 사람들이 스스로 나쁜 사람이라고 생각하지 않는 범위 내에서의 속임수인 것이다.

이런 사고방식을 시험하기 위해서 나는 몇 가지 실험을 더 수행했다. 첫 번째로 나는 신을 믿지 않는 참가자들이 있는 방에 들어가서 그룹을 만들었다. 일단은 그들에게 성경에 대고 맹세하게 했다. 그러고 나서 십계명을 머릿속에 떠올려 보라고 요청했다. 그들은 십계명을 기억해 내려고 노력했지만 실패했다. 그 후에 우리는 그들이 속임수를 쓰게 유도했다. 그런데 과연 어떤 일이 발생했을까? 사실상 십계명에는 속임수에 대한 내용은 없다. 그럼에도 불구하고 성경에 대고 맹세한 무신론자들은 그들이 속임수를 쓸 기회가 있어도 속이지 않았다.

나는 또한 사람들에게 '명예 규칙'이라는 것에 대해서 생각해 보도록 요청했다. 우리는 MIT에 있는 학생들에게 "이 짧은 조사가 MIT 명예 규칙과 관련된다."라고 돼 있는 진술서에 서명하게 했다. 그런 다음 그들이 그 종이를 찢도록 시켰다. 그런 후에 그들이 속임수를 쓰도록 유도했으나 어떤 속임수도 없었다. 어떤 의미에서 속임수를 다룬다는 것은 특정한 조직 내의 법규나 탄로 날 가능성에 대한 것이 아니라 오히려 사람들 자신의 도덕성에 대해 상기시켜 주는 것이다.

우리는 좀 더 강도를 높여 이 속임수 실험을 해 보기로 했다. 우선 MIT 기숙사의 냉장고 안에 몇 개의 콜라 캔을 넣고서 얼마나 빨리 이것들이 없어지는지 주기적으로 관찰했다. 얼마나 빨리랄 것도 없을 정도로 순식간에 콜라 캔은 모두 다 사라져 버렸다. 다음에는 콜라 캔 대신에 6장의 1달러 지폐를 놓은 접시 몇 개를 냉장고에 넣어 보았다. 그러나 학생 가운데 아무도 이 돈을 가져가지 않았다.

이것은 자의적으로 속일 수 있는 대상이 돈이었을 때 사람들이 속이는 데에 주저한다는 사실을 보여 준다. 그러나 그것이 물건일 경우에는 돈을 가져가는 것보다 훨씬 쉬워진다. 예를 들면, 직장에서 현금을 발견해서 가져가는 것과 연필을 가져가는 것 중 어떤 것이 더 쉬운 일일까? 이번 실험에서 알 수 있듯이 사람들은 돈을 가져가는 것보다는 연필이나 칼 등을 가져가는 것에 대해서 더욱 즐거워하고 도덕적 경계가 완화된다는 것을 확인할 수 있을 것이다.

좀 더 체계적으로 이런 구상을 실험하기 위해서 아까의 수학 문제 실험으로 되돌아가서 실험 대상자들이 문제를 풀면 정답에 대해서 대가를 지불했다. 그런데 대가 지불 방식을 살짝 바꿔 보았다. 우리는 일단 그들에게 정답과 맞춰 본 그 시험지를 찢어 버리게 하고서 그들이 맞힌 개수만큼 토큰을 지급하기로 했다. 그리고 그들은 그 토큰을 받아서 4미터 정도 떨어진 짧은 거리를 걸어가서 돈으로 바꿀 수 있도록 했다. 즉, 그들은 돈을 받기 위해서가 아니라 빠른 시간 안에 현금화가 가능한 어떤 물건을 받기 위해서 속임수를 쓸 기회가 생긴 것이다. 그럼 이 마지막 시나리오의 결과는 어땠을까? 놀랍게도 사람들은 이전 실험보다 2배나 많이 속였다.

　주택 저당 증권, 파생 상품, 혹은 스톡옵션과 같은 금융 상품을 떠올려 보자. 그런 자산은 돈과 관계없는 많은 단계를 거치기 때문에 여러분은 그것이 부도덕하게 변질될 가능성이 많다는 것을 위 실험을 통해서 짐작할 수 있을 것이다. 이것을 유념하고 나는 파렴치한 금융 사기꾼인 버나드 매도프(Bernard Madoff)가 했던 것과 유사한 경우를 실험해 보기로 했다.

　우리 가운데에서 한 명이 학생인 것처럼 꾸미고 실험 대상자들처럼 문제를 풀다가 일어나서 "나는 모든 문제를 다 풀었다. 또 무엇을 하면 될까?"라고 물었다. 그러자 실험 감독관은 "만약 문제를 다 풀었다면 나가도 좋다."라고 말했다. 여러분이 20개의 문제 중에서 첫 번째 것을 풀고 있는 30초 동안 누군가 일어나서 이렇게 말하는 것을 상상해 봐라. 그들은 분명히 속임수를 쓰고 있는 것이다. 그렇다면 여러분은 과연 무엇을 할까? 역시 더 속일 것인가, 아니면 덜 속일 것인가? 이는 더속여도 괜찮다고 여러분을 좀 더 관대해지게끔 유도할 수 있을 것이다.

　우리는 종종 소속감을 나타내기 위해서 자신의 대학교 티셔츠를 입은 학생들을 본다. 그리고 이런 학생들은 속임수를 덜 쓴다는 것을 알고 있다. 또 여기에 있는 모두가 한국인이라고 가정해 보자. 만일 어떤 한국인이 속임수를 쓰고 있다면 아마 여기에 있는 모두가 약간 혹은 조금 더 속이는 것에 대해서 괜찮다고 느낄 것이다. 하지만 흥미로운 것은 만일 그 사람이 한국인이 아니라 미국인이나 다른 나라 사람이라면 속임수는 감소하게 된다. 이것은 사람들이 "저런, 다른 그룹에서 속임수를 쓰고 있네. 나는 연루돼서는 안 되겠다."라고 반응한다는 것을 의미한다.

『정글(jungle)』의 저자인 업튼 싱클레어(Upton Sinclair)는 "우리의 소득이 이해하기 복잡한 과정으로 발생된다면 그것을 벌어들이기란 매우 어려울 것이다."라고 말했다. 가령, 내가 좋은 소득 창출 기회인 주택 모기지 증권에 매년 1,000만 달러를 지불했다고 가정해 보자. 이 증권들을 평가하는 것은 매우 어려운 일이다. 그러다 보니 이것과 관련된 사람이 속임수를 쓰는 경우가 늘어나는 것을 종종 볼 수 있다. 즉, 상대가 분석하거나 평가하기 어려운 부분에 대해서 관계자들은 더 많이 속인다는 것이다. 또한 나와 같은 그룹에 소속된 사람이 속일 경우에는 자신도 속여도 된다는 인식을 하게 된다. 결국 이런 이유 때문에 미국 경제가 지금의 어려움에 빠지게 된 것이다.

처음 질문으로 돌아가서 지금의 금융 위기에서 도대체 누가 피의자일까? 나는 인간 본성을 떼어 놓고는 그 존재란 실재하지 않는다고 생각한다. 앞서 얘기한 내용과 같이 월 스트리트에서 문제가 된 당사자들과 같은 위치에 있다면 어느 누구라도 그들과 같은 방식으로 행동할 것이다. 결국, 금융 시스템에서 악인을 찾기보다는 오히려 구조 자체를 살펴봐야 한다.

2. 지속 가능한 성장으로의 복귀를 위하여

누리엘 루비니(Nouriel Roubini),
뉴욕대학교 스턴 경영대학원 교수.

밀라노 보코니대학교를 졸업했고 하버드대학교에서 경제학 박사 학위를 취득했다. 뉴욕대학교에 합류하기 전에는 예일대학교 경제학부의 교수로 재직했다. 전 세계적으로 명성을 얻은 국제 거시경제학 전문가인 그는 「비즈니스 위크」, 「월스트리트 저널」, 「이코노미스트」에서 선정한 최고의 경제 웹사이트 중 하나인 루비니글로벌이코노믹스모니터(rgemonitor.com)의 공동 창립자이자 회장이다. 이는 경제, 지리와 전략적 정보, 분석 자문 서비스를 제공하는 혁신적인 민간 경제 분석 기관이다.

그는 학문적 업적과 함께 정책 분야에서도 많은 경력을 쌓아 왔다. 1998년부터 2000년까지 백악관 경제자문위원회 국제 담당 선임위원으로 활동했고 이후 미 재무부에서 자문위원을 맡고 있다. 그는 특히 아시아와 전 세계 금융 위기 분석에 깊이 관여해 왔고 IMF, 세계은행, 60개 이상의 중앙은행을 포함한 수많은 주요 기관에 자문하고 있다.

국제 거시경제 문제를 다룬 70여 편의 논문을 발표했고 『정치의 주기(Political Cycles)』 등을 저술했다. 그의 세계 경제에 관한 시각은 많은 미디어에서 활발하게 인용되고 있다.

나는 오랫동안 경제적인 성공을 거두고 견고한 민주주의 제도를 갖고 있는 국가의 모델로서 한국과 그의 경제에 관심을 가져 왔다. 1997년 아시아 경제 위기에 대한 본격적인 연구를 시작으로 나는 한국이 만들어 낸 놀라운 성공과 진보를 지켜봤다. 주요 통화 정책과 세제 및 금융 정책에 대한 개혁이 단행되면서 한국은 금융 유동성과 거래 측면에서 개방성을 유지했고 성공적으로 지속 가능한 성장 구조를 만들었다.

오늘날 한국은 미국과 영국을 비롯한 유럽 지역과 관련된 경제적 쓰나미로부터 오는 새로운 도전에 직면했다. 이 지역의 경제 정책은 지난 10년 동안 변화를 겪어 왔다. 한국은 빠른 회복과 함께 이런 외부의 충격들에 대한 정책적 반응들을 잘 활용했다. 물론 시기적으로 세계적인 경제·금융의 어려움 속에 있지만 나는 아시아, 특히 한국의 이런 정책적 변화와 거시적인 관점에서 건전한 경제적 성장으로 돌아가기 위해서 노력하는 구조 및 기초 작업을 긍정적으로 바라본다. 이번 프레젠테이션에서 나는 미국과 세계 경제에 대한 전망을 이야기할 것이다. 특히 이 지역과 한국의 전망에 대해 집중할 예정이다.

오늘날 여러분이 사업가나 투자자, 정책 입안자 혹은 학자라면 여러 의문점을 가지고 있을 것이다. 그리고 이에 대한 올바른 답은 경제와 금융 위기 상황에 대한 해결책을 찾는 키워드가 될 것이다. 나는 이 질문들에 대한 나의 생각을 들려주고자 한다.

먼저 미국 경제의 현 상황은 어떤지에 대해 이야기해 보자. 이에 대해서는 미국 경제가 여전히 경기 불황에 있다고 답해야 할 것 같다. 미국은 전 세계 GDP의 약 30퍼센트를 차지하고 있으며 미국의 불경기가 끝나는 시기에 관한 것은 최우선적으로 중요한 이슈이다. 회복의 정도가 탄탄하든 미온적이든 간에 말이다.

두 번째 질문은 선진화된 경제권, 신흥 시장, 그리고 중국, 한국을 비롯한 다른 아시아 지역의 경제를 포함한 미국 외의 나머지 세계에서는 어떤 일이 일어나고 있는지에 대한 것이다. 불행하게도 금융 위기는 전 세계적인 상황으로 기울고 있으며 세계 경제 성장이 심각하게 둔화되거나 혹은 감소됐다. 이는 전혀 놀라운 일이 아니다. 사람들은 종종 "미국이 기침을 할 때 세계의 나머지 국가들은 감기에 걸린다."라고 말한다. 이번에 미국은 단순히 기침을 하는 것이 아니라 자신이 가진 불균형에 의해 생긴 만성 폐렴을 혹독하게 앓고 있으며 이로 인한 금융적 전염은 실제 경제적인 전염으로 이어지고 많은 나라들에게 악영향을 미치고 있는 상황이다.

세 번째 질문은 언제 이 세계적 불황이 끝날 것이냐 하는 것이다. 세계 경제는 다시 성장세를 회복할 수 있을까? 나아가 현재 급부상하고 있는 신흥 시장들의 전망은 어떨까? 중국, 한국, 그리고 아시아의 다른 나라들은 세계의 다른 지역들보다 더 빠르고 강하게 회복할 수 있을까?

네 번째 질문은 이 경제 위기의 성격에 관한 것이다. 우리 앞에 놓인 상황이 최악일까? 이 질문은 미국에 의해 만들어진 정책적 행동들을 따르는 것, 그리고 다른 나라들의 은행과 금융 제도가 가진 문제를 과연 막을 수 있는지에 관한 것이다.

다섯 번째 질문은 우리가 세계 경제의 인플레이션과 디플레이션을 걱정해야만 하는 것인가에 관한 부분이다. 그리고 여섯 번째 질문은 지역적으로 이런 경제적, 금융적 위기에서 벗어나기 위해서 꼭 필요한 일련의 정책은 어떤 것인가 하는 것이다. 통화와 세제 정책, 전통적 혹은 비전통적인 정책, 금융 시스템을 정상적으로 만들고 신용 성장을 회복하는 방법 또한 다룰 수 있는 이슈들이다.

그리고 모두가 염두에 두고 있는 마지막 질문은 세계 경제 속의 주요 자산 계층의 전망에 관한 것이다. 지난 두 달 동안 미국은 빠르게 회복되고 있으며 세계 주식 시장도 30~40퍼센트의 회복세를 보이고 있다. 이것이 회복의 시작인지 혹은 또 다른 절박한 약세 시장의 전초전인지는 미지수이다. 국채 거래, 신용 스프레드(회사채 신용 등급 간 금리 격차), 달러의 가치, 그리고 신흥 시장의 자산 계층에게 어떤 일이 발생할까?

나는 미국 경제의 전망에 대해 말하기에 앞서 여전히 혹독한 불황을 겪고 있다는 것은 확실하다고 생각한다. 2008년에 미국 경제를 두고 논쟁이 있었다. 1991년과 2001년에 그랬던 것과 같이 약 8개월 동안 지속될 정도의 짧고 얕은 V자 모양의 불경기일 것이라는 의견, 그리고 나와 같이 미국 소비자들의 금융과 소비의 불균형이 초래한 좀 더 혹독하고 장기적인 U자 모양의 불경기가 1년 정도 지속될 것이라는 의견 사이의 논쟁이었다.

이미 17개월째 혹독한 불황 속에 있으며 이는 후자의 의견과 맞아떨어진다. 나아가 이번 불경기가 2009년 말까지 끝나지 않는다면 세 번째 불황을 경험하게 될 것이다. 그리고 GDP 감소의 관점에서 보면 이는 이전 두 번의 약 6배 정도의 큰 불황이 될 것이다. V자 모양은 확실히 해당되지 않는다. 우리는 현재 혹독한 U자 모양의 불경기의 중심에 서 있다.

그렇다면 언제 그것이 끝나며 얼마나 빨리 회복될 수 있을까? 낙관론자들의 중론은 이미 바닥에 가까워져 있으며 불황은 이미 2009년 6월에 끝난다는 것이다. 그리고 일단 회복이 시작되면 미국은 약 3퍼센트로 급속하게 회복세를 찾을 것이라고 한다. 하지만 나는 이 전통적 의견보다는 비관적으로 보고 있다. 미국과 다른 나라들의 경제 불황 속도가 2008년 4분기와 2009년 1분기의 자유 낙하로부터 점점 느려질 것이라는 것이 내 의견이다. 통화와 세제, 그리고 신용 완화에 대한 미국과 유럽 그리고 다른 국가들의 매우 공격적인 정책 행동은 경제 불황의 속도를 늦춰 왔다. 그럼에도 불구하고 많은 분석들은 불황이 계속되고 있으며 그것은 2009년 말이 돼서야 끝날 것이라고 말한다. 그리고 한 번 일어났던 불황은 현존하는 금융 불균형으로 인해 성장을 전보다 더 둔화시킬 것이다. 예를 들어, 미국은 1년 혹은 2년에 걸쳐 1~3퍼센트 내외의 느린 속도로 성장할 것이다. 낙관론자들은 안정화와 회복에 대해서 한 가닥 희망을 붙잡고 있지만 데이터를 주의 깊게 살펴보면 그것은 다른 징후를 드러내고 있다는 것을 알 수 있다.

고용률은 나날이 떨어지고 있으며 미국 내 소비량은 현저하게 줄었다. 생산량 또한 하락하고 있으며 주택 가격과 물량 또한 여전히 바닥을 치고 있다. 나는 회복세가 찾아왔다는 생각은 너무 낙관적이라고 본다. 좀 더 냉정하게 데이터 분석을 한다면 우리가 더욱 바닥에 가까워졌다고 보는 것이 옳다고 생각한다. 그리고 그것은 생각보다 심각할 것이고 회복세는 과거 성장세에 비해서 약할 것이다.

작년에 이어 지금 세계 여러 국가들이 미국의 불황을 적절히 흡수하여 완충 작용을 했다는 의견들이 있다. 그러나 나를 포함한 반대 측면에서는 완충이라는 말 대신에 이를 재연결이라고 부른다. 무역, 금융, 신용, 1차 상품, 통화, 그리고 상호 의존의 신용 분야는 세계 경제가 글로벌화됐다는 것을 암시한다. 어떤 나라도 섬이 아니며 가장 큰 경제 조직이 지난 60년 동안 가장 혹독한 경제적, 금융적 위기를 겪은 것을 돌아볼 때 세계의 나머지 국가들이 적절하게 불황을 잘 완화시켰다는 의견은 억지스러운 측면이 있다. 2008년 중반부터 미국의 불경기는 유럽 지역으로 퍼져 나갔고 영국과 유럽의 나머지 국가들, 호주, 뉴질랜드, 캐나다, 그리고 일본 혹은 세계 GDP의 약 3분의 2를 차지하는 여러 국가들에 영향을 미쳤다.

그리고 이는 선진화된 경제권뿐만 아니라 신흥 시장을 포함한 세계 나머지 부분에서도 어려움을 겪을 것이라고 암시한다. 신흥 시장은 연간 7퍼센트의 성장세를 보이고 있지만 2009년 말까지 2퍼센트 정도밖에 성장하지 못할 것이다. 심지어 10년간 연간 성장률을 10퍼센트가량 유지해 온 중국조차 성장률이 떨어질 것이다. 실제로 아시아의 강호들은 단지 성장 둔화만이 아니라 2009년 초반부터 불황 속에 있다. 또한 몇몇 아시아 국가들과 동유럽 국가들, 그리고 라틴 아메리카의 대부분도 그렇다. 여러 신흥 시장 경제는 불황뿐만 아니라 통화의 결합, 은행과 정부의 부채 위기에 따른 혹독한 금융 위기의 위험을 가지고 있다. 수십 년 동안 처음으로 우리는 동시다발적인 전 세계의 불황을 마주하고 있는 것이다.

역설적으로 이런 불황은 미국 내부보다는 미국 바깥에서 더욱 악화됐다. 2008년 4분기에 미국과 유럽 지역에서는 성장률이 6퍼센트로 하락했다. 독일의 경우 8퍼센트, 일본은 13퍼센트, 그 외 아시아의 나라들은 15~20퍼센트의 하락세를 보였다. 2009년 1분기의 성장률 또한 동일한 스토리를 가지고 있다. 미국은 6퍼센트, 유럽은 8퍼센트, 독일은 10퍼센트, 그리고 일본 15퍼센트의 마이너스 성장률을 기록했다. 그럼에도 불구하고 중국과 한국, 그리고 다른 아시아의 신흥 시장에서 성장 전망에 대한 개선은 나타나지 않고 있다.

모두가 말하기를 세계 여러 국가들은 격심한 불황을 겪어 왔다고 한다. 최근 특히 수출 부분에서의 폭락은 두렵기까지 하다. 일본과 타이완과 같은 지역에서는 40~50퍼센트의 수출 하락세를 보였으며 중국 또한 전년 대비 20~25퍼센트의 하락을 경험했다.

한국을 포함한 아시아의 경우 다행인 점은 이들이 개방 태세를 취하고 있고 금융 쓰나미로부터 타격을 입었을지라도 그들의 기초는 매우 탄탄하며 지속 가능성이 있다는 점이다. 예산 적자와 공공 부채가 낮다는 것도 좋은 점 중 하나이다. 가계 경제나 기업, 그리고 금융 제도는 미국과 유럽으로부터 큰 영향을 받지 않아서 그들은 좀 더 빨리 기운을 회복할 수 있을 것이다.

동아시아의 금융 위기가 가져온 결과 중 하나는 이 지역의 많은 나라들이 금융에서 외환 보유 초과가 위험하다는 것을 깨달았다는 것이다. 이는 금융 제도를 건전하게 만들고 더욱 강한 감시와 규제를 할 수 있도록 한다. 물론 거래와 금융 위기가 그 지역에 강한 충격을 줄지라도 그들은 더 빠르게 회복하려고 할 것이며 정책 당국은 그런 충격들을 당장 해결할 능력을 가지고 있다.

1997~1998년 아시아의 금융 위기에서 많은 나라들은 통화 정책과 세제를 더욱 졸라매야 했고 그것은 불황의 시간을 더 혹독하게 만들었다. 이 시기 한국과 이 지역 다른 국가들은 금리를 내리고 통화를 완화하고 세금을 줄였으며 내수 경제를 자극하는 등 금융 시스템을 떠받치는 모든 자본에 유동성을 주기 위해 정책을 적극적으로 가동시켰다. 그러자 금융 시스템과 많은 기업 섹터들이 확실히 좀 더 빨리 회복됐다. 그런 정책은 절대적으로 옳았다.

어떤 면에서 세계 나머지 국가들의 수요와 공급의 하락에서 오는 충격은 2009년 상반기에 매우 강했다. 현재 진행 중인 정책적 행동들이 생산과 수출 및 수요에서의 안정화를 이끌어 낼 것이다. 2009년 후반부터 2010년 초반에는 이런 기본적인 부분에서부터 더 튼튼한 회복이 나타날 것으로 기대된다.

과거의 경기 회복은 내수 경제 상태와 정책에 의존했다. 세계의 주변부들도 마찬가지이다. 이 점을 주의해서 살펴봤기 때문에 이 지역에서 진보적인 경제 회복이 급속하게 이루어질 것이라는 낙관론을 펼친 것인지도 모르겠다. 그리고 미국과 유럽, 일본, 중국에서의 회복은 한국과 그 이외 지역을 지속적인 성장으로 이끌 것이다. 그러나 이들 선진 경제의 회복은 더 천천히 발생할 것이며 또한 중국의 회복이 장기간 동안 굳건하지는 않을 것이라는 위험도 있다.

이에 대한 근거를 살펴보자. 불황이 끝나면 미국과 유럽 그리고 일본의 성장률은 최소한 2년 동안은 약세를 보일 것이다. 한 가지 이유는 이것이 단지 신용 위기가 아닌 과도한 빚이나 미국과 유럽의 금융 제도, 가계와 기업의 부채 때문이라는 점이다. 비록 통화와 세금 제도의 자극으로 불황이 더욱 심각해지지는 않는다 하더라도 지속적인 성장으로 돌아가기 위해서는 금융 제도를 건전하게 하고 부채를 감소시키는 것이 필요하다.

부채를 감소시키는 것에 관한 많은 논의들이 있었음에도 불구하고 현실적으로는 부채 비율과 예산 적자와 빚이 증가하고 있다. 그리고 정부의 대차대조표는 개인적 적자에 압박받고 있다. 이것은 미국과 다른 나라의 소비자들이 현재 너무 많은 소비를 하고 있어서 부채를 떠안고 있다는 것을 내포한다. 그것은 장기적으로 나중에 개인이 많은 소비를 할 수 없게 만들 것이다. 그들은 부를 다시 설계하고 부채를 탕감하기 위해 몇 년 동안 절약해야 한다. 그렇지 않으면 가계 거품을 가지고 있는 다른 곳들 역시 파산을 맞이하게 될 것이다.

한편 금융 섹터는 여러분 조직의 금융 위기와 신용 위기가 올 때마다 손상을 입는다. 이 지역에서 있었던 과거의 경험에 따라 금융 제도가 건전해지고 신용도가 회복되는 데에는 많은 시간이 걸린다. 미국에서 금융 제도의 문제는 단지 은행과 관련된 것뿐만 아니라 대부분 파괴된 저당 투자자와 모든 외래 자본과 같은 비은행권의 금융 제도와 관련돼 있다. 많은 투자 은행들은 파산했고 문제 상태에 있던 은행이나 헤지 펀드, 개인 소유 회사들도 다 전환됐다. 본질적으로 많은 금융 중개들은 은행권 밖에서 일어나고 있으며 이런 비은행권 자본은 심각한 손상을 입었다.

두 번째 원인은 기업 섹터들이 명확한 문제를 안고 있다는 것이다. 미국 기업들 중 일부는 매우 높은 이자의 자본을 빌리고 이 부채의 이자는 다시 상승함으로써 기업들은 낮은 성장과 낮은 이익, 높은 부채와 그 부채를 갚기 위한 이자들로 심각한 문제를 겪고 있다. 가계, 금융, 그리고 기업을 둘러싼 허약함은 전반적으로 퍼져 있다.

결국 개인 부채로부터 공공 부문의 부채로 이동하게 될 것이다. 더욱이 여러 나라에서 너무 커서 실패하기도 어렵지만 그만큼 회생시키기도 힘든 은행을 가지고 있다. 그들이 더 큰 어려움에 처하면 정부는 그들을 구출한 충분할 자원을 가지고 있지 못하기 때문이다. 결과적으로 증가하는 공공 부채는 위험이 되며 그것은 심지어 선진 경제에서도 국가 자체를 내리막길로 떨어뜨릴 수 있다. 국가 금리의 상승은 개인 소비와 투자 회복의 족쇄가 된다. 유럽에서조차 국가 채무는 위기를 초래하는 위험 요소이다.

또 다른 위험은 많은 양의 재정 적자와 부채가 있을 때 발생하는 인플레이션 문제이다. 즉, 세금을 이용해서 돈을 찍어 내 자금을 조절하고 싶은 유혹이 있다는 것이다. 많은 나라에서 재정 적자의 일부는 중앙은행에 의해 변제됐다. 단기적으로는 이런 적자에 대한 화폐 주조가 인플레이션을 일으키지는 않는다. 왜냐하면 그동안은 공급 침체와 수요 부족이 디플레이션을 일으키며 팔리지 않은 대량의 재고와 취약한 시장을 동시에 초래해 왔기 때문이다. 가령, 선진 경제에서도 실업률은

2010년에 10퍼센트까지 치솟을 것이라고 예상된다. 그리고 1차 상품 가격이 2008년 여름과 비교해 3분의 1가량으로 떨어지며 1차 상품 시장의 침체가 나타나고 있고 기름과 에너지 또한 가격 폭락이 있을 것으로 추정된다. 이처럼 상품 시장, 노동 시장, 1차 상품 시장의 침체는 내년 혹은 내후년까지의 디플레이션을 암시한다. 그럼에도 불구하고 정부가 재정 적자를 메우기 위해 통화를 지속적으로 찍어 낸다면 경제가 회복되는 시점에서 우리는 결국 더 높게 느껴지는 인플레이션을 겪게될 것이다. 그리고 그것은 세계 경제 회복에 치명적인 악영향을 미칠 것이다.

세계적으로 회복이 확고하게 이루어지지 않을 것이라고 주시하게 만드는 몇 가지 위험들이 있다. 하나는 세계 통화 회계의 불균형이다. 지난 10년 동안 미국은 제1의 소비자였다. 그들은 수입보다 더 많이 소비했으며 만성적인 적자를 안고 있었다. 반면 중국, 일본, 독일, 그리고 아시아 대부분의 나라와 신흥 시장은 제1의 생산자였다. 그들은 그들의 수입보다 덜 소비했고 흑자가 나도록 운용했다.

이제 잔치는 끝났다. 현재 미국과 다른 적자국에서 소비와 국내 수요는 하락을 면치 못하고 있다. 미국은 잠재적인 성장으로 돌아가기 위해 외부의 수요를 증가시켜야만 하고 수출을 개선해야 하며 거래 적자를 줄여야만 한다. 적자국의 무역 적자가 줄어든다면 중국과 신흥 시장, 일본, 독일과 같은 흑자국의 흑자 또한 줄게 될 것이다. 그렇다면 후자의 국가들은 국내 개인 수요와 소비가 증가하면서 잠재적인 성장세로 돌아서게 될 것이다. 따라서 이런 지역들과 마찬가지로 한국은 국내 정책에서 국내 수요와 특히 개인 소비 수요를 증가시켜야만 한다.

마지막 이유는 단기적인 성장 회복에 관한 것이다. 현재의 정책적 행동들은 필연적이지만 중장기적으로는 매우 위험하다. 그 위험은 다시 말해서 높은 적자, 높은 부채 수준, 세금 증가, 그리고 저축과 투자, 노동 공급에 있어서 부정적인 영향을 미칠 수 있다. 이런 법안들은 또한 인플레이션의 원인이 될 수 있다. 충분한 규제가 없다면 우리는 너무 많은 방향으로 격심한 변동을 겪을 것이다.

미국과 영국 그리고 유럽 대륙에서 정부는 금융 시스템의 일부를 통제할 수도 있다. 그리고 미국에서 제기된 GM이나 크라이슬러의 위기처럼 특정한 주요 회사를 통제할지도 모른다. 정부의 중재는 잠재적이고 실직적인 성장률을 감소시킬 수도 있다.

또 중국의 회복이 느려질 수도 있다는 몇몇 위험이 제기되고 있다. 중국은 국내 개인의 수요를 진작시킬 필요가 있다. 미국의 소비는 GDP의 70퍼센트를 차지하고 있고 중국의 경우에는 GDP의 30퍼센트만을 차지하고 있다. 즉, 미국은 과소비를 하고 있고 중국은 충분히 소비하고 있지 못하다는 이야기이다. 중국은 사람들이 사회에서 안정감을 느끼면서 저축을 덜 하고 소비를 촉진시키기 위해 사회 안전, 공공 보건, 공공 교육을 위한 더 강력한 사회적 안전망을 만들어야만 할 것이다. 그러나 이렇게 하는 대신 중국은 생산을 부양시키는 데에만 많은 돈을 쓰고 있다. 그래서 나는 몇 분기 동안의 단기적인 성장에 대한 부양책이 중국 경제 회복의 지속성을 더욱 더디게 할 것이라고 본다.

이 모든 것이 한국에는 무엇을 의미하는가? 앞서 언급한 것처럼 한국의 기본 거시 경제와 금융 제도는 건전하다. 나는 한국이 오랫동안 무역과 세계화, 금융의 유동성에 있어 개방적이고 성공적인 이야기를 가지고 있다고 생각한다. 개방을 한다면 여러분은 아마도 지속적으로 경쟁하게 될 것이다. 그리고 여러분은 더 정교하고 진보적인 제품을 만드는 기술적 혁신이 있다는 것을 입증할 것이다. 사실 그렇기 때문에 결과적으로 많은 한국 기업들은 현재 국제적으로 저명한 브랜드가 됐다.

나는 세계화에 참여하는 것보다 더 좋은 대안은 없다고 생각한다. 경제를 개방하는 것이 글로벌 쇼크에 취약하게 만드는 것은 사실이다. 그렇지만 그것은 오직 10~20년에 한 번 일어날까 말까 한 것인 반면, 그 95퍼센트의 시간 동안은 개방적인 구조로 인해서 경제적 생산성과 효율성, 그리고 경쟁력이 강화될 것이다. 그것이 적합한 얼개가 되는 기초와 구조, 그리고 튼튼한 화폐와 세제의 여유가 있다면 그런 충격은 충분히 흡수될 것이다. 여러분은 쓰나미를 이겨 내고 성장으로 돌아갈 충분한 기반을 만들어 낼 수 있다.

금융 시스템에서도 더 많은 작업들이 이루어져야 한다. 특히 규제와 감시는 상당 부분 개선돼야 하며 그럼으로써 한국의 금융 제도는 좀 더 빨리 회복될 것이다. 금융 제도의 몇몇 부분, 특히 자산 부분에서 초과 성장이 있어 왔는데 더 나아가서 앞으로는 금융 제도의 재구조화가 필요할지도 모른다.

생산 섹터의 재구조화와 합병의 관점에서 살펴보면 세계 경제의 생산 섹터의 많은 부분에서 과잉 설비가 존재한다. 이에 대해서 사람들은 미국 자동차 회사인 GM과 크라이슬러의 문제에 대해 말한다. 그러나 또한 유럽과 일본, 중국, 인도의 자동차 섹터에서도 과잉 설비가 있다. 예를 들어, 중국은 약 86개의 개별 자동차 회사를 가지고 있으며 그것은 약 100여 년 전 미국의 자동차 분야의 양상과 비슷해 보인다. 그러한 과잉 설비가 나타나는 생산 섹터를 구조 조정하고 합병하는 일은 더욱 촉진돼야 한다.

어떤 이는 승자이고 어떤 이는 패자일 것이다. 그러나 성공으로 가는 길은 미래의 구조 조정을 예방하는 데에 있는 것이 아니다. 정책적 반응이 무역을 제한한다면 보호주의적인 구조가 되고 근로자와 회사들에게 보조금을 지급하는 것은 경쟁력을 떨어뜨릴 것이다. 그것은 국내 성장과 국제 경제 성장에 부정적인 영향을 미칠 것이다. 다시 말해, 세계 경제의 위험 중 하나는 저조한 무역과 금융적 보호주의이다.

결론을 내 보자. 국제 경제는 여전히 어렵다. 그러나 좋은 소식은 있다. 세계 여러 나라들의 정책적 반응들이 올바른 방향으로 나아가고 있으며 터널 끝의 빛이 보이기 시작했다. 불황은 곧 끝날 것이며 회복이 이루어질 것이다. 그럼에도 불구하고 특히 선진화된 경제권에서는 앞서 설명한 구조적인 이유 때문에 다른 곳보다 약한 회복세를 보일 것이다. 이에 비해 아시아 지역은 높은 실질적 성장을 유지할 것이다. 다시 말해서 지난 세기가 미국의 세기였다면 21세기는 아시아의 세기가 될 것이다.

한국은 지속적인 성장을 위해 개방이 필수적이며 시장을 근간으로 하는 개혁이 단행돼야 한다. 또한 경제 섹터들에서 생산성을 증가시키기 위해 구조적인 개혁을 계속해야 한다. 구조 조정이 이루어져야 하며 건강한 통화와 세금 정책을 유지해야 한다. 필요한 요소들이 제자리에 있는 한 나는 한국이 지속 가능한 성장을 이루어 낼 것이라고 기대한다. 기술적인 발전과 생산성의 성장은 그것을 이끌 것이며, 한국의 미래는 세계적으로 좋은 역할 모델이 될 것이다.

3. 두 번째 위기 이후의
   한국 경제

후카가와 유키코, 와세다대학교 정경대학 교수.

와세다대학교를 졸업하고 예일대학교에서 석사 학위를, 와세다대학교에서 박사 학위를 받았다.

일본무역진흥기구와 일본장기신용은행 연구소에서 근무한 이후 아오야마 가쿠인대학교와 도쿄대학교에서 교수를 맡았다. 자유무역협정과 동아시아 경제 관계 분야에서 많은 정부 자문 경험을 했고 또 한국산업연구원, 고려대학교, 컬럼비아대학교에서 연구 활동을 했다. 오랫동안 한국과 동아시아 경제 분야에서 학문과 정책 실무를 모두 아우르는 전문가로 활동해 왔다.

2005년 대외경제정책연구원(KIEP)에서 발간한 「한일 FTA」를 공동 편집했고 2007년 자신이 공동 편집자로 참여한 「동아시아 경제 커뮤니티의 전망」에 글을 기고했다.

나는 한국 경제 개발에 관한 많은 연구를 해 왔다. 이 자리에서 나는 소규모 개방 경제로 변해 가고 있는 한국 경제에 관한 이슈들을 살펴보고자 한다.

수년간 한국의 경제 발전을 연구해 오면서 나는 10년 전 첫 한국의 위기에서 많은 것을 배웠다. 그럼에도 불구하고 최근의 위기는 그때의 위기와는 성격이 매우 다르다는 점을 알게 됐다. 간단히 말해서 1997년 IMF 외환 위기가 아시아에서 촉발된 것과는 달리 최근의 위기는 소규모 개방 경제를 가지고 있는 유럽의 경제권에서 발생할 만한 성격의 위기라고 할 수 있다.

한국은 첫 위기 이후 전체 금융 부분에서 놀라울 정도로 업무 혁신이 이루어졌다. 아시아 국가 가운데에서도 한국은 두드러진 순외채국이고 단기 채무도 높은 편이지만 첫 위기 이후로 이곳의 금융 부분은 1997년 이전보다 훨씬 더 건전해졌고 모든 구조 개선 장치들도 마련됐다.

이번 위기에서 외국의 금융 기관들은 국경을 넘어서 어떤 역할을 해 왔을까? 한국의 전체 단기 부채의 약 60퍼센트는 국내 금융 기관으로부터 가져온 것이 아니라 바로 외국의 은행이나 금융 기관의 것이었다는 점이 주목할 만하다. 유럽의 소규모 시장에서도 이런 방식이 많이 이뤄졌다. 그만큼 점점 외국의 투자자들이 크게 중요해지고 늘어나고 있다. OECD 국가들 가운데 외국 투자자들에게 가장 의존적인 곳은 룩셈부르크로 이곳의 외국 투자자 의존도는 거의 60퍼센트에 가깝다. 그리고 룩셈부르크 다음은 일본과 한국 순이다. 한국은 실제로 이런 외국 투자자와 외채에 매우 의존적이고 국내 투자자들의 수는 점점 줄고 있다.

현재 한국은 FTA 허브, 금융 허브, IT 허브, 물류 허브와 같은 소위 세계 경제에 있어서 핵심이 되는 곳들을 만들고 싶어 한다. 하지만 실제 역내 협력이 제대로 구축돼 있지 않은 상황에서 그런 허브를 가지는 것이 과연 바람직한 것인지 질문하고 싶다.

이와 관련해서 소규모 개방 경제들이 직면하는 도전 과제들은 상당히 많다. 오늘날 유럽의 경험을 살펴보면 은행의 재정 수준이 오히려 그 나라의 GDP보다 훨씬 많은 경우도 많다. 이는 국채의 의미가 과거와 많이 달라졌다는 점을 알려 준다.

또한 채무 과다 금융 기관(HLIs)들과 시장 내 금융 기관들 간에 장외 거래 중의 익명성 문제가 발생할 가능성도 있다. 게다가 현물 파생 상품 시장의 연계는 그동안 다소 왜곡되어 성장해 왔다는 점도 눈여겨볼 만하며 이에 대해서 공시 기준의 문제도 제기된다. 신흥 시장의 HLIs의 경우 주요 투자자들이 큰 역할을 하고 있다. 만일 주요 투자자들이 어떤 집단행동을 보이면 이것이 리스크 관리 방법의 통합을 가져오거나 신용 평가 기관들에게 이것저것 명령을 내릴 수 있다. 그렇게 되면 이런 집단행동으로 인해서 자본이 빠르게 대규모로 이동해 갈 수 있을 것이다. 따라서 이와 같은 시장 상황에 있어서 소규모 경제들이 더 취약하다고 할 수 있다.

이로 인해서 감독과 규제 개혁에 대해서 많은 논의가 진행되고 있다. 우리는 바젤2(Basel II : 앞으로 새로 도입되는 자기자본비율의 산출 기준. 바젤1을 보완해서 기업들이 더 많은 자기자본금을 유치하도록 하는 의미가 있다)를 고찰해야 한다. 바젤2는 실제로 바젤1에 비해서 거시 경기에 순응적인 경향을 보이며 외부 신용 평가에 매우 의존적이다. 따라서 우리가 원하는 만큼 정확하고 객관적 평가를 얻을 수 없을지도 모른다. 따라서 내부 모델에 대한 문제 역시 제기된다.

하지만 국경을 넘나드는 금융 감독의 미래는 썩 좋아 보이지 않는다. FSF(Financial Stability Forum, 금융안정화포럼), BIS(Bank for International Settlements, 국제결제은행) 등에서도 이와 관련해서 많은 논의가 있었다. 그들 가운데 상당수가 일본과 한국에 대해서 늘 "너무 커서 무너질 수 없다."라는 식의 비평이 쇄도한다. 하지만 지금 이 국가들에서 그 문제를 해결하고 투명성을 제고하기 위해서 구조 조정이 이뤄지고 있다.

지역적인 측면에서 한국의 이번 위기는 아시아에서 추구되고 있는 합의인 CMI(Chiang Mai Initiative, 치앙마이 합의)의 취약성을 드러내고 있다. 자본의 양이 적정한지 제대로 파악하지 못한다는 점, 양자 간의 협업에 대한 장치가 마련되어 있는가 하는 점이 문제로 제기돼 왔다. 가령, 태국, 인도네시아, 필리핀 등 기타 국가에서는 위 합의를 통해서 위기시 상환을 요청할 수 있다. 이 과정에서 IMF는 융자 조건 없이 관대한 자세에 있어서 점점 더 궁극적인 도움을 주지 못하고 있다. 따라서 IMF 프로그램에 대한 조정이 절대적으로 필요한 상태이다.

우리가 제기해야 할 많은 논의점이 있지만 지역적 협력은 강화돼야 하고 CMI는 IMF와의 협력을 위해서 확실히 많은 부분을 개선해야 한다. IMF의 유동성 공급 역량을 강화하기 위한 개혁은 CMI와 연계해서 진행돼야 한다. 이에 대해서 중국과 인도가 어떻게 반응할지는 모르겠다. 왜냐하면 이 두 나라의 시장 기관들은 매우 다르기 때문이다. 양쪽다 그들의 자산 시장과 외환 부분에 대해 개방적이지 않다. 그래서 우리는 어떻게 할당 개혁 논의를 그들에게 납득시킬 것인지 생각해 봐야 한다.

또 CMI는 감독적인 측면을 강화해야 한다는 지적을 받고 있다. 이 분분에서 정치적인 입안은 매우 도전적인 과제로 남아 있다. 중국은 이미 IMF의 제4조항인 감시에 관한 부분을 거절했다. 중국이 아시아 내에서 더 많은 정보를 털어놓도록 어떤 방식으로 설득할 수 있을까?

그러나 한국의 경우에는 IMF와 CMI 양쪽의 개혁에 대해서 긍정적인 기여를 할 수 있는 유리한 입장에 있다. 한국은 사실상 데이터의 공시 시스템에서 일본보다 훨씬 높은 점수를 얻었다. 따라서 한국은 지역 내의 투명도에서 긍정적인 선도자로서 공헌할 것이다.

결과적으로 한국과 주요 국가, 특히 일본, 홍콩, 싱가포르 사이에는 더욱 중대한 대담과 정보 교환이 있어야 한다. 그래서 이 주요 국가들 간에 정보 교류가 더 활발히 진행되고 지역 내부 자본 흐름의 효과적인 감독이 조성되도록 해야 한다. 한국은 이런 관점에서 중국에게 긍정적인 압력을 가할 수 있는 좋은 위치에 있다.

4. 문제 해결이 아닌 문제 자체가 된 달러

쑹훙빙. 중국 환구 재경연구원장.

1990년대 초반 미국에서 수학하고 졸업 후에는 미국의 양대 국책 모기지 업체인 패니메이와 프레디맥을 비롯해 미국 연방정부에서 다년간 컨설턴트로 근무했다.

2007년 중국으로 돌아가 현재 중국 환구 재경연구원장, 홍유안증권 국제금융전략 수석 애널리스트, 중국 국무원 R&D센터의 객원연구원으로 활동 중이다.

최근 베스트셀러 『화폐 전쟁』을 저술했다.

두 번째의 금융 위기가 또 있을 것인가? 만약 "누가 세계 경제를 죽였는가?"라고 묻는다면 많은 용의자들이 있겠지만 나는 미국 달러가 주요한 용의자라고 답할 것이다. 1959년부터 작년까지 미국 실제 GDP 성장을 미국의 M2(총통화) 공급과 비교해 보자. 브레튼 우즈 체제(the Bretton Woods System)가 붕괴된 1971년부터 후자는 전자보다 훨씬 빠르게 성장했다. 만약 실제 경제 성장 속도보다 더 빨리 돈을 찍어 낸다면 그 돈이 실제 그것의 가치를 가지지 못하게 된다는 것은 명백하다. 현재 위기 상황은 1971년부터 발생한 38년 이상 축적돼 온 것이다. 그리고 그런 문제는 당연히도 1~2년 안에 해결되는 사안이 아니다.

우리는 정치 제도에 대해서 "절대적인 권력은 반드시 부패한다."라는 격언을 들어 왔다. 나는 같은 원칙이 화폐 시스템에도 적용된다고 생각한다. 1971년 이후 미국 달러는 금과의 연결을 차단했고 그 이후에는 달러의 발행을 감시할 방법이 없어졌다. 금은 더 이상 달러 시스템의 투명성을 확인하지 못하며 이는 또한 어떤 국제 시스템 혹은 다른 단체의 경우에도 마찬가지이다.

이런 문제를 정리하기 위해서 우리가 생각해야 하는 첫 번째는 이런 국제적인 금융 시스템을 개혁하는 것이다. 달러는 그 문제를 해결할 수 없으며 오히려 달러 그 자체가 문제이다. 너무 많은 달러를 찍어 내서 미국 정부는 그것을 다른 나라의 상품과 서비스로 교환하도록 했다. 그러나 장기적인 관점으로 보면 미국은 거대한 부채 총액을 축적한 셈이다. 미국 GDP가 성장하기 시작한 1952년부터는 부채가 미국 전체 GDP의 고작 125퍼센트였다. 하지만 50년이 지난 지금은 그것이 미국 전체 GDP의 375퍼센트에 가까워졌다. 국가를 경영하는 것은 가구를 꾸려 나가는 것과 같다. 즉, 만약 여러분의 수입이 한정돼 있거나 혹은 부채보다 느리게 증가할 때 너무 많은 돈을 빌리면 당장 혹은 나중에라도 여러분은 금전적 문제를 겪게 될 것이다. 이것이 바로 내가 현행 위기를 부채 파열 위기라고 부르는 이유이다.

1957년을 기점으로 전체 미국의 부채는 4조 달러씩 증가하면서 GDP의 성장에 비해서 빠르게 증가했다. 미국 국고 공채 증서 소유자 모두는 미국이 그 돈을 갚을 수 있을지 아닐지에 대해서 걱정하기 시작했다. 모든 부채는 이자를 가지고 그것은 부채 비용에 속하게 된다. 예를 들어, 이자를 6퍼센트로 한다면 40년 후에 전체 미국 부채는 586조 달러가 될 것이다. 오직 이자 지불의 액수만 따져도 35조 달러라는 경이적인 수치가 될 것이다. 이는 이자 지불액이 미국의 GDP를 훨씬 초과하게 된다는 것을 의미한다. 만약 이런 시스템 운영을 정상적인 방식으로 변화시키기 위해서 할 수 있는 일이 없다면 그 체제는 곧 붕괴될 것이다. 1971년 이후 전체 미국 경제 모델은 경제 성장이 실제 생산에 기반을 둔 것이 아니라 자산 가격의 증가에 의한다는 조건하에 생산 주도형에서 자산 가격 주도형 모델로 바뀌었다. 이런 과정 속에서 미국의 저축률은 1980년도의 약 10퍼센트에서 2007년도에 마이너스 수치까지 감소했다. 동시에 주택 가격과 같은 미국의 자산 가격은 계속 증가한 반면 저축률은 지속적으로 감소했다. 실제 경제 성장은 저축에서부터 생겨나야 하는 것이기 때문에 이런 등식에는 문제가 있다. 미국 경제 시스템은 지역 저축, 특히 아시아 국가의 구제에서 국제적인 차용으로 바뀌게 됐다는 사실이 드러났다. 이에 동반하여 미국으로 유입되는 돈의 흐름은 자산 가격을 높이고 이자율을 하락시켰다. 이런 자산 가격은 실제 가계 수입보다 훨씬 빠르게 증가됐다. 결과적으로 모든 가계가 필연적으로 더 많은 돈을 빌리게 됐고 이런 부채는 곧 가계 수입보다 훨씬 증가하게 됐다. 그래서 전체 시스템은 점점 더 망가져 갔다.

이것이 우리가 겪는 서브 프라임 위기의 전말이다. 좀 더 요령 있게 말하자면 만약 서브 프라임 위기가 2008년에 일어나지 않았다면 미국에는 신용 위기 혹은 전체 시스템의 전락을 유발시킬 수 있는 다른 많은 문제들이 발생했을 것이다.

다음 질문을 해 보자. 이보다 더 많은 부채를 가진 금융 위기가 닥친다면 우리가 이를 해결할 수 있을까? 미국 연방준비은행의 역사를 보면 미국의 통화 공급은 1913년에 시작하여 2008년 11월까지 꾸준히 증가하면서 95년 동안 그 총액은 7,500억 달러에 달했다. 우리는 역사상 이와 유사한 것을 경험해 본 적이 없다. 심지어 제1, 2차 세계 대전 중에도 통화 공급량은 크게 변하지 않았다.

나는 우리가 이런 수치들을 제대로 알지 못하고서 미래 경제를 예상하기는 어렵다고 믿는다. 또한 경제가 안정적으로 회복된 후에 연방준비은행은 유동 자산의 공급 과잉의 뒤처리를 하면서 매우 힘겨운 시간을 보낼 것이라고 생각한다. 특히 지금 당장의 연방준비제도 대차대조표는 때가 되면 많은 고통이 수반되며 제거해야 할 많은 유독 자산을 가지고 있다. 이것은 지금으로부터 1, 2년 후에 심각한 인플레이션을 유발할 수 있다.

이번에는 위험한 조짐을 나타내는 4가지 동향을 살펴보자. 첫째, 정크 본드(junk bond : 수익률이 높지만 신용도가 낮은 채권)의 연체율이 매우 빠르게 증가하고 있다. 1991년과 2001년의 불경기 동안 정크 본드의 연체율은 증가했다. 2007년 8월까지 그것은 서브 프라임 위기의 서막을 나타내는데, 당시의 연체율은 1.4퍼센트였다. 또 2008년 말의 연체율은 4.1퍼센트였다. 최근에 이 수치는 7.7퍼센트까지 뛰어올랐는데 아마 2009년 말까지 그 수치는 18퍼센트 이상이 될 전망이다.

우리는 실업률에서 두 번째 위기를 볼 수 있다. 예를 들면 4~14주 사이에 실직한 사람들은 현재 전체 400만 명 이상이다. 원래 정부는 26주 동안 실업수당을 제공했다. 현재 이런 정책이 바뀌어 59주 동안 제공될 수 있지만 현실에서는 여전히 26주밖에 되지 않는다. 만약 400만 실업자 대부분이 저축이나 정부 보증금 지급이 없는 상태에 이른다면 신용카드, 담보 대출, 융자와 같은 모든 신용에 대해서 채무를 이행하지 못하게 될 것이고, 그로 인해서 연체율은 더욱 급등할 것이다.

세 번째 놀랄 만한 경향은 2009년 말까지 기록을 경신해 온 신용카드의 연체율이다. 특히 파생 상품의 경우 실제로 몇 차례씩이나 잠재적 위험을 확대시켰다.

네 번째는 장기간의 추세를 보여 줄 베이비 붐과 관련된 것이다. 베이비 붐 세대는 전체 미국 고용 인원의 3분의 1인 7,700만 명에 해당한다. 베이비 붐 세대가 인구학적으로 끝나는 해는 1961년이다. 이때 태어난 사람들은 2009년에 48세이다. 48세는 실제적으로 미국인들이 소비의 절정을 나타내는 평균 나이이다.

하지만 베이비 붐 세대는 소비를 줄일 것이다. 이것은 2009년이 바로 미국 소비에 있어서 전환점이 될 것이라는 의미이다. 그리고 베이비 붐 세대가 그들의 은퇴를 위해 저축을 늘리고자 10년 이상 지출을 감소시키면서 앞으로 발생할 그들의 막대한 의료 비용을 마련해 놓을 것이라고 예상할 수 있다. 더군다나 올해 주식 시장에서 베이비 붐 세대는 투자에서 그 가치의 절반을 잃었기 때문에 그들은 한층 더 소비를 줄일 것이다.

그러므로 나는 미래가 썩 밝지 않을 것이라고 생각한다. 당분간 세계 경제의 미래는 아마도 1990년대의 일본을 따라갈 것 같다. 비록 우리는 경제를 활성화시킬 모든 종류의 재정과 통화 정책을 살펴보았지만 세계 경제는 여전히 미온적인 상태이다.

5. 누가 세계 경제를 죽였는가?

데이비드 페르난데스(David G. Fernandez),
JP 모건 아시아 수석 이코노미스트.

펜실베이니아대학교에서 경제학을 전공했고 프린스턴대학교에서 국립 과학재단 회원으로 벤 버냉키(Ben Bernanke)의 지도 아래 박사 학위를 취득했다.

1998년 JP 모건에 합류하기 전까지 5년간 존스홉킨스대학교 국제학부에서 국제거시경제학을 가르쳤고 1996년에는 '올해의 교수'로 선정됐다.

조지 부시 정부의 경제자문 위원회 이코노미스트를 맡았고 1987년에는 뉴욕 연방준비은행의 OECD 경제연구부와 외환조정 부서에서 활동했다.

여러분은 "누가 세계 경제를 죽였는가?"라는 질문과 관련돼 있는 JP 모건에서 일할 때 나를 당국의 한 관계자로 봤을 것이다. 대학을 졸업하고서 나는 바로 뉴욕 연방준비은행에서 일을 시작했다. 지금은 현재의 경제 위기를 수습해 나가는 데에 큰 역할을 하고 있다. 나의 박사 논문의 지도 교수가 바로 이런 위기의 핵심에 있었던 벤 버냉키 뉴욕 연방준비은행 의장이다. 그러므로 나는 월 스트리트의 전통적인 경제학자로서 이 프레젠테이션을 할 것이다.

"누가 경제를 죽였는가?"라는 질문에 대해서 누리엘 루비니 교수를 포함한 여러 경제학자들이 연구하고 있다. 그리고 그 이야기는 여전히 진행 중에 있다. 나는 이 프레젠테이션 초반에는 루비니 교수의 비관적인 관점과는 사뭇 다른 의견을 전개할 것이다. 그러나 후반에는 미국과 세계 경제의 중장기적인 입장에 대해서 어쩌면 누리엘 교수보다 훨씬 더 비관적인 관점을 보여 줄 것이다.

미국 경제에 대한 낙관적인 단기 전망에 대해서 먼저 얘기해 보자. 어쩌면 여러분이 수긍하기 어려울 수도 있겠다. 분명 이번 경제 위기는 미국으로부터 촉발됐다. 그러나 손실은 전 세계 곳곳에 깊숙한 곳까지 발생했다. 가장 놀라웠던 점은 위기의 진원지인 미국의 성장률이 그동안 매우 안 좋았지만 지금은 평균 정도를 기록하고 있다는 점이다. 선진국인 일본과 유로 국가들의 경우만 하더라도 미국보다 훨씬 심각한 경기 수축을 경험하고 있는 상황이다. 그러나 일본을 제외한 아시아의 경우에는 각국마다 매우 다양한 실적을 보여 주고 있다. 중국이 여전히 가장 앞서 나가고 있고 한국과 싱가포르의 경우에는 반대로 최악의 상황을 보이고 있다.

버냉키 의장의 업적 가운데 하나는 바로 거시 경제에 있어서 신용 시장이 얼마나 중요한가에 대해서 사람들이 초점을 맞출 수 있도록 했다는 점이다. 작년에 우리가 목격한 것은 미국뿐 아니라 전 세계 모든 나라들의 신용 시장이 경색돼 있던 모습이었다. 그에 따라서 기업 차원에서는 대출을 하기 위해서 훨씬 많은 자금을 들여야 했고 은행에서는 서로에게도 돈을 빌려 주기를 꺼려하는 사태가 벌어졌다. 버냉키 의장은 미국의 신용 시장 문제를 미국과 일본을 주시하며 연구했다. 사실 나의 입장에서 보면 버냉키 교수가 연방준비은행 의장으로 있을 때 이 위기가 발생한 것이 어쩌면 불행 중 다행이었는지도 모른다고 생각한다. 왜냐하면 그는 이 위기에 대해서 대응할 준비가 돼 있는 사람이었기 때문이다.

지금 세계 경제의 문제는 굉장히 많다. 그러나 미국 경제는 앞으로 몇 분기에 걸쳐 점점 좋아질 것이라고 보고 있다. 가장 문제가 심각했던 소비 시장의 경우 위기 초반 신용 시장이 경색되고 인플레이션으로 인해서 소비 심리가 꽁꽁 얼어붙었으며 실질 소득도 줄었다. 그래서 자동차와 같이 금액이 부담스러운 부문의 소비는 거의 움직이질 않았다. 하지만 중요한 것은 이제 이 상황을 어느 정도 벗어나고 있다는 것이다. 악순환이 역전되고 있는 상황이다. 또한 미국 가계 행동의 방향이 바뀌고 있다는 점을 관심 있게 볼 필요가 있다. 불확실성이 증가하고 주식과 주택 시장에서 부가 소득이 사라지면서 미국의 가계는 상황에 빠르게 적응해 나갔다. 이는 바로 저축률의 증가를 불러 왔다. 이전에 오히려 마이너스 저축률을 기록한 것과는 매우 다른 양상이다. 이는 앞으로의 위기 극복에서 굉장히 중요한 부분이다.

그리고 재고 물량에 있어서도 우리는 낙관적인 모습을 상상할 수 있다. 재고 물량은 매우 중요한 역할을 한다. 1998년 IMF 외환 위기 중반에 한국에서 JP 모건의 경제학자 한 명은 한국의 경제가 아주 크게 반등할 것이라고 낙관적으로 예상했다. 한국은행에서는 그를 불러서 어떻게 이런 전망을 했는지 설명해 달라고 요청했다. 그는 재고 물량과 관련된 역학만을 보았다. 한국의 경우 가격이 너무 떨어져서 재고 물량이 거의 바닥난 상태였다. 그러면 재고를 다시 만들 것이고 이는 한국의 생산량이 늘도록 유도한다고 설명했다. 그리고 실제로 그렇게 이뤄졌다. 미국과 세계 경제에서도 이와 유사한 재고 물량 부족 현상이 나타나고 있다. 지금 재고 물품이 줄고 있는 상황이기 때문에 당연히 몇 분기 안에는 생산이 늘 수밖에 없다.

그렇게 된다면 미국 경제는 서로 다른 상황을 볼 수 있을 것이다. 현재 미국에서는 일자리가 많이 사라지고 있는 상황이지만 위에 설명한 재고 물량 문제 해결을 위해서 미국에서 플러스 성장으로 몰고 갈 상황이 올 수도 있다. 이때 미국의 아주 놀랄 만한 반등이 기대된다. 우리는 1973~1975년과 1981~1982년의 위기 이후에 있었던 6퍼센트 이상의 경기 성장과 맞먹을 것이라고 기대하고 있다. 주기적인 차원에서 앞으로 몇 분기 동안에는 지속적으로 성장하지 않을까 생각하는 것이다.

중국과 일본을 포함한 아시아에 대해서는 더욱 낙관적으로 볼 수 있다. 중국의 경우에 특히 제조업 분야에서 회복의 징조를 강하게 보여 주고 있다. 대규모 사회적 인프라 프로젝트들이 진행되고 있고 소비 심리도 계속 괜찮은 모습을 띠고 있기 때문에 고정 투자도 증가할 것으로 보인다. 교역 부문에 있어서는 다양한 양상을 보이고 있다. 중국 관련 수출은 여전히 어려운 상황이긴 하지만 그래도 전체적인 수치를 보면 수입이 늘고 에너지와 산업용 금속 자재들이 모두 늘고 있기 때문에 중국이 플러스 성장을 하고 있는 국가로서 중요한 역할을 할 것이라고 생각한다.

한국, 대만, 그리고 동남아 여러 국가들도 반등 추세를 보이고 있다. 하지만 중국에서 나오는 수출에 관한 데이터는 확실하지 않은 자료이며 멀리 내다보면 앞으로 성장은 점점 둔화될 것이라고 예상할 수 있다. 연속적인 수출 성장을 기대하기는 어렵지만 수출이 어느 정도 바닥을 친 다음에 다시 반등하는 것은 타당하다고 본다. 고정 투자의 경우에도 계속 성장하고 있는 것이 고무적이다. 시장 전망과 관련해서 실질적 결과가 30퍼센트가량 상회하고 있다.

중국의 경우에는 전 해와 비교해서 성장하고 있는 부문은 투자밖에 없는 상황이다. 80퍼센트 이상의 성장을 보이는 경우도 간혹 있었다. 그러나 그들은 소비나 판매와 관련해서 현재 적극적인 모습을 나타내고 있다.

이런 과정들이 우연에 의해서 발생하는 것은 아니다. 현재 재정 지출과 관련된 정책적 업무를 수행하고 있는 중국 당국은 현재에 안주하지 않고 앞으로 경기 부양책을 적극적으로 마련해 나갈 것으로 기대된다.

나는 경제학자이기 때문에 늘 낙관적이기 힘들며 종종 비관적 얘기를 하기도 한다. 단기적으로 전 세계 경제가 잠시 성장세로 돌아선다고 해서 그것이 우리 경제가 아주 건전해진다는 의미는 아니다. 여러 수치를 보면 미국은 노동 시장, 재정 상황 등에서 매우 어려운 상황을 여러 해 동안 겪게 될 수밖에 없다. 미국의 성장선은 계속 추세선 이하를 밑돌 것으로 예상되기 때문에 실업률은 그에 따라서 지속적으로 올라갈 것이다.

실업률과 성장률 간의 관계를 말해 주는 '오쿤(Okun)의 법칙'이라는 용어가 있다. 즉, 경제가 그 잠재적 성장을 초과한 매 1퍼센트마다 실업률이 0.4퍼센트 포인트로 감소하는 경향이 있다는 것이다. 계산을 해 보면 이는 매우 나쁜 소식이 될 수 있다. 이에 따르면 미국의 실업률은 매우 천천히 떨어질 것이다. 현재 미국 실업률이 9.5퍼센트에 달한다면 2012년 말까지도 6퍼센트의 실업률을 기록할 것이라는 의미이다. 더군다나 이 가정은 2012년까지 미국 경제가 5퍼센트 성장률을 매년 기록한다고 하는, 매우 가능성이 낮은 전망을 전제로 한 것이다. 그러므로 아마도 실업률은 계속해서 미국 경제의 커다란 문제로 작용할 것으로 보인다.

더 큰 문제는 그에 따라서 자연 실업률이 그만큼 높아질 수도 있다는 점이다. 이것은 미국의 잠재 성장률은 자체적으로 떨어질 수밖에 없다는 점을 시사한다. 루비니 교수가 말한 것처럼 미국 경제는 잠재 성장률이 2.75~3퍼센트 정도를 기록할지도 모른다고 예상하기는 하지만 실제로는 이것이 2퍼센트 혹은 그보다 더 아래로 떨어질 수도 있다. 이는 미국뿐만 아니라 전 세계, 특히 한국을 포함한 아시아에도 안 좋은 소식이다. 미국의 성장이 느려진다면 이는 아시아의 여러 국가들이 수출 지향 경제에서 벗어나 내수 경제에 의존해야 하는 결과를 낳게 될 것임을 의미하기 때문이다.

6. 한국의 자동차 산업,
위기와 기회

이현순, 현대자동차 부회장.

뉴욕대학교 스토니브룩에서 기계공학 박사 학위를 받고 GM연구소에 재직한 후 1984년 현대자동차에 입사했다.

그는 R&D 분야, 특히 현대자동차에서 최초로 생산한 알파 엔진과 베타 엔진 개발에 크게 기여했다. 현대자동차 울산 R&D센터의 가솔린·디젤 엔진 개발 책임자를 거쳐 현대–기아자동차 파워트레인연구소 부사장, 2005년 R&D총괄 사장을 역임하고 2009년 1월 현재의 부회장 자리에 임명됐다.

한국 자동차 R&D의 발전을 주도한 공로를 인정받아 1991년 IR52장영실상, 과기처 장관 표창, 1996년 전국발명대회 대통령 표창, 1999년 조선일보 환경대상 환경과학기술 대상, 2005년 대중소기업협력대상 금탑산업훈장, 2008년 한국산업기술진흥협회 최고기술경영인상을 비롯한 많은 상을 받았다. 최근에는 기술혁신 분야에서의 탁월한 지도력을 인정받아 한국공학한림원 기술경영 대상을 수상했다.

2006년도 한국자동차공학회 회장, 국가과학기술위원회 위원직을 맡았으며 한국공학한림원 정회원으로 한국 자동차 산업 발전을 위하여 활동 중이다.

오늘날 우리의 일상과 산업은 역사적인 전환점에 서 있다. 힘든 시간들이 조직을 어렵게 만들 수도 있지만 사실 관점의 차이에 따라 좋은 기회가 될 수 있다. IMF는 2009년 전 세계적인 생산량 증가율이 1.3퍼센트에 그칠 것이라고 발표했다. 그리고 이런 엄청난 국제적 금융 위기는 우리 자동차 산업에도 영향을 미치고 있다. 전문가들은 2009년의 국제 자동차 산업의 판매량이 작년과 비교했을 때 14.1퍼센트 감소할 것이라고 전망했으며 이는 대략 930만 명의 구성원들을 감소시킨다는 우울한 결과를 야기할 것으로 예측하고 있다.

이번 경제 위기로 인해서 많은 전문가들은 전 세계 자동차 제조 회사의 미래에 대해서 어두운 전망을 발표했지만 이런 위기에서도 현대-기아자동차 그룹(이하 현대-기아차)은 경쟁사들을 능가했으며 괄목할 만한 결과를 냈다.

지난 2001년부터 2008년까지 현대-기아차는 평균 7퍼센트의 판매 성장률을 달성했고 세계 자동차 시장에서 5위라는 자리를 기록했다. 더욱이 2009년 1사분기에 북미 시장에서 7.6퍼센트의 점유율을 기록하면서 더욱 가속도를 내기도 했다.

특히 현대-기아차의 새로운 세단 모델인 제네시스가 2009년 북미에서 '올해의 차'로 선정되는 기염을 토했다. 제네시스는 전 세계 시장에 걸맞은 고급스러운 세단으로서 V8 엔진이 장착된 후륜 구동식이다. 이는 아시아의 대형 세단으로는 처음으로 북미의 수상 경력을 가지게 됐다. 위기가 완전히 끝나지 않았음에도 불구하고 우리는 이런 강력한 폭풍에 맞서 잘 대처하고 있다.

현재까지도 진행되고 있는 진화는 하룻밤 사이에 쉽게 이루어진 결과가 결코 아니다. 1976년 현대의 첫 이름을 알린 '포니'라는 자동차가 나왔을 때부터 우리는 정상에 오르기 위해 시장에서 치열한 격전을 벌여 왔다. 변화와 장애물이라는 문제에 직면했을 때에도 우리는 서로를 격려하며 혁신을 위한 용기를 다져 왔다. 발전 가능성에 대한 견고한 신념을 바탕으로 매해마다 전진해 왔다.

미쓰비시 자동차에서 전동 장치를 구입해 왔던 현대는 1991년 처음으로 알파 엔진을 개발하는 쾌거를 이뤘으며 이는 현대의 기념비적인 성과였다. 알파 엔진의 개발로 인해 오늘날과 같은 독립적인 현대의 모습을 갖출 수 있었다. 1990년대에 자동차의 질적인 문제점으로 인해 국제적인 수모를 겪으면서 현대의 명성에 씻기 힘든 오명을 남겼던 적도 있었다. 그 후 정몽구 회장은 '세계 자동차 시장 5위 진입'이라는 목표를 설정하고 제품에서 가장 중요한 품질과 제조, 그리고 디자인이라는 세 가지 측면에서 공격적으로 접근하기 시작했다.

우리는 열심히 했으며 이런 노력들은 이제 다양한 측면에서 인정받고 있다. 2004년에 처음으로 미국 시장 조사 기관인 JD 파워 신차 품질 조사에서 사상 처음으로 일본의 도요타를 제치고 일반 브랜드 부문 4위에 올랐다. 우리는 회장의 주도로 고객 최우선 품질 경영을 이어 가고 있으며 요 몇 해 동안 소비자 보고서에 나타난 높은 신뢰도의 상승폭을 직접 확인하고 있다.

현대의 디자인과 질적 개선은 결국 우리의 명성이 됐다. 매해 실시되는 미국의 브랜드와 「비즈니스 위크」의 세계 100대 브랜드 평가에서 현대는 2008년에 브랜드 가치가 9퍼센트 상승되어 전체에서 72위를 기록했다. 또한 우리는 포르쉐와 렉서스, 닛산과 같은 자동차 경쟁사 중 8위라는 기록을 차지했다.

그러나 세계 자동차 시장에서 현대의 가장 큰 성과는 타우(Tau) 엔진이 2009년 미국 워즈오토에서 뽑은 '세계 베스트10' 엔진으로 선정된 것이다. 375마력에 V8 4.6리터 타우 엔진을 장착한 제네시스는 경쟁차들이 리터당 82마력을 내는 것에 비하면 압도적인 우위를 나타내고 있다. 타우 엔진을 장착한 제네시스는 V6 엔진의 많은 경쟁 모델들과 비교하면 연료비 면에서도 뛰어난 효율성을 자랑하고 있다.

특히 이런 어려운 시기에 우리의 성과가 커다란 성장으로 이어지는 것을 볼 때마다 우리는 지속적인 혁신을 이루어야만 한다는 것을 깨닫는다. 현대자동차는 자동차 산업의 미래가 변화하고 있는 현상을 이해하고 있으며 고객의 변화를 맞이할 준비가 되어 있다. 우리의 주요 전략 중 하나는 소형차 개발에 집중하는 것이다.

연료와 주요 도시 내 자동차 수의 폭발적인 증가에 따라서 작고 연비가 우수한 자동차에 대한 세계적인 요구가 급증하고 있다. 현대-기아차는 생산량의 55퍼센트를 소형차 시장에 배분함으로써 이런 요구를 최우선적으로 이뤄 내고자 하며 이는 자동차 브랜드 중 폭스바겐에 이어 두 번째로 높은 비율이다. 더욱이 우리의 소형차는 세계 고객들의 각기 다른 욕구를 충족하는 미래의 시장을 위해 다양하게 고안됐다.

신흥 시장의 확장은 우리의 또 다른 주요 전략이다. 세계 경제는 단순한 침체기를 경험하는 수준이 아니라 변혁 중에 있다. 변혁의 중심에는 신흥 개발국이 있다. 우리는 이런 트렌드를 인지하고 시장을 선도하고 있다.

증가되는 R&D과 생산 규모는 전략적으로 동유럽과 인도, 중국, 남미에 구축되어 있으며 이 모든 지역에서 우리는 세계 시장 점유 확대를 위해 공략해 나가고 있다. 우리는 신흥 시장에서의 많은 판매가 이루어질 것으로 예측하고 있으며 해외 생산 규모가 증가할 것이라고 본다.

우리는 브라질과 러시아에 추가로 신설하고 있는 공장을 포함해 5개의 해외 생산 공장을 가지고 있다. 이를 통해 우리는 러시아 자동차 시장을 지배하는 것뿐만 아니라 유럽으로 확장해 나갈 것이다. 2010년까지 연간 600만 대의 자동차를 해외에서 생산할 것으로 기대하고 있다.

현대-기아차의 또 다른 주요 전략은 연비 효율성 면에서의 선두 기업이 되는 것이다. 미국 평균 연비를 조사한 자료에 따르면 현대자동차와 기아자동차는 각각 4위와 2위에 랭크되어 있으며 미국 정부가 지시하는 기준 연비를 초과하기 위해 노력함으로써 이 분야에서 지속적으로 앞서 나갈 것이다.

오바마 대통령은 최근 새롭고 더 엄격한 규정을 발표했다. 2016년까지 평균 공인 연비는 갤론당 35.5마일이 될 것이며 이는 지난 규정에 비해 4년이나 빠른 것이다. 현대자동차는 2015년까지 이런 규정을 만족시키고자 한다. 연비와 같은 맥락에서 우리는 유지 가능한 환경에 대한 사회적 책임을 이해하고 최대한 친환경적인 차를 만들기 위해서 많은 노력을 기울일 것이다.

우리는 최근 친환경의 녹색 자동차 프로그램을 개발하고 있다. 하이브리드 전기 자동차나 플러그인 전기 자동차, 수소 연료 자동차가 바로 이에 해당한다. 이는 단숨에 이루어진 것이 아니라 1995년부터 지속적으로 기술을 개발하고 테스트를 해 온 결과이다. 이런 기술 고안 방식을 기반으로 현대-기아차는 올해 인젝터를 통해서 고압으로 처리된 액체 상태의 연료를 실린더로 직접 분사하는 방식인 LPI 하이브리드카를 판매할 예정이다. 그리고 내년에는 처음으로 가솔린 하이브리드카인 소나타를 론칭할 계획이다. 이런 계획들은 2012년의 플러그인 하이브리드카와 전기 자동차 시장을 겨냥한 일종의 초석이라고 말할 수 있을 것이다.

초기 교통수단을 살펴보면 자동차의 역할은 단순히 승객을 A지점에서 B지점으로 옮기는 것에 제한되어 있었다. 그러나 21세기의 자동차는 그 이상의 역할을 하는 것으로 진화됐다. 나날이 발전하는 기술은 차 안에서 승객들의 길을 안내해 주게 만들었고 좀 더 안전하고 편안하게 운행하도록 해 주었으며 또한 환경과도 연결되도록 하고 있다. 현대-기아차는 자동차의 두드러지는 특성들을 통합시키고 이에 걸맞은 기술 개발을 집약시켜 다음 세대를 위한 지혜로운 자동차를 만들기 위해 노력하고 있다.

왜 우리는 현재의 고통을 직시하지 않고 있는가? 경제 위기는 우리에게 다시 한 번 도약할 수 있는 다른 기회를 제공하고 있다. 갑작스럽게 침체된 경기는 환경과 에너지에 대한 관심을 높이게 만들었고 세계 자동차 시장에 새로운 가능성을 열어 주었다. 우리는 모두 출발점으로 돌아가 새로운 레이스를 시작해야 한다. 이런 위기 속에서 우리는 한 단계 더 강해지기를 바라고 있고 세 가지 전략으로 세계를 이끄는 자동차 기업이 되고자 한다.

첫 번째 전략은 신흥 시장으로의 확대이다. 두 번째는 소형차 시장과 같은 구체적인 생산품에 알맞은 지역을 개발하는 것이다. 그리고 마지막이자 가장 중요한 전략으로 혁신적인 R&D를 통해서 환경 친화적인 자동차 기술을 개발하는 것이다.

현대는 많은 어려움을 겪어 왔다. 숱한 기회들을 겪으면서 우리는 그동안 많이 성장했고 시야도 넓어졌다. 이 시간도 예외는 아닐 것이라고 생각한다. 우리는 다음 세대의 자동차 시장을 구성하기 위해서 혁신과 진화의 과정을 힘들게 겪고 있다. 역사적으로 이렇게 격동적인 순간을 여러분도 함께하기를 바란다.

7. '아시아의 다음 거인'에서 '세계의 다음 거인'으로

앨리스 암스덴(Alice Amsden),
매사추세츠 공과대학교(MIT) 정치경제학 석좌교수.

하버드 비즈니스스쿨, 컬럼비아대학교, UCLA 등을 거쳐 현재 매사추세츠 공과대학교에서 석좌교수로 재직 중이다. 또한 UN 개발정책 위원회 위원직을 비롯하여 세계은행과 OECD, 세계 각국 정부의 자문위원직을 맡고 있다.
『아시아의 다음 거인』으로 한국의 산업화 등에 대한 폭넓은 연구와 깊이 있는 분석력을 선보이며 개발경제학자로서 명성을 얻었다. 이후 개발경제학 연구에 대한 헌신과 경제학의 지평을 넓힌 공로를 인정받아 2002년 저명한 경제학상인 레온티에프 경제학상을 수상했다. 『나머지 세계의 부상』을 발표하고 이듬해에는 『사이언티픽 아메리칸』에서 '모두에게 더 나은 미래를 가져다줄 최고의 50인'으로 선정되기도 했다.

신흥 국가들은 빠르게 성장하고 있으며 기존 선진국에 비해서 수익성이 더 크기 때문에 점점 더 활발한 해외 직접 투자(FDI)가 모여들고 있다. 얼핏 보면 마치 선진 자본주의 세력이 마침내 세상의 또 다른 한 편으로 뻗어 나가는 것처럼 보인다. 그러나 그렇게 보이는 것일 뿐 신흥 국가들의 모습은 단순히 선진국의 세가 확장되고 있는 것이 아니다. 그들은 선진국과는 다른 종류의 경제이며 예전의 식민 역사를 배경으로 한 새로운 형태의 경제이다. 이들은 삼성이나 LG와 같은 자신만의 대규모 국내 기업을 가지고 있다. 과학과 기술에 대한 그들의 접근 방식은 미 국방부 혹은 미국 보건성(National Institute of Health)보다는 한국의 과학기술정책 연구원의 접근 방식에 더 가깝다.

러시아를 제외한 신흥 국가들은 WTO의 일원들이다. 그러나 개발을 격려하는 그들 정책들의 대부분은 WTO 옹호 국가들의 자유 시장 정책들과는 다르다. 중국, 인도, 베트남이 이에 해당하며 이들은 시장 개혁 이후에도 마찬가지의 태도를 보인다.

신흥 국가들이 더 영향력 있는 일원이 되어 감에 따라 WTO 자체가 변화하고 있다. 나는 WTO 자체가 약해지고 있다고 표현하고 싶다. 관세는 낮지만 자유 무역은 사라졌다. WTO는 더 이상 많은 국가들의 개발 촉진을 위한 정교한 내부적 정책들을 모두 모니터할 수가 없다.

이런 상황에서 한국이 위치한 곳은 어디인가? 어떻게 한국은 스스로를 한편으로는 선진국을 마주보고 또 다른 한편으로는 신흥 국가들을 마주보고 있게 하는 것일까? 한국은 모든 신흥 국가들 중 최고였다. 현대자동차는 개발도상국에서 선진 시장으로 자동차를 수출한 최초의 기

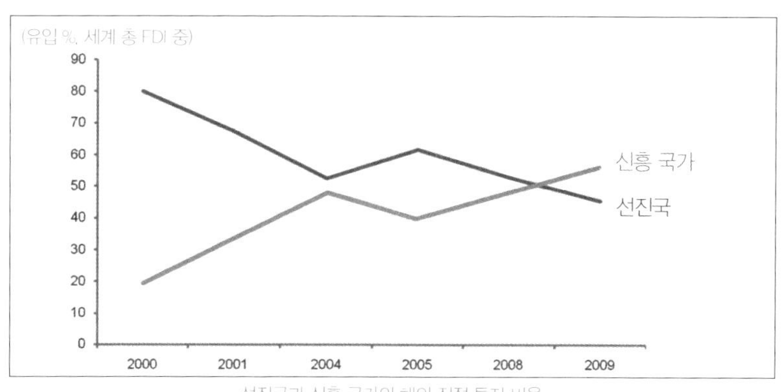

선진국과 신흥 국가의 해외 직접 투자 비율

업이었다. 박정희 대통령에 대한 이런저런 평가와는 별개로 그는 거의 완전 고용 및 동등한 수준의 수입 배분을 이뤄 냈다. 1981년 포스코를 방문했던 나는 당시 매니저급 임금과 동등한 연차의 경험을 가진 근로자 임금 간의 차이가 무척 적은 것을 확인했다. 미국과는 엄청나게 다른 모습이었다.

그러나 1990년대로 들어서면서 한국은 선진국으로 변화하기를 원했다. 그래서 시대 흐름에 따라 더 자유로운 시장으로 변화했다. 그러나 한국은 대부분의 신흥 국가들과는 달리 OECD에 가담하는 것 이상의 행동을 취했다. 미국 재무부의 강요로 한국은 스스로의 금융 시장을 개방했다. 또한 해외 투자에 대한 모든 규제를 제거하는 데에 동의했다. 이 점은 다른 신흥 국가들은 이루지 못한 부분이었으며 그 결과 이들과 한국 사이의 물리적인 분리가 형성됐다.

한국은 자신을 둘러싸고 있는 세계에 대해 매우 잘 알고 있다. 그러나 만약 오늘날 한국의 정책들이 신흥 국가들의 정책들과 너무나 다르다면 새로운 경쟁자들을 완전히 이해할 수 있을까? 브릭스 국가들에서 무슨 일이 실제로 벌어지고 있는지 파악하기 위해서 한국 경제 지도자들은 그들의 의견에 대해 충분히 개방적이고 다양성을 받아들이는 태도를 취하고 있는가? 한국 경제학자들은 그들의 교과서 속의 모델과는 너무나 다른 경제의 복잡성에 대해 제대로 이해할 수 있을까?

더욱 많은 이해를 얻는 것은 수입 배분의 동등화를 통해 새로운 목소리를 창출하는 것에 달려 있다. 이는 니즈가 다양한 중소기업들을 이해하는 것에 달려 있기도 하다. 그리고 특히 상위 교육에서 사고방식의 자유를 이끌어 내는 것도 중요하다. 사람들의 견해와 세상을 바라보는 관점은 그들이 박사 학위, MBA, 혹은 기타 상위 학위를 받은 곳에 의해 영향을 받는다. 어느 나라에서 배움을 익혔는지는 매우 중요하다. 예를 들어, 경제 전문 분야에서 일하는 사람 중에 미국에서 공부를 한 사람들은 자유 시장 사상을 품고 떠나간다. 왜냐하면 대부분의 미국 경제학과들은 시장 중심적인 성격을 지니고 있기 때문이다. 반면 한국이나 주변 국가들에서 공부를 한 사람들은 신흥 경제에 대한 선호를 보이는 경향이 있다.

한국의 기획경제부와 지식경제부에서 일하고 있는 고위 공무원들의 배경은 매우 다양하다. 거의 50 대 50의 비율로 해외에서 학위를 받은 사람들과 국내 학위를 받은 사람들이 잘 섞여 있다. 이는 지나치게 가난하여 상위 학위를 위해 고위 공무원들을 미국으로 보낼 수 없는 신흥 국가들에 비하면 고무적인 비율이다. 신흥 국가들의 경우 거의 모든 사람들은 자신의 국가 내에서 공부를 한다. 또한 러시아, 인도 그리고 브라질은 아주 훌륭한 국내 대학을 보유하고 있기도 하다. 중국 고위 경제 관료들은 이제 막 해외로 나아가 공부를 하기 시작했다. 나는 신흥 국가들에 대한 여러 컨퍼런스에서 한국 정부 관료들을 만났다. 그들의 전문 지식은 아주 뛰어났다.

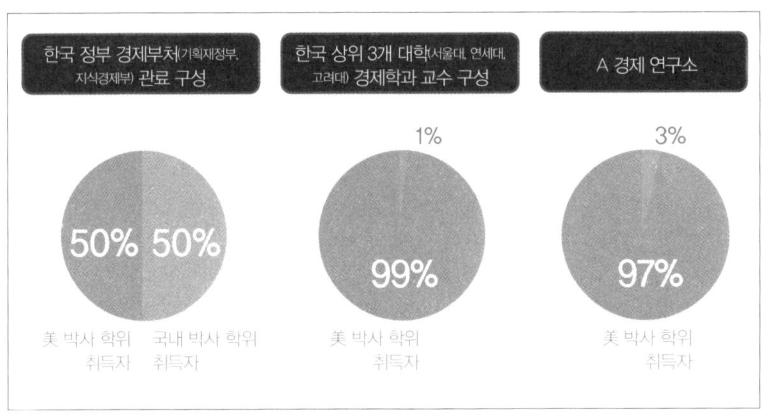

한국의 경제 전문 인력 구성 현황

그러나 불행하게도 한국의 상위 3개 대학교의 경제학부 교수진 혹은 주요 경제 연구소의 기의 모든 사람들이 상위 학위를 미국에서 받아 오는 한국의 선두 경제 두뇌 집단에서 다양성이라는 것은 존재하지 않는 것 같다. 모든 사람들은 동일한 수학 모델을 배운다. 한국은 국내에서 숙련 받은 재능 있는 인재들이 상위 직급으로 올라갈 수 있는 것을 보장하기 위해 소수자 차별 금지 조항이 있어야 하는 것일까?

한국이 신흥 국가들의 선두 주자로 간주됐을 때 한국은 우수함을 위해서 지속적인 노력을 한 것으로 주목받았다. 이화여자대학교는 세계 최고 여자대학교 중 하나가 되기 위해 열심히 노력했다. 미국에 있는 삼성의 TV 공장은 매우 혁신적인 조립 라인을 보유하고 있다. 한국의 초고속 전철 산업은 신기록을 세우며 세계 표준에 도달했다. 그러나 만야 한국의 경제와 문화에서 다양성이라는 것이 빠져 있다면 이 우수성에 어떤 타격이 있을까?

서울대학교의 부교수가 되기 위해서는 모든 사람들은 예외 없이 매우 분명하고 명백한 기준을 충족해야 한다. 이들은 모두 5년 안에 8개의 논문을 내야 한다. 또 그중 2개의 논문은 3년 안에 최고의 국제 저널에 게재돼야 한다는 것과 같은 몇몇 조건들이 있다. 이러한 조건들은 매우 공정하다. 그러나 우수성이라는 것은 어디에 있는 것일까? 이 모든 것은 단지 통계적인 수치일 뿐인 것은 아닌가?

만약 아인슈타인이 이와 같은 통계적인 자격 요건으로만 심사됐다면 그의 상대성 이론은 어떤 취급을 받았을까? 그는 과학기술 전문대학교 입학시험에서 낙방했다. 일자리를 구할 수도 없었고 그의 작업은 독일의 특허 사무소에서 그저 평범한 일로 간주됐다.

신흥 국가들은 예전보다 훨씬 치열한 수준의 경쟁을 약속한다. 곧 모든 국가들은 다른 국가를 연구하여 최고의 경제 정책을 배우게 될 것이다. 21세기의 모든 사람들은 전문 직업을 창출해 내기 위해 노력할 것이다. 이에 한국은 무엇을 할 것이며 어떻게 자신의 우수성을 장려할 수 있을까?

과거부터 한국은 소위 선진국으로부터 배운 정책을 따라야만 한다고 생각해 왔다. 그러나 한국은 지금의 한국을 대단하게 만든 것, 단순한 통계적 수치와 우수성 사이의 차이를 만들어 내는 것, 다른 나라를 통해 배우는 국가와 그들 스스로 생각하는 국가의 차이를 만들어 내는 것이 무엇인지를 결코 잊어서는 안 된다. 성공을 위해서 한국은 자신이 가지고 있는 뿌리 깊은 원칙을 절대 잊어서는 안 된다고 생각한다. 국내 농장에서 생산된 제품이 가장 최고라는 '신토불이(身土不二)' 원칙 말이다.

※ 위 내용은 2009년 11월 5일 'SBS 미래한국리포트'에서 암스덴 교수가 발표한 자료로 이 책 4장의 내용과 긴밀하게 부합되는 부분이어서 수록했음을 밝힘.

8. 특별 포럼 :
한국 경제의 현재와 미래

정기영, 삼성경제연구소장.

서울대학교 상과대학을 졸업하고 위스콘신대학교에서 MBA 과정을 마치고 버클리대학교에서 경영학 박사를 취득했다.

1993년부터 1996년까지 한국 금융연구원 연구위원장 겸 국제거시팀장으로 재직했고 1990년대와 2000년대 초에 한국금융학회, 한국선물학회, 그리고 한국재무학회의 상임이사를 지냈다. 한국 재무관리학회의 부회장과 재경부, 청와대 대통령 경제비서실의 자문위원을 맡았다. 2007년 삼성경제연구소 연구조정실장을 맡았고 2009년 1월 삼성경제연구소 대표이사에 취임했다. 저서로는『금융개방과 정책대응』『외환제도와 개혁 방안』『국제금융론』등이 있다.

김종석, 홍익대학교 경영대학 교수.

프린스턴대학교에서 박사 학위를 취득한 후 다트머스대학교에서 1984년부터 1987년까지 경제학을 가르쳤다.

1995년에서 1997년에 걸쳐 케냐 정부의 경제 발전 계획과 산업화 전략에 대한 국제연합산업개발기구 컨설턴트로도 활동했다. 경제 정책 및 경제 분석에 있어 민간 연구기관 최고의 두뇌 집단인 한국경제연구원 원장으로 재직했다. 그는 대학 교수, 연구원 및 기업 대표, 그리고 정부 정책 입안자들로 구성된 학술 단체인 한국규제학회의 창립자이다.

현재 그는 지식경제부 경제자유구역위원회 위원, 국무총리실 경제인문사회연구회 이사, 외교통상부 통상교섭자문위원회 위원, 그리고 법무부 법무자문위원으로도 활동 중이다.

김주형, LG경제연구원장

서울대학교 경제학과를 졸업하고 매디슨 위스콘신대학교에서 경제학 박사 학위를 취득했다.

국제경제연구원(現 산업연구원)을 시작으로 LG경제연구원, LG투자증권(現 우리투자증권), ㈜LG 등에서 거시경제, 금융 시장, 산업 등 다양한 분야에서의 연구했다. 2000년 LG투자증권의 리서치센터장으로 부임하면서 당시 주목받지 못했던 리서치센터를 단기간에 국내 최고의 애널리스트 조직으로 만들었다. 이후 2006년 ㈜LG의 경영관리담당 부사장으로서 LG의 전자계열사들의 경영 혁신과 성과 향상을 위해 노력하다 2007년 LG경제연구원 원장으로 취임했다.

김준한, 포스코경영연구소장

서울대학교 경제학과를 졸업하고 밴더빌트대학교에서 경제학 박사를 취득했다. 한양대학교에서 경제학을 강의했고 1980년대 초반에는 사우디아라비아 한국대사관에서 경제조사관으로 근무했다. 15년간 산업연구원에서 연구했고 한국건설산업연구원 원장(대행)을 맡은 바 있다.

현재 포스코경영연구소 소장으로서 철강 산업을 중심으로 한 경제 및 경영 연구를 총괄하며 최고경영진에 경영 전략 방향을 제공하고 있다. 저서로는 『건설 경제학』 『그린라운드와 한국경제』 등이 있다.

박우규, SK경영경제연구소장

서울대학교 토목공학과를 졸업하고 카네기멜론대학교에서 경제학 석사와 박사 학위를 취득했다. KDI에서 10년간 국가 경제의 주요 아젠다를 연구했고 SK그룹에 합류하여 선경경제연구소 부소장, SK증권 리서치센터장을 거쳐 2004년부터 SK경영경제연구소장으로 부임했다.

경제 연구뿐만 아니라 에너지 산업, 정보 통신 산업 등 주요 산업의 정책과 이슈를 해결하고 기업의 발전 전략을 수립하는 연구를 강조해 왔으며 국가 경제 및 기업 경영에 실질적인 도움이 되는 연구를 지향하고 있다.

누리엘 루비니(Nouriel Roubini), 뉴욕대학교 스턴 경영대학원 교수
181쪽 연사 소개 참고.

※ 이 특별 포럼은 현정택 인하대학교 국제통상학부 교수(전 한국개발연구원장)의 사회로 진행됐음.

한국 경제의 거시적 전망

김주형 : 내가 생각하는 한국 경제의 전망에 대해서 간략히 설명하겠다. 한국은 소규모 개방 경제를 표방하고 있다. 따라서 먼저 세계 경제의 거시적 흐름에 대한 판단이 먼저 있어야 할 것이다. 판단컨대, 그동안 금융 시스템 붕괴의 위험은 매우 안정된 상태로 돌아선 것으로 보인다. 최고치에 달했던 금융 기관의 부도 위험이 최근에는 위기 이전, 즉 2008년 상반기 정도의 수준으로 떨어졌다. 세계 경제에 대한 전망도 각 전망 기관들의 평균치를 분석해 보면 2008년도 3사분기 이후로 2009년 미국 경제 성장률 전망을 계속 부정적으로 예상해 왔지만 결과적으로 오히려 안정되거나 다시 높아지고 있는 추세로 보인다. 이는 미국 경제에 대한 전망뿐 아니라 전 세계 대부분의 경제에서 그동안의 전망이 안정 혹은 상향으로 바뀌고 있음을 뜻한다. 그리고 이제 세계 경제는 앞으로 다가올 위험에 대해서 어느 정도 자신감을 회복했다고 이해할 수 있다.

한국 경제는 2008년 4사분기에 굉장히 어려웠다. 그러나 2009년 1사분기를 기점으로 해서 빠르게 회복되고 있다. 한국은 통계에 나와 있는 OECD 국가 중 유일하게 2009년 1사분기 경제 성장률이 플러스로 돌아섰다. 경기 동향 지수 순환 변동채가 3월부터 증가하기 시작했고 경기 선행 지수 전년 동월 비교 지수도 2009년 1월부터 높아지기 시작했다. 이것은 적어도 단기적으로는 한국 경제가 상당한 정도의 회복세를 보일 것이라는 주장을 뒷받침한다.

그러나 문제는 이후에 어떻게 될 것인가 하는 것이다. 단기적으로는 리먼 쇼크로부터 한국 경제가 회복되고 있기는 하지만 중장기적 전망이 그리 밝지는 않다. 지난 5년간 한국 경제의 성장률 평균이 4.2퍼센트였다면 금년부터 향후 5년간의 한국 경제의 성장률 평균은 2.5퍼센트 정도로 낮춰서 예상하고 있다. 그만큼 경제 성장의 기반이 이번 쇼크로 인해서 크게 손상됐다고 보인다.

또 지난 2009년 1사분기부터 전기 대비 성장률이 플러스로 돌아섰지만 한국 분기 계정 조정 GDP가 위기 이전, 즉 2008년 3사분기 수준을 회복하는 것은 2010년 3사분기나 돼서야 가능할 것으로 보인다. 다시 말해서 비록 최악의 상황은 지나갔지만 위기 이전의 상태로까지 GDP가 회복되는 것은 시간이 한참 지나야 가능하다는 것이다.

어쨌거나 한국 경제에 대한 단기 전망이 좋아진 것 자체는 반길 일이다. 하지만 이번 위기를 겪으면서 한국 경제가 가지고 있는 여러 가지 취약점들을 눈여겨봐야 할 것이다.

우선 한국 경제의 긍정적인 요인은 수출 기반이 튼튼하다는 것이다. 따라서 경제가 어려워져 환율이 절하되면 수출이 늘어나고 수입이 줄어드는 효과로 인해서 빠른 복원력을 보인다. 이는 지난 IMF 외환 위기 때와 마찬가지로 이번 위기에도 보이고 있는 현상이다. 대단히 좋은 일이지만 한국이 외부 영향에 취약하다는 점은 염려되는 부분이다. 국제 금융 시장의 위험이 국내 경제로 전이되기 쉽고 앞으로도 그럴 가능성이 여전히 많다는 점에서 이 문제는 앞으로도 세계 경제의 불안정성을 대비하기 위한 우리 경제 시스템을 다시 설계하는 데에 크게 참조해야 할 부분이다.

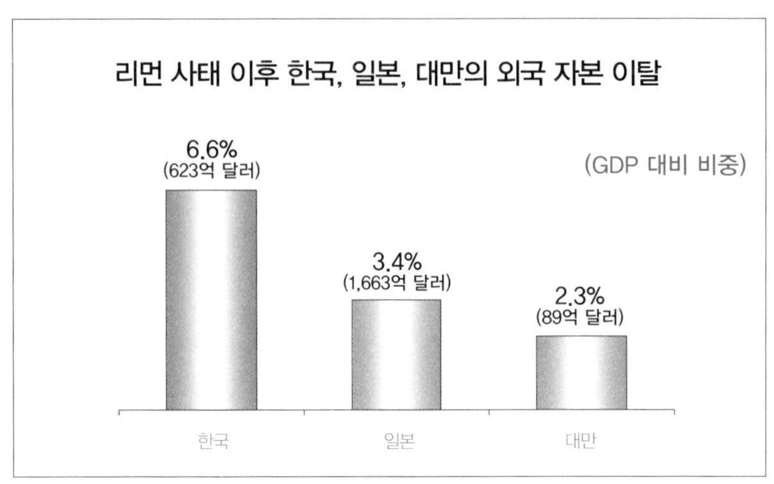

2008년 4분기 중 외국인의 주식 및 채권 투자와 대출 자금의 순유출

누리엘 루비니(이하 루비니) : 나는 김주형 박사의 한국 경제에 대한 단기 및 중기적 전망에 대해 매우 동의한다. 수출 회복을 위해서는 부분적으로 통화 가치에 의존할 것이다. 원화 약세는 한국의 수출 경쟁력을 강화시켰고 한국 무역 구조는 매우 경쟁력이 있으며 생산적이고 역동적이다. 다른 한편으로는 이 회복이 확실히 중국 등 외부 회복에 의존된 것이기도 하다. 그것이 경제 성장으로부터 발생할 것인지 아닌지에 대해서는 좀 더 생각해 볼 여지가 있는데 나는 회의적인 관점을 견지해 왔다.

한국의 국내 수요 측면에서 소비 성장은 실질 소득과 실질 임금의 성장, 그리고 고용 상황을 포함한 여러 요인에 기인할 것이다. 비교적 낮은 가계 저축률과 높은 수준의 가계 부채율은 소비 성장을 억제할 것이다. 더군다나 상대 성장은 위기 이전 연도만큼 높지는 않을 것이다. 이런 제약들을 고려해 보면 회복 이후 잠재적 성장으로 돌아서는 것은 최소 몇 년은 걸릴 것으로 보인다.

최근 남북 안보 관계에 있어서의 긴장이 고조되는 것이 과연 한국 경제에 어떤 영향을 미칠 것인가도 생각해 볼 문제이다. 북한과의 긴장감 측면에서 한국 시장과 투자자들은 이미 이런 위험 요인들을 뛰어넘어 왔으며 시장 상황 역시 가파른 침체의 움직임은 보이지 않았다. 이런 위험 요인들은 시간이 지나면 사라질 것이라는 투자자들의 믿음을 반영하고 있는 것 같다. 한국은 오랜 시간 동안 그런 지정학적 위험 요인을 안고 살아왔다. 가끔 위험 요인들이 강화될 때도 있으며 또 완화될 때도 있었다. 그러나 이 요인들이 투자자, 사업자, 소비자들의 확신에 대해서 크게 영향을 미치지는 않는 것으로 보인다. 우리는 그런 지정학적 긴장이 완화되는 것을 바랄 수밖에 없다. 만약 이런 긴장감들이 급격하게 고조된다면 시간이 흐를수록 경제적 확신에 대해 부정적 영향을 미칠 것이기 때문이다.

금융 문제

정기영 : 2008년 글로벌 금융 위기를 맞아서 한국의 금융 시장은 금융 위기의 진원지가 이곳이 아님에도 불구하고 상당히 큰 타격을 받았다. 그래서 외환 시장의 경우 안정시에는 1달러당 910~920원 정도였던 환율이 2009년 초에는 1달러당 1,570~1,580원까지 치솟는 취약성을 보였다. 주식 시장도 원래 2,000을 넘었던 코스피 지수가 반 토막 이하로 떨어지는 충격을 받았다. 이렇게 큰 영향을 받은 가장 큰 원인은 한국 금융 시장이 IMF 외환 위기 이후 상당히 개방도가 높아져 외국인

투자자들의 자금이 상당히 많이 투입돼 있었기 때문이다. 이로 인해서 매우 빠른 시간 안에 시장이 교란되는 영향을 미친 것 같다.

그런데 2009년 3월 위기설 이후 글로벌 금융 시장이 급격히 안정돼 가는 모습을 보이면서 국내 금융 시장도 안정을 찾아 가고 있다. 그래서 3월 이후 1달러당 1,580~1,590원이던 환율이 지금은 1,250원대로 안정되고 주식 시장도 지난 3월에 비해서 20~30퍼센트나 상승했다. 다시 말해, 글로벌 금융 시장이 안정을 찾는 데에 기인해서 한국의 금융 시장도 상당히 안정돼 있다는 것이다. 그렇다면 향후에도 한국의 금융 시장이 글로벌 금융 시장의 영향을 상당히 많이 받을 것이라고 예상할 수 있다.

내 생각에는 글로벌 금융 시장은 아직 잠재적인 불안 요소들이 많다. 영국 금융 기관을 포함한 유럽 금융 기관들의 부실 문제 등 많은 우려할 사항들이 있기 때문이다. 그러나 2008년이나 2009년 초에 비해서 지금은 그래도 상당히 안정됐다고 말할 수 있으며 이에 따라서 한국 금융 시장도 2009년 말부터 2010년 초에는 더 안정을 찾을 것으로 예상하고 있다.

외환 시장의 측면에서 보면 물론 장기적으로 그 나라의 여러 경제 변수에 의해서 환율이 결정되겠지만 단기적으로는 외환 수급이 중대한 영향을 미친다. 이런 측면에서 한국의 단기 경상 수지와 자본 거래에서 상당한 흑자를 기대할 수 있기 때문에 국내에 달러 유입이 예상된다.

주식 시장의 경우 현재 외국인 투자 자금이 많이 유입되기 때문에 그에 따라서 주가도 상승 압력을 받고 있다. 그러나 최근 북핵 문제가 터지는 등 한국 특유의 지정학적 리스크가 드러나고 있다. 지금 북핵 문제가 이 정도 수준으로 그친다면 외환 시장이나 주식 시장에 큰 영향은 없겠지만 앞으로도 북한이 다른 각도로 위험도를 높인다면 사실상 금융 시장은 실물 경제보다 훨씬 빠르게 영향을 받아서 한국 금융 시장은 매우 위험한 상태에 놓일 수도 있다.

금융 기관 문제도 살펴보자. 우리나라 금융 기관은 금융 시장에 비해 상당히 영향을 적게 받았다. 금융 위기의 진원지인 미국이나 유럽 같은 경우에 서브 프라임 모기지 관련 채권에 너무 많은 투자를 했기 때문에 그의 부실화로 인해서 미국의 투자 은행(IB), 미국의 상업 은행(CB), 유럽의 은행들이 상당한 타격을 입었다. 그러나 우리나라 금융 기관은 그런 서브 프라임 모기지 관련 채권에 투자를 많이 하지 않았기 때문에 비교적 영향을 적게 받았다. 그러나 우리나라 은행의 높은 예대 비율이나 높은 단기 차입 비율 때문에 한국의 금융 기관도 역시 피해를 입은 부분이 있다. 그러나 정부에서 긴급하게 유동성을 지원하고 또 자본을 확충하고 부실 채권의 구조 조정을 위해서 여러 조치를 취했다. 이 덕분에 미국이나 유럽의 금융 기관에 비해서는 우리나라 금융 기관이 상당히 안정돼 있다고 보는 것이다.

이런 위기를 겪으면서 앞으로 우리가 금융 선진화를 위해서 몇 가지 풀어 가야 할 정책 과제가 있다. 그중 하나는 금융 시장과 금융 기관의 구조 조정을 신속히 추진해야 한다는 것이다. 정부는 금융 기관의 자기 자본비율이나 금전성을 높이고 또 자본 확충을 하기 위해서 20조 정도 규모의 자본 확충 펀드를 만들었다. 그 다음으로 부실 채권을 정리하기 위해 부실 구조 조정 기금을 마련했다. 부실 채권을 빨리 조정함으로써 금융 기관이 우선 건전해져야 우리나라 금융 기관을 중심으로 한 기업 구조 조정을 할 수 있기 때문이다. 지금 정부에서 기업 구조 조정을 하기 위해서 여러 가지 방안을 내놓고 있지만 본격적으로 금융 기관이 선도하지 않는 이상 기업 구조 조정도 상당히 어려울 것이다. 그렇기 때문에 금융 구조 조정은 신속히 추진돼야 된다.

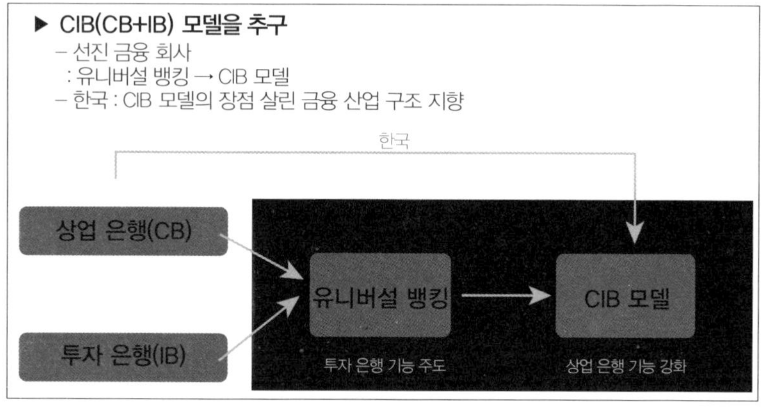

금융 비즈니스 모델의 재정립

그리고 금융 기관의 금융 비즈니스 모델이 재정립돼야 한다. 지금껏 영미식의 금융은 투자 은행을 중심으로 발달돼 있었지만 앞으로는 상업 은행의 기능도 강화되는 모습을 보여야 한다. 그래서 앞으로 금융 기관의 모형은 CIB, 즉 상업 은행과 투자 은행이 균형적으로 발전되는 비즈니스 모델을 추구해야 한다.

그뿐만 아니라 금융 시장의 구조 개선도 이루어져야 한다. 물론 규제는 완화돼야 하겠지만 일부 규제 가운데에서 금융 기관의 리스크를 관리하는 측면에 대해서는 규제가 강화돼야 한다. 또한 감독 체계도 개선돼야 앞으로 우리나라 금융 시장이나 금융 기관이 건전해지는 계기가 마련될 것이다.

김종석 : 금융 기관 구조 조정을 어떻게 할 것인가에 대한 내 생각은 이렇다. 10년 전 위기를 거치면서 물론 시행착오도 있었지만 한국 정부나 금융 기관, 기업계의 구조 조정과 부실 개선에 대한 노하우는 많이 축적돼 있다. 또 그때 도입된 시스템, 즉 제도적 장치가 우리 경제에서 작동되어 왔다. 지금 이 시스템이 잘 작동되지 않는 이유는 위기감이 덜하기 때문인 것으로 보인다. 10년 전에는 대기업이 무너지고 은행이 부실화되자 무조건 구조 조정을 했다. 그러나 요즘은 아직 부도가 나지 않은 기업을 부도가 날 것 같다고 해서 구조 조정을 한다고 한다. 그래서 2008년 말부터 시작됐는데도 2009년 5월까지도 구조 조정이 충분히 이루어지지 않았다. 그리고 이것이 우리 금융 시스템에 커다란 부담으로 작용할 것이다. 요즘 또다시 금융계에 훈풍이 불고 있지만 그 위기감을 늦춰서는 안 된다.

루비니 : 신흥 시장에서 많은 금융 기관들을 통해서 흔히 목격되는 특성은 그들이 해외 금융 기관으로부터 국경을 초월한 펀드를 받는다는 것이다. 지난 가을, 특히 한국의 금융 기관들은 국내 예금을 통한 대출로 자신의 필요 액수를 충분히 만족시킬 수 없게 되자 영국에 있는 해외 기관들에게 이 사실을 노출시켰다. 그 결과 한국의 은행들에 대해서 추가적인 압력을 행사하는 해외 기관들에 의해서 상당한 자금 축소

가 발생할 수도 있다.

물론 한국이 직면하고 있던 다른 리스크는 2009년 초 금융 시스템과 몇 가지 부분의 기업 시스템 모두에서의 외화 부채로부터 왔다. 한국은 외환 보유율이 상당히 높은 동시에 만기 연장 시기가 다가오는 단기 부채 역시 상당했다. 이에 대한 압력도 있었다. 지금은 유출된 자본이 되돌아오고 있으며 보유율은 증가하고 있다. 사설 부문으로부터의 이런 외환 부채에 대한 만기 연장은 제한되면서 모든 것이 안정돼 갔다.

아까 정기영 소장이 영국 은행에 대해서 언급했다. 영국인들은 현재 은행 시스템의 큰 덩어리를 실질적으로 차지함으로써 꽤 공격적인 행동을 취하고 있다. 여전히 효과적으로 민영화로 남아 있는 주요 은행들은 바클레이즈(Barclays) 와 HSBC뿐이다. 다른 은행들은 간접적이든 직접적이든 국유화됐다. 영국 금융 기관들로부터 기인한 시스템의 충격은 나머지 세계에 대해 부정적인 영향을 끼치고 있다. 그러나 이 기관들이 정부에 의해 지원받을 것이라는 기대로 현재는 다소 안정됐다. 이런 기관들은 여전히 피해를 입었지만 최소한 영국과 한국의 은행 시스템의 패닉 혹은 붕괴에 대한 리스크는 현재의 재정 적자로부터 흑자로, 보유고의 안정화 및 회복, 그리고 외부 채무에 대한 점차적인 감소로 개선되고 있다. 그리고 이런 과정들은 무질서한 방식으로라기보다는 점차적으로 발생하고 있다. 우리는 이를 통해 이 과정이 제어될 수 있다는 낙관적인 판단을 할 수 있다.

김준한 : 2008년 4사분기 들어서 전 세계적으로 무역량이 급감하고 있다. 그 이유는 경기 침체에 따른 수요 감소, 금융 시스템 붕괴로 인한 무역 금융과 소비자 금융의 마비로 교역 위축이 더해졌기 때문이다. 2009년 1사분기 중 주요국들의 수입 수요를 보면 대체로 최소 20퍼센트, 많게는 40퍼센트 정도 줄었다. 따라서 한국의 수출 역시 감소 현상을 지속하고 있다. 2009년 들어서 4월까지 전체적으로 전해에 비해서 23퍼센트 정도 감소한 것으로 집계되고 있다. 수출이 감소하고 있음에도 불구하고 수입이 그 이상 감소함에 따라서 무역 수지는 지난 2월 이후 흑자를 지속하면서 그 폭이 상당히 커지고 있는 추세이다. 이른바 불황형 흑자를 보이고 있다고 말할 수 있다.

1일 평균 수출량을 보면 2009년 1월에 10억 달러 미만이었다가 9억 9,000만 달러까지 내려갔는데 2월에 11억 5,000만 달러, 3월에 11억 7,000만 달러, 4월에는 거의 13억 달러 정도로 꾸준히 개선되고 있다. 환율 효과가 수출 개선에 큰 영향을 미쳤다. 2009년 1사분기 중 원 달러 환율은 거의 50퍼센트 정도 평가절하됐다. 그리고 특히 엔에 대한 환율은 66퍼센트 정도 평가절하됐다. 그만큼 우리의 가격 경쟁력이 높아져서 수출 감소율이 상대적으로 적게 나타난 것으로 분석해 볼 수 있다. 이런 추세는 이제 환율 안정으로 인해서 그 효과가 덜해질 수 있겠지만 지표상에서 2009년 4사분기에는 플러스 수출로 전환될 가능성이 있다고 본다. 이는 전적으로 2008년 4사분기부터 본격적으로 수출이 감소했기 때문이기도 하다.

IMF에서는 2009년 세계 무역이 11퍼센트 정도 감소할 것으로 예상하고 있다. 내년에는 세계 무역이 거의 정체 수준에 달할 것이라고 보인다. 역시 수출 환경은 그만큼 어렵다는 말이다.

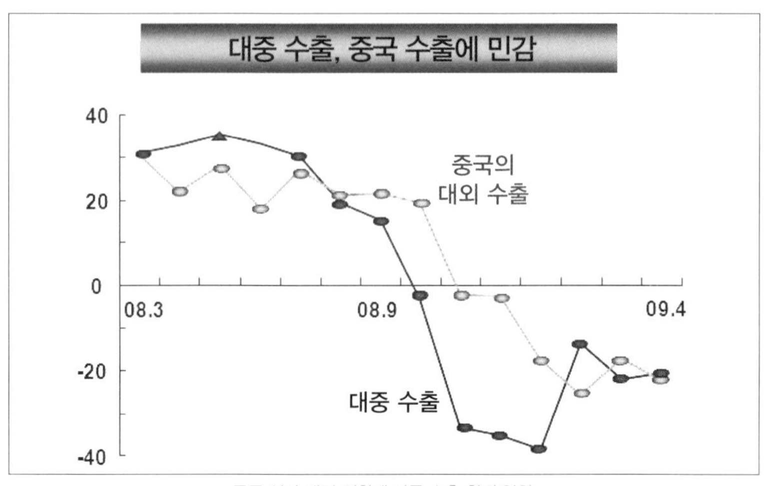

중국 성장 패턴 전환에 따른 수출 환경 악화

우리의 교역과 관련해서 한 가지 짚어 볼 사항이 있다. 우리의 최대 수출 대상국인 중국과의 수출 구조에 있어서 우리가 개선해야 할 부분이 굉장히 많다. 우리나라 대중 수출이 차지하고 있는 비중은 22퍼센트 정도이다. 그런데 수출의 70퍼센트 정도는 중국의 해외 수출용 자재로 공급되고 있고 30퍼센트 정도만이 중국 내수 시장을 겨냥한 수출이라고 분석하고 있다. 따라서 중국의 수출이 줄어들면 자연히 우리의 대중 수출도 줄어들 수밖에 없는 취약한 구조라는 것이다. 현재 중국은 경제 성장률이 다소 둔화되기는 했지만 벌써 1인당 소득이 3,000달러 수준에 도달하면서 빠르게 경기를 회복하고 있다. 앞으로 중국의 경제 성장 패턴도 내수를 중심으로 한 성장 패턴을 유지할 것으로 예상하고 있다.

중국이 이제까지는 세계의 공장 역할을 해 왔지만 앞으로는 세계의 소비 시장으로서의 역할이 커질 것이다. 따라서 우리의 대중 수출 구조도 내수 중심으로 전환해야 한다는 점을 지적하고 싶다.

최근 경제 하락세 관련 논란에 대해서 살펴보자. 물론 전반적으로는 많이 나아졌지만 원자재에 대한 수요의 폭이 조금씩 줄어들면서 원자재 가격이 상당히 빠르게 상승하고 있는 추세이다. 원유에 대해서는 다시 언급이 있겠지만 2월 대비 가격이 80퍼센트 정도 상승했고 구리나 납 같은 경우에도 40~50퍼센트 정도 상승했다. 원자재 비축을 위한 비축 물량 확대가 원자재 가격 상승에 상당한 영향을 주고 있다. 또 한편으로는 달러 약세가 원자재 가격 상승에 일조하고 있다. 그러나 현재 경기 침체가 어느 정도 장기화될 전망이기 때문에 수급 측면에 있어서는 아직까지 원자재 가격 상승 요인은 그렇게 크지 않다고 볼 수 있다. 현재 각국에서 보유하고 있는 재고 수준도 종전보다는 상당히 높은 수준이다. 그런 측면에서 볼 때 원자재 가격의 추가 상승 여지는 상당히 제한적이라고 볼 수 있겠다.

그러나 중기적으로 볼 때 전 세계적으로 유동성이 많이 풀려 있는 상태이다. 우리의 부동 자금 문제가 자주 지적되고 있지만 이런 세계적인 과잉 유동성이 원자재 시장으로 유입돼서 원자재 가격이 상승할 가능성이 있다. 이와 맞물려서 그동안 낮은 원자재 가격 수준으로 말미암아 원자재 관련 투자가 다소 미흡했는데 이것은 장기적인 공급 제약 요인으로 작용할 수도 있다.

박우규 : 이번에는 그동안 원유 가격이 전반적으로 상승한 이유를 살펴보자. 크게 보면 세 가지의 원인이 있다. 그동안 오랫동안 저유가 상태가 지속되면서 원유 공급 능력 향상을 위한 투자를 많이 하지 않았다. 게다가 쉽고 싸게 얻을 수 있는 수 있는 좋은 원유 공급처가 거의 고갈돼서 높은 비용이 아니면 원유 공급을 확대하기가 상당히 어려운 처지에 있다. 중국 같은 나라가 과거 4~5년간 전 세계 석유 수요의 4배 정도 그리고 인도는 2배 정도 빠른 속도로 원유를 소비했다. 그로 인해 원유 공급이 굉장히 빠듯해졌고 거기에 달러 약세까지 더해져서 투기 자본이 원유 시장으로 몰리며 원유 가격이 갑자기 150달러까지도 폭등했던 영향이 컸다고 본다.

그렇다면 앞으로 원유 시장의 전망은 어떻게 될 것인가? 전 세계적으로 수요가 줄면서 한때 유가가 급락했지만 현재는 60달러대로 다시 올라섰다. 그런데 삼성경제연구소에서 얼마 전 발표된 자료에 따르면 유가가 75달러 이상 오를 때 우리의 무역 수지, 경상 수지가 적자로 돌아설 수 있다고 지적하며 원유 가격의 중요성과 영향에 대해 환기시킨 바 있다.

올해는 전 세계의 수요가 줄었기 때문에 유가는 60달러 정도를 유지할 것이다. 그렇지만 각종 전망 기관에서는 만약 세계 수요가 살아난다면 90달러까지도 오를 것이라고 예상하고 있다. 오늘 아침 「파이낸셜 타임즈」를 본 사람들은 알겠지만 OPEC 총회에 참석한 사우디 오일상이 말하기를, 지금 세계 경제는 굉장히 건실하기 때문에 유가 75~80달러까지는 충분히 받아들일 수 있다고 얘기하면서 원유 감산을 계속 유지하겠다고 했다. 따라서 당분간 유가는 계속 오를 것이라고 봐야 할 것 같다.

장기적으로는 앞으로 5년 이내에 유가가 120달러까지 상승할 것이라고 보는 전망 기관이 많다. 그럴 경우 경상 수지나 국제 수지의 균형 유지에 굉장한 어려움을 겪을 수 있기 때문에 우리는 원자력이나 신재생 에너지에 관한 더 많은 투자를 단행해야 할 것이다.

김주형 : 수출 감소에 따라서 내수 진작이 필요하다고 했다. 그런데 원자재 값의 상승 전망 때문에 위 계획에 다소 한계가 있을 것으로 본다. 사실 우리는 기대 수준을 조금 낮춰야 한다. 2003년부터 2008년까지 세계 경제의 성장률이 4퍼센트를 넘었었다. 이런 세계적인 고성장 자체가 역사상 없었던 일이다. 사실은 IT 버블 붕괴 이후에 각국의 저금리 정책이 중국의 저가 공급으로 인해서 오랫동안 가능했고 그로 인해서 많은 국제 유동성이 생겼던 것이다. 이런 유동성의 폭발적인 증가가 결국 파생 금융 상품의 증가로 이어졌고 결국 지금과 같은 조정을 겪고 있는 것이다.

4퍼센트가 넘는 세계 경제 성장이 불러온 또 한 가지 결과가 있다면 유가 급등과 같은 자원 가격의 상승이다. 다시 말하면 우리의 실물 경제나 자원 조건으로는 이전처럼 성장할 수 없다. 그래서 지속 가능하기 어려운 성장이라고 말하는 것이다. 앞으로 장기 경제 성장을 예측할 때에는 과거보다 낮은 정도로 생각해야 한다.

또 수출이나 교역의 증가 자체도 지난 몇 년 동안 기대했던 수준으로 돌아가기는 어려울 것이다. 아까 김준한 소장이 말한 것처럼 중국으로의 수출 중에서 70퍼센트 정도가 중국의 수출용 수출인데 이런 부분은 순수한 내수 수출로 볼 수 없다. 지난 10년 동안 한국 기업과 중국 기업 간 분업이 굉장히 긴밀하게 이어져 왔다. 사실 '황해 경제권'이라고 할 정도로 생산과 생산 아닌 부분 간의 분업이 한국 기업들의 경쟁력을 지속적으로 강화시켜 왔고 물론 중국의 경제 성장에도 기여를 해 왔다. 따라서 이것은 수입과 수출이라기보다는 양국이 상생하기 위한 국제적 분업의 결과로 보는 게 옳다.

대중 수출을 목표로 해야 한다는 것은 많은 기업들이 생각하고 있는 것이다. 그러나 과거의 경험에 비추어 본다면 영미식 경제의 경우에는 외국 기업이 자신의 브랜드로 그 시장을 장악하는 것이 상당히 쉬웠지만 일본이나 한국, 대만과 같은 아시아 국가 시장에서는 외국 기업이 소비자를 상대로 직접 시장을 확대하는 데에 굉장히 큰 어려움을 갖고 있다. 오히려 그 나라 기업의 성공을 도와주면서 시장을 확보하는 것은 가능하겠지만 개별 시장에 들어가서 자신의 브랜드를 성공시키는 것은 매우 어렵다. 물론 앞으로도 많은 노력이 필요하겠지만 그런 면에서 어려움을 겪고 있는 것은 사실이며 당장 개선하기도 쉽지는 않을 것이다.

김준한 : 지난 4~5년간 우리나라의 내수는 연 평균 4퍼센트의 성장률을 유지했으나 현재는 줄었다. 또 성장 기여율을 보면 수출의 역할이 컸다. 현재 내수 소비 증가율은 1~2퍼센트대에 그쳤다. 그 요인은 가계 부채가 지나치게 빠른 속도로 늘어나서 그것이 내수 소비를 증대시

키는 데에 큰 제약 요인으로 작용했기 때문이다. 일례로 2007년 한국의 가계 부분에서 연간 이자 부담은 47조 원 정도로 전체 소비의 10퍼센트를 점유했다. 우리나라가 이번 금융 위기를 맞아 금리를 인하하는 데에 주력한 이유도 바로 가계 부채와 무관하지 않다.

가계 소비 증가에는 고용 구조도 관계가 있다. 한국은 서비스업이나 자영업의 비중이 다른 나라에 비해 지나치게 높은 편이다. 전체 고용의 3분의 1 정도가 자영업자이다. 문제는 불황에는 자영업이 굉장히 취약하다는 것이다. 내수를 진작시키는 자영업이 다시 일어남으로써 내수 성장에 도움이 될 수도 있지만 내수와 자영업은 밀접히 맞물려 있기 때문에 자영업의 침체가 내수 침체로 이어지는 결과를 낳을 수도 있다. 이런 침체의 실마리를 어디서부터 풀어야 할지 함께 고민해야 할 중요한 과제이다.

고용·실업·노사 문제

박우규 : 내수는 일자리 문제와 밀접하게 관련된다. 물론 내수 여건이 어려운 것은 사실이다. 부족한 일자리 문제를 해결하기 위해서 자영업을 늘리자니 내수에서 어려움을 말하는 사람들이 많다. 기본으로 돌아가서 전반적인 내수 여건을 다시 한 번 살펴봐야 할 것이다.

사실 IMF 외환 위기 이후에 우리는 내수 호황을 누려 본 적이 없었다. 5~10년 동안 내수 불황을 겪었으나 수출이 워낙 좋아서 우리가 겪고 있던 내수 불황을 미처 인식하지 못했다. 그런데 수출이 급격히 감소하자 내수 불황의 심각성을 느끼고 있는 것이다. 그렇다면 앞으로 내

수 불황은 과연 어떻게 될까?

현재의 내수 여건은 IMF 외환 위기 때보다도 더 나쁘다. 내수 침체가 장기화될 가능성이 많다. 4월에 IMF에서 나온 자료에 따르면 전 세계적으로 수요가 공급에 못 미치는 상황이 앞으로 5년 이상 지속될 것이고 5년 후에도 이는 해소가 안 될 것이라고 한다. 다시 말해, 수출 부진이 장기화될 것이라는 전망이다. 그렇게 되면 우리나라 기업의 수익률이 악화될 것이고 김준한 원장이 말한 것처럼 가계 부채가 해소되기는 어려울 것이다.

또한 2009년 1사분기에는 정부의 노력으로 재정 상황이 많이 안정됐으나 이후에는 굉장히 나빠질 것으로 예상한다. 2009년 말에 이르면 2008년 말에 비해 국가 부채가 5퍼센트 이상 늘어나는 심각한 상황이 올 것이다. 이런 취약한 상황에서는 내수가 살아나기 어렵고 고용 시장 악화 또한 장기화될 것으로 본다.

김주형 원장은 우리의 수출 기반에 대해서 긍정적으로 평가했다. 그런데 2009년 4월의 고용 지표를 보면 우리 제조업의 고용률이 매우 빠른 속도로 감소하고 있음을 알 수 있다. 이는 당장 환율 효과 때문에 수출이 늘어나고 수입은 줄어들어서 무역 흑자가 늘어났지만 제조 기반은 상당히 약해지고 있다는 것을 의미한다. 자영업이나 내수 기반이 약한 환경하에서 제조업마저 빠른 속도로 무너지면 어떻게 해야 할지 함께 고민해 볼 문제이다.

또 하나 문제는 취업자의 수뿐만 아니라 노동 기간도 굉장히 빠른 속도로 줄어들고 있다는 점이다. 한창 일해야 할 30~59세 연령대의 경제활동 인구가 굉장히 빠른 속도로 줄어들고 있다. 실업 통계는 정확히 잡히는 것이 아니다. 가령, 통계상에서는 잡히지 않지만 비경제활동 인구 중에서 "그냥 쉬었다." "구직을 그만뒀다."라고 말하는 사람까지 포함한다면 실제로 일하고 싶은데 하지 못하는 사람이 300만 명에 육박한 상황이다.

앞서 말했듯이 기본으로 돌아가지 않으면 안 된다. 이 상황에서 우리가 세계 시장 여건이 회복되기를 바라면서 수출이 느는 데에만 의지할 수도 없다. 재정이 악화되고 있는 현 시점에서 "정부는 돈을 빨리 풀어서 경기를 부양해라."라고 할 수도 없다. 정부에서 해 주기만을 기다릴 것이 아니라 스스로 노동 시장을 개혁해야 한다.

예를 들어, 독일에서 2004년에 노동 시장 유연화를 목적으로 노동 개혁을 했다. 노동 개혁을 통해 정규직 근로자 해고를 원활하게 하고 파견 근로에 관한 규제를 완화했다. 이는 지금 한국이 당면한 두 개의 문제와 같다. 독일은 개혁 이후 3년 이상 지속적으로 매년 50만 개의 일자리가 늘어났다.

한국과 비즈니스를 하고 있는 외국인들을 대상으로 한 설문 조사 결과 현재 국제경영개발 연구소(IDM)에서 평가한 한국의 노동 경쟁력은 57개국 중 56위이다. 우리나라 근로자가 공장을 부수고 화염병을 던지고 빨간 머리띠를 매고 노동 쟁의하는 모습을 없애 준다면 국외 언론들 역시 한국의 노동 시장이 개선됐다고 인식을 바꿀 것이다. 인식이 바뀌면 외국인 기업 투자자들도 늘어날 것이고 중국으로 나간 여러 기업들도 국내로 돌아올 수 있다. 반대만 할 것이 아니라 근로자가 앞장서서 근로 시장 개혁을 요구할 때가 왔다. 노동 시장의 개혁 목표는 "More work more pay." 즉, 일자리를 더 창출하고 많이 일해서 많이 받자는 것이다. 사실 이 모토는 고 최종연 회장이 오랫동안 말한 것인데 당시에는 별로 주목을 받지 못했다. 그러나 지금이야말로 우리가 이 말을 실천에 옮길 때이다.

해외로 나갔던 중소기업과 대기업이 다시 돌아올 수 있도록 우리가 인프라를 제공해 준다면 우리나라에서 세계 최고의 기업이 나올 가능성이 충분하다. 예를 들어, 현대 중공업은 1995년 이후에 15년간 노사 분규가 없었다. 그 결과 이 회사는 엄청난 기술을 개발하면서 세계 1위의 조선소가 됐다. 현대 중공업의 경쟁력은 일본이나 중국 등 경쟁 국가에 비해 매우 강하다. 모 자동차 회사는 1987년 이후 지금까지 22년 동안 단 한 해만 빼고 매년 노사 분규를 해 왔다. 그러나 이런 회사의 경우에도 노동 유연성이 높아진다면 세계 최고의 자동차 회사가 될 수 있을 것이다.

루비니 : 나는 한국의 고용 시장의 세세한 사정에 대해 밝지 않다. 하지만 미국을 포함한 많은 국가에 대한 관찰을 기초로 해 보면 경기 침체로부터 벗어날 때 일자리 손실은 당분간 지속되는 경향이 있으며 실업률도 증가할 것이다. 과거 두 번의 불경기를 겪는 동안 미국에서 일자리 감소는 2년 반 정도 지속됐다. 국가별로 서로 다른 패턴을 보이기 때문에 이는 한국에서는 해당되지 않는 상황일 수도 있지만 고려해야 할 부분이기는 하다.

또 다른 이슈는 몇 가지 부정적인 피드백들이 돌고 있는 것이다. 만약 일자리 손실이 지속되고 실질 임금과 실질 소득 성장이 확고하지 않다면 국내 소비의 회복 역시 왕성해지지 않으리라는 것을 의미한다. 만약 이것이 강하게 나타나지 않는다면 전반적인 성장은 없을 것이며 고용 회복 역시 강하지 않을 것이다.

한국은 매우 이중적인 경제 구조를 가지고 있다. 한편으로는 매우 경쟁력 있고 효율적이면서 혁신적인 무역 기반을 가지고 있다. 그러나 비무역 서비스 부문에서는 생산성과 성장세가 매우 낮다. 서비스 부문의 생산성을 증가시킬 수 있는 기업 혁신 전략은 공급적인 부분, 근로자들의 스킬과 소득을 증가시키는 부분 모두에 긍정적인 영향을 미칠 것이다. 이 부문에서의 발전은 장기적인 수요 또한 부양시킬 것이다. 그러므로 서비스 부문에서 좀 더 나은 생산성을 이끄는 개혁은 수요와 공급 모두에 유익할 것이다.

김종석 : 우리나라 일자리 문제에 대해서 시기별로 원인을 따져 볼 필요가 있다. 10년 전에는 대기업이나 은행, 기업들이 감원하고 도산하면서 대량 실업이 발생했다. 그러나 지금 100만 명이 넘는 것으로 추정되는 실업 발생 원인은 상당 부분이 영세 자영업자나 일용직 근로자에 있다. 그래서 현재 진행되는 일자리 창출 문제 있어서 기업의 고용 능력보다는 오히려 이런 영세 자영업자 또는 일용직 근로자들의 고용 안정성이 정책의 우선순위가 돼야 한다.

정기영 : 일자리 문제에 관해서 삼성경제연구소가 글로벌 30~40대 기업의 위기 이후 경영 패턴이 어떻게 변화하는가를 조사한 적이 있다. 대부분의 세계적인 기업이 이번 글로벌 금융 위기를 겪으면서 경쟁력을 갖추기 위해 사업과 조직의 구조 조정뿐만 아니라 인력 구조 조정을 시행하고 있다. 위기 이후에 다시 경쟁력을 갖추기 위해서 '선(先) 비용 절감과 구조 조정, 후(後) 공격 경영'이라는 모토 아래에서 준비하고 있다는 것이다. 그러나 한국을 보면 일본이나 구미 기업과 같이 강력한 구조 조정 등의 경제 회복 대비책을 마련하고 있는지 다소 의심스럽다. 기업들은 정부 정책에 호응해서 일자리 나누기 또는 여러 가지 방법으로 고용을 유지하기 위해서 굉장히 노력을 하고 있다. 그러나 김종석 교수가 지적한 대로 현재 발생하는 실업 문제는 영세 자영업자와 같은 부분에서 많이 발생하고 있다.

또 지적하고 싶은 것이 있다. 각 연구소에서 한국의 2009년 경제 성장률을 마이너스 2퍼센트 중반대로 잡고 있지만 그중 수출 부분에 착시 현상이 끼어 있다는 점이다. 선박 수출에 대해서 2009년에 수출 금액이 550억~600억 달러로 잡혀 있다. 그런데 사실상 이 액수는 2~3년 전에 이미 체결한 선박 계약에 대해서 지불이 끝난 상태에서 2009년 배를 인도하면서 수출로 잡히는 것이다. 즉, 현금 흐름과 수출 실적으로 잡히는 것에 사실상 차이가 있다. 수출 실적에는 550억~600억 달러가 잡힐지 모르지만 실제로 지불이 2009년에 일어나는 것은 아니다. 여기서 문제는 사실상 2009년 선박 수출의 수주량이 거의 없다는 점이다. 이것은 2~3년 후에 그만큼 수출 물량이 잡히지 않는다는 것을 뜻한다. 이런 식의 수출 착시 현상이 있을 수 있다.

재정 부분에 있어서도 2009년 추경 예산을 30조 원 정도 잡아서 사실상 경기 부양을 위해서 노력해 왔다. 그것을 경제 성장률로 계산해 보니 약 0.8퍼센트 정도가 됐다. 아까 언급한 조선 사업의 수출이 0.2퍼센트 정도 성장의 효과가 있었다. 따라서 이 두 부분에 합계인 1퍼센트 정도를 빼면 실제로는 마이너스 3퍼센트 중반대의 성장을 하게 되는 것이다. 그런데 내년과 후년에도 계속 재정 확대나 추경 예산 확보를 할 수 있을까? 아마도 한국의 재정 문제가 이를 받쳐 주지 않는 이상 굉장히 어려울 것으로 보인다. 즉, 2009년은 그럭저럭 넘어갈 수 있을지 몰라도 내년이나 내후년에는 조선 산업 등에서 지속적인 재정 확대 정책을 펼치지 못한다고 가정했을 때 한국의 경제 성장에 매우 어두운 그림자가 드리워질 것이다.

위기 이후 성장 동력 문제

김종석 : 이번에는 위기 이후의 성장 동력을 어디에서 찾을 것인지에 관해서 발표하겠다. 이 위기가 지나간다면 한국 경제는 아마 세계 경제 회복의 혜택을 가장 빠르게 흡수할 것이라고 기대한다. 지금은 미국이나 유럽 등 선진국들의 주요 금융 기관이나 대기업들이 재정적으로 상당히 위험하고 부실한 상태에 놓여 있다. 그 후유증으로 인해서 복구에 오랜 시간이 걸릴 것으로 보인다.

이에 반해서 다행스럽게도 한국의 금융 기관이나 대기업들은 비교적 재무 상태가 건전하다. 특히 한국의 대표적인 수출 기업들은 선진국의 경쟁 기업들에 비해서 타격을 덜 받은 것처럼 보인다. 자동차, 조선, 철강, 반도체 분야에서 한국은 비교적 안정적인 모습을 보이고 있다.

한편 국제 금융 시장이 불안해서 한국에서 투자 자금이 대량으로 빠져나갔기 때문에 한국의 금융 시장이 타격을 받고 많은 교란을 겪은 바 있다. 그러나 바로 그 때문에 오히려 한국 금융 시장에 대해서 긍정적 인식이 생긴 부분도 있다. 한국에서는 빠른 자금 유출이 자유롭다는 인식이 생겨서 국제 금융 시장의 경색이 풀리면 투자 자금이 다시 한국으로 가장 빨리 유입될 수 있을 것이라는 기대를 가지게 된다. 이런 이점을 최대한 활용하여 잠재 성장력을 극대화해야 한다.

1990년대 초에 9퍼센트대에 달했던 한국 경제의 성장 잠재력이 지금은 4퍼센트대까지 감소하고 있다. 그리고 이 감소 추세는 어제오늘 일이 아니고 지속적인 것으로 보인다. 이 추세를 중장기적으로 바꾸지 않으면 언젠가는 한국 경제의 성장 잠재력이 1퍼센트 미만으로 소진될 가능성도 있다. 지금 이런 경제 위기 속에서 우리가 미래를 준비하기 위해서는 구조 조정과 더불어 성장 잠재력을 올리는 것에 정책의 역량과 우선순위를 집중해야 할 것이다. 성장 잠재력의 중요성은 경제학계에서나 정책 분야에서 이미 입증돼 있다.

성장 잠재력을 결정하는 변수는 일단 자본이 많은가 하는 것이다. 여기서 자본은 인적 자본과 물적 자본을 말한다. 즉, 자본이 많다는 의미는 높은 경제 활동 참가율을 뜻한다. 일하고자 하는 사람이 많아야 하고 경제 활동 참가율이 높아야 한다. 그러나 지금 우리나라는 이 경제 활동 참가율이 추세적으로 계속 내려가고 있다. 앞에서 박우규 박사도 말했듯이 고용 제도를 개선해서 일자리를 많이 창출하도록 노동 시장을 유연화하는 것이 중요하다. 또한 생산성을 높여야 한다. 총요소 생산성이 높은 경제가 성장 잠재력이 높다. 이를 결정짓는 여러 가지 변수가 있지만 무엇보다도 중요한 것은 개방성과 경쟁도이다. 한국 경제의 개방도와 대내외적인 경쟁도를 높이면 그만큼 우리 경제의 생산성도 높아진다.

지금은 여러 가지 힘든 점들이 있다. 하지만 인적 자원을 확충하기 위한 교육 개혁, 기업 환경 개선을 통한 투자 활성화, 노사 관계 개선과 고용 제도 개선을 통한 일자리 창출, 지속적인 개방과 경쟁과 같은 제도 개혁이 다가오는 세계 경제 회복기에 한국 경제가 도약할 수 있는 계기를 마련해 줄 것이다.

그럼 과연 어떤 산업이 미래의 성장 동력 산업이 될까? 요즘 많은 산업들이 그 후보로 물망에 오르고 있다. 국내외의 사례를 볼 때 어느 특정분야를 정부나 기업이 인위적으로 육성한다고 해서 그렇게 성공하기는 어렵다. 오히려 특정 산업에게 자원을 특혜적으로 몰아 줄 경우에 그 산업의 수익성은 올라가지만 대체로 경쟁력은 높아지지 않는다는 것을 경험적으로 습득했다. 오히려 정부의 역할은 특정 산업이나 기술을 선택해서 인위적으로 육성하기보다 기업인들과 기술을 가진 사람들이 자본과 결합해서 상용화할 수 있는 제도적 기반, 그리고 기업가 정신, 자유로운 기업 환경을 만들도록 하는 것이다. 이런 시행착오가 반복되면서 사양 산업 속에서도 선도 기업이 나오고 반대로 첨단 산업 속에서도 퇴출 기업이 나오는 과정이 생긴다.

김주형 : 김종석 교수가 넓은 측면을 잘 살펴 주었다. 이번에는 산업의 좁은 측면에서 글로벌 경쟁에 대해서 이야기하겠다.

이번 위기가 지나가면 주력 산업에서의 독과점화가 세계적으로 강화될 것이다. 많은 주력 산업에서 이류 경쟁자들은 떨어져 나가고 소수의 기업들이 세계 시장을 독과점화해 나갈 것이다. 아마 그중 많은 부분을 한국 기업들이 차지할 수 있을 것으로 기대된다. 다만 그런 산업들은 시간이 흐르면 점점 전체 파이가 적어질 것이기 때문에 새로운 산업을 성장 동력으로 만들지 않으면 안 된다.

과거 역사를 살펴보더라도 영국이 선진국이 된 이후에 독일과 미국이 화학과 기계, 전기 산업으로 선진국이 됐고 제2차 세계 대전 이후에 일본이 가전 산업과 자동차를 통해 선진국이 됐다. 선진국이 된 나라는 어느 나라 할 것 없이 그 시대의 산업을 개척한 나라들이다. 즉, 남이 해 놓은 산업을 뒤따라가서 선진국이 된 나라는 없었다.

이 위기가 지나가면 에너지 자원의 고갈에 대비하기 위해서 신재생 에너지 산업이나 에너지 절감하는 기술들이 생겨날 것이고 그것이 경제 전체에 차지하는 비중이 높아질 것이다. 우리가 세계의 다른 기업들과 함께 신성장 산업을 개척해 나가고, 거기에 주도적으로 참여한다면 아마 이것은 우리 경제가 진정한 선진국으로 갈 수 있는 지름길이 될 것이다.

김준한 : 이런 기회를 어떻게 활용을 해야 할지에 대해서 더 많이 고민해 봐야 한다. 나는 상당히 어려운 상황임에도 불구하고 위기 이후

의 산업 구조와 경제 구도의 재편 속에서 우리가 우위를 선점하기 위해서는 지금의 위기 극복과 동시에 새로운 노력이 필요하다고 본다. 나는 특히 R&D가 핵심이라고 생각한다. 지금 한국 총 경제 규모에 비해서 R&D 투자 비율은 상당 수준에 이르긴 했지만 기업과 정부는 신종 주력 분야를 중심으로 해서 R&D에 더욱 애써야 할 것이다.

　루비니 : 모든 경제에서 성장은 증가하는 노동 생산성에 의존한다. 이는 인적 자본을 더하거나 자본 축적, 혹은 기술적 혁신에 의해 이루어질 수 있다. 구체적으로 우리는 한국 경제가 비교 우위를 가질 수 있는 새로운 부문이 무엇인지를 생각해야만 한다. 앞으로 몇 년간 우리는 녹색 경제에 대한 고민을 하게 될 것이다. 대체 에너지, 재생 가능 에너지를 개발하는 것은 모든 국가들이 자원 문제를 해결하는 데에 매우 중요한 부분이다. 특히, 한국과 같은 에너지 수입 국가에게는 더욱 중요하다. 나는 IT의 진보와 혁신, 그리고 응용이 매우 의미 있다고 생각한다. 가령, 한국은 텔레커뮤니케이션 분야에서 많은 이득을 취할 만큼 포지셔닝되어 있다. 또한 바이오 테크놀로지와 생명 과학에 대한 많은 이야기들도 나올 것이다. 한국은 이런 분야에 이미 많은 투자를 해 오고 있다. 미래의 성공 잠재력을 가진 많은 부문들이 한국에 있다. 나는 이런 분야에 투자하는 것이 장기적인 경제 성장을 유지할 첩경이라고 생각한다.

Interview

Q 이전에 당신이 경제 회복의 발전이나 징후를 논하던 논문에서의 입장과 이번 연설에서의 논조가 다른 것 같다. 좀 더 비관적인 전망을 하는 그 이유가 무엇인가?

누리엘 루비니(이하 루비니) : 현재의 내 의견은 기존에 썼던 것과 크게 다르지 않다. 논문에서도 나는 불경기가 2009년 6월에 끝나지 않을 것이며 2009년 말에 선진국에서 약한 회복세를 보이겠지만 몇 년 동안은 큰 호황이 없을 것이라고 말했다.

Q 동아시아 경제는 어떤 상태이며 위기를 회복할 방법은 무엇인가?

루비니 : 앞서 언급했던 것처럼 선진국의 경제 회복이 금융적 불균형 때문에 느려질 것이라고 본다. 아시아와 신흥 시장 경제의 경우에는 잠재 성장률의 회귀가 미국의 회복 시기에 의존하게 될 것이다. 세계 경제가 곧 잠재 성장률로 돌아갈 것이라고 기대하지 않는다.

나는 신흥 시장과 아시아에서의 거시 및 금융 기초가 선진화된 경제보다 더 강하다고 말했다. 이런 나라들에서 좀 더 적극적이고 옳은 방향으로 정책적 반응이 있긴 했지만 중국은 여전히 잠재 성장률보다 훨씬 덜 성장하고 있다. 2009년 나는 중국의 성장률이 6퍼센트가 될 것이라고 예상했다. 이것은 이루어졌지만 충분하지는 않다.

Q 최근 통화 완화 정책과 함께 한국의 단기 경제의 미래에 대해 어떻게 생각하는가? 그리고 산업 분야에서 한국이 장기적으로 추구해야 할 것은 무엇인가?

루비니 : 나는 2010년의 한국의 경제 성장률이 잠재 성장률 4퍼센트보다 낮을 것이라고 생각한다. 단, IMF의 추정치인 1.7퍼센트보다는 높을 것으로 본다.

여전히 복합적인 양상을 보이지만 최근 한국의 경제 지표는 회복의 초기 단계를 보여 준다. 그러나 선진국의 경제가 충분히 빠르게 회복되지 않고 중국의 성장 속도가 다시 둔화되기 시작한다면 한국 경제 역시 침체의 위험이 있다고 생각한다. 내년에는 미국과 중국의 상황에 크게 의존할 것으로 전망한다.

나는 다른 사람들보다 주의 깊은 편이며 사실 약간 비관적이다. 심지어 한국에서조차 성장률은 내년 잠재 성장률을 밑돌 것이라는 IMF의 의견에 동의한다. 대체적으로 잠재 성장률을 밑돌든 아니든 한국의 경제 성장률은 결과적으로 세계의 전망과 한국 국내 정책에 의해서 결정될 것이다.

한국 국내 정책에 대해서 말하자면 통화를 완화하는 것은 적절한 조치였다. 더 완화하거나 중앙은행이 보유액을 유지하거나 유동성과 금리를 올리거나 하는 조치는 회복의 정도에 달려 있다. 여기에서 정책적 행동은 실제 데이터 분석에 기초해야 한다.

한국의 세제 정책은 개인 수요가 하락한 경제 상황에서 금융 시스템을 보조하기 위해 적절했다. 게다가 중장기적으로 한국은 내가 앞서 연설했던 일련의 구조 개혁을 통해 성장률을 높일 것이다.

IT와 함께 세계 경제의 장기적 성장 자원은 대체 가능하고 재생 가능한 에너지일 것이다. 그것은 단순한 산업 성장의 요소일 뿐 아니라 석유 수출 국가들에 대한 에너지 의존성을 감소시킬 수 있다. 또한 대체 에너지는 친환경적이며 현재의 무역 적자를 감소시키고 지구 온난화 방지에 도움이 될 것이다.

Q 한국 경제가 외부 충격에 잘 대비할 수 있는 조치들은 무엇인가?

루비니 : 한국의 무역 부분은 세계 시장에서 매우 효율적이고 경쟁력 있지만 서비스 부분에서의 성장 수준은 다소 낮다. 서비스의 다양성을 위해서 구조 조정과 합병이 필요하다. 이는 생산성의 성장, 경제 성장, 수요의 성장에 중요한 자원 중 하나가 될지도 모른다. 또한 아시아 지역에서 최종 상품과 서비스에 대한 수요가 증가한다면 한국은 미국의 성장에 덜 의존하게 될 것이다. 아시아 내부의 무역량이

지난 10여 년 동안 성장해 오긴 했지만 이 지역의 미국 의존도는 여전히 과잉 상태이다. 10년 전 한국은 직접 최종 상품을 생산했다. 그러나 오늘날 한국은 중국에 생산 라인을 팔고 그것을 미국에 판매하는 중간자로서 포지셔닝되고 있다.

그러나 아시아 내부 무역의 성장이 미국에 대한 독립을 뜻하는 것은 아니다. 직접적이든 간접적이든 한국과 나머지 아시아 국가들의 성장은 여전이 많은 부분을 미국에 의존하고 있다. 아시아 국가들이 최종 상품, 수요, 서비스에서 성장세를 보인다면 미국에 대한 의존도는 감소될 것이다. 그리고 외부의 변동에 더 독립적인 환경을 만들 수 있을 것이다.

Q 경제에서 자국 산업과 서비스에 대해 국가주의적인 태도나 보호주의적인 태도에 대해 어떤 생각을 가지고 있는가?

루비니 : 오늘날 세계 경제의 위험 중 하나는 보호주의이다. 11월 G20 회의에서 모든 나라는 무역 개방을 유지하도록 강압받았다. 그럼에도 불구하고 20개 중 17개국이 직접적이든 아니든 여러 가지 방식으로 보호주의 행동을 취하고 있는 것이 발견됐다.

그들 중 일부는 보조금의 형태나 국내 산업을 돕기 위한 간접적인 지원을 한다. 예를 들어, 미국에서는 금융 부문과 자동차 업계, 또 많은 다른 부문에 지원이 주어진다. '바이 아메리카'의 방향으로 움직이는 몇몇 입법은 보호주의의 한 종류이다.

심각한 불황에서 모든 나라들은 지역 산업 부문들을 보호하려는 반사적 반응을 보인다. 그것이 특별히 한국과 같이 개방된 무역 구조를 가지고 있거나 다른 나라의 성공과 이익이 관련되어 있는 나라에서는 부정적으로 본다. 다행히도 한국에서 보호주의자들의 압력은 상대적으로 제한되어 왔다. 그런 것이 있다면 정부는 다른 나라들과 쌍방향 FTA를 실행하려고 한다. 이런 국가는 개방과 그러한 확장을 유지하는 것의 중요성을 이해한다. 미국을 포함한 다른 지역들에서 격렬한 제한과 반발이 있는 반면 이 지역에서는 무역의 개방과 자유화에 대해 흥미를 가지고 있다.

Q 북한의 핵실험이 한국의 금융 시장에 미치는 영향은 어떤 것인가?
루비니 : 물론 그러한 지정학적인 위험과 긴장이 한국 국내외적으로 투자자, 기업 그리고 소비자 신용에 영향을 미친다는 사실은 부정할 수 없다. 그러나 2009년 5월 북한의 핵실험 이래로 한국 시장의 반응은 강한 회복 단계를 보여 주었다.

이런 긴장과 핵실험은 확실히 더 많은 위험과 불확실함을 만든다. 그러나 국가의 기초가 매우 탄탄한 한국은 오랫동안 이런 외부의 위협 속에서 살아왔다. 긴장과 지정학적인 위험이 상승하는 동안 나는 국제 커뮤니티의 반응이 당근과 채찍의 복합이어야만 하며 다각적인 협상 형태의 회복이 필요하다고 본다. 일부에서는 그런 긴장은 시간이 지나면 감소될 것이라고 낙관하고 또 일부에서는 금융 시장의 노력과 경제적 자신감이 제한될 것이라고 말한다.

Insight
2010

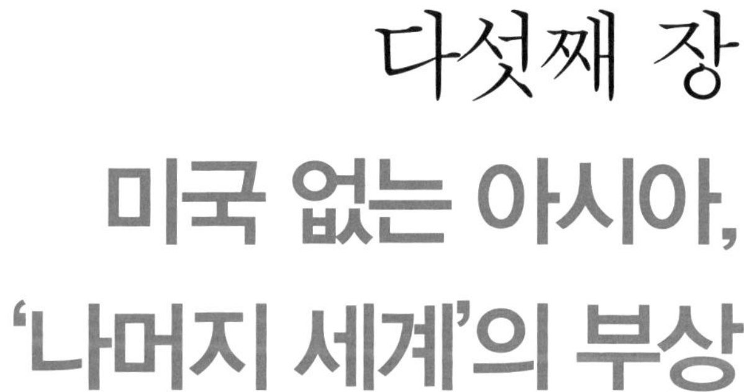

다섯째 장

미국 없는 아시아, '나머지 세계'의 부상

1. 서구 헤게모니 이후
새로 시작된 이야기

마하티르 모하마드(Mahathir Mohamad),
말레이시아 전 국무총리.

말레이시아의 해외 투자 유치, 조세 개혁, 무역 장벽 축소, 공기업 민영화에 새
로운 장을 열고 세계적 수준의 인프라를 구축하도록 이끈 말레이시아의 지도자
이다. 또한 그는 말레이시아의 민족 분쟁 해결에 기여했다.
1991년에 산업 및 상업 발전과 빈곤 퇴치를 위해 새로운 개발 정책을 시행했다.
그의 통솔 아래 말레이시아는 제조업 성장, 중산층 확대, 삶의 질 개선에 나서
동남아시아에서 가장 역동적인 경제 발전을 이룩했다.

나의 관점에서 '상상(envisioning)'이라는 것은 미래에 대한 희망이나 미래는 어떠해야만 한다는 당위성에 대한 것이 아니다. 상상이란 우리의 과거와 현재에 발생한 사건들을 관찰함으로써 알게 된 사실들에 근거해서 미래는 과연 어떤 모습일지 추정하고 예측하면서 미래의 동향을 예측하는 것이다. 또한 그것이 우리 모두를 어디로 이끌지를 예언하는 것이다. 이를 위해서는 점쟁이의 수정 구슬보다는 풍부한 경험이 훨씬 더 큰 도움이 된다.

수세기 동안 우리는 유럽 중심의 세계 속에서 살아왔다. 우리의 사고 방식, 아이디어, 가치, 시스템, 이데올로기, 전반적 행동 양식은 대부분 유럽의 영향을 받은 산물이다. 우리가 살아가고 옷을 입는 것 등과 관련된 모든 방식도 기본적으로 유럽의 그것과 비슷하다. 게다가 '민주주의는 유일하게 합법적인 정치 형태'라는 믿음을 포함한 경제와 정치 운영 방식도 마찬가지이다. 유럽 국가 간에 전쟁이 발발했을 때는 전 세계가 그것에 연루됐다. 그들처럼 아시아인들 역시 전쟁이 국가 간의 분쟁을 해결하는 방법이라고 믿게 됐고 막대한 양의 돈을 군비에 쏟아붓고 있다.

그러나 유럽으로부터 받은 모든 영향이 나쁘다는 것은 아니다. 유럽인이 세계에 가장 위대하게 기여한 것은 바로 체계적이고 보편적인 교육을 소개했다는 점이다. 비유럽 국가의 교육은 종교와 철학에 관한 것이었다. 이 주제들은 의심할 여지없이 중요하지만 직접적으로 우리를 진보하고 발전하는 길로 이끌지는 않았다.

유럽인들은 영적·사회적인 가치보다는 수학적 정확성이나 과학적인 진실에 초점을 둔 '비종교적 교육(secular education)'이라 불리는 것들을 우리에게 소개했다. 물론 이런 지식의 대부분은 아시아에서 비롯된 것들이긴 하지만 유럽인들은 여기에서 진실과 환상을 분리시켰다.

비종교적 교육이 전 세계로 퍼져 나가면서 진보와 발전에 대한 미스터리는 여러 가지 중요한 측면에서 해결됐다. 우리는 성공적인 인생을 위해 더 이상 예언과 운명에 의존하지 않았고 자산과 주변 자원에 대한 지식을 습득함으로써 우리 삶의 길을 계획하는 것도 가능해졌다.

비종교적 교육은 매우 평등했기 때문에 유럽 이외의 나머지 세계도 이내 유럽을 따라잡을 수 있었다. 특히 동아시아인들은 매우 빠른 속도로 유럽인들이 할 수 있는 거의 모든 것들을 똑같이 하기에 이르렀다. 과학, 기술 및 수학에 대한 전문 지식은 특히 괄목할 만하다. 앞으로 역량 면에서의 동아시아와 유럽 국가들의 균등화는 새로운 세계의 형성 및 특성에 영향을 끼칠 것이다.

일본이 제2차 세계 대전에서 참패했을 때 유럽인들은 "일본은 방위에 GDP의 1퍼센트 이상 지출해서는 안 된다."라는 조건을 강요했다. 1946년 전쟁으로 인해 파산한 일본에게 있어서 GDP의 1퍼센트는 거의 0에 가까웠다. 그러나 오늘날에는 일본의 GDP 중에서 1퍼센트는 전체 유럽 국가들이 그들의 방위에 지출하는 액수보다 클 것이다. 일본의 군사력은 일본의 경제력에 필적할 것이며 나아가서는 전 세계에 대한 일본의 영향력에 견줄 만하다.

물론 다른 국가에 대해서는 일본과 같은 제한이 없다. 만약 중국이 GDP의 1퍼센트 정도를 방위에 사용한다고 하면 어마어마한 군사력을 가지게 될 것이다. 거기다 중국이 GDP의 1퍼센트 이상을 방위에 투입한다면 전 세계에 대한 중국의 영향력이 결코 무시할 수 없는 수준이 될 것이다.

일본, 중국, 한국, 인도는 유럽이 전성기에 누렸던 지배력과 부의 수준을 넘어섰으며 그들의 군사력과 국제 세계에 대한 영향력 또한 서구에 필적할 만한 수준으로 올라서 있다. 그러나 서양과 동양의 군사 대립은 전 세계를 완전히 파괴시킬 것이며 이는 더 이상 누구도 선택할 수 있는 사항이 아니다.

유럽과 미국은 이러한 변화를 받아들여야만 한다. 비록 지금은 미국이 세계에서 가장 막강한 군사력을 보유하고 있다고 해도 말이다. 구시대의 등식은 더 이상 진실이 아니다. 서구 헤게모니는 더 이상 지지될 수 없다. 만약 새로운 질서가 정립된다면 좋든 싫든 서양은 아시아에서 새로운 힘이 출현할 수 있다는 사실을 인정해야만 한다.

동양과 서양 사이의 힘은 확실하게 공유돼야만 하며 현재 이에 대한 많은 담론이 이루어지고 있다. 물론 가장 이상적인 것은 대립과 폭력 없이 힘의 균등이 새로운 질서로 자연스럽게 이루어지는 것이다. G2 국가, 즉 미국과 중국에 의해서 지배되는 세계에 대한 논의도 꾸준히 있어 왔다. 하지만 미국과 소련의 냉전 당시를 생각해 보면 미국과 중국 두 나라 사이의 자연스러운 힘의 공유란 결코 불가능할 것이다.

제3세계 국가들이 독립을 이룬 것은 아주 최근의 일이다. 그들의 입장에서 하나의 가장 큰 세력에 의해서 지배되는 세계보다 두 개의 세력에 의해서 지배되는 세상이 더 반가울 리가 없다. 냉전 동안 이들은 두 지배 세력 모두에게서 자신을 보호해야만 했다. 그들은 이제 G2 국가의 어느 한쪽으로 동조해야만 하는 것일까? 어쨌든 부활 세력인 러시아는 여전히 존재하고 있으며 미국과 중국이 새로운 질서를 형성하는 것을 방관하지는 않을 것이다.

새로운 질서에 있어서 약소국들이 선호하는 것이 무엇인지를 묻는다면 그들은 그 어떤 힘도 그들을 지배하지 않는 것이라고 답할 것이다. 그들은 어떤 국가도 소외되지 않는 진정한 민주주의를 원한다. 그들은 특정 국가의 권력에 의한 것이 아닌 다수의 이득에 근거한 결정을 선택할 것이다. 그러나 이는 불행하게도 우리가 생각할 수 있는 것이 아니다. 여전히 약자는 강자에게 복종해야만 한다.

이런 현재의 상황으로부터 우리는 조금 덜 유럽 중심적이고 유럽인의 영향력으로부터 강하며 또한 아시아의 강력한 경제와 그에 따른 군사력의 출현으로 중재되는 세계를 그려 볼 수 있다. 이런 방식이 우세해진다면 새로운 질서는 점차적이고 부드럽게 이루어질 것이다. 그러나 상식이 현실 세계에서는 종종 통하지 않을 때가 있다. 세 개의 초강대국들은 각각 자신의 이득을 증진시키기 위해서 책략을 쓰기 때문에 이런 경쟁 관계는 지속될 것이다.

또 다른 질문은 이런 새로운 세계 질서가 디지털 시대에 어떤 영향을 미치는가에 관한 것이다. 디지털 시대는 정치적, 군사적 힘의 압력에 비교적 영향을 덜 받을 것이기 때문에 새로운 질서가 어떤 형태로 이루어지든지 상관없이 계속 진행될 것이다. 그럼에도 불구하고 수년이 지나면서 명확해진 것은 디지털 시대를 움직이는 인재들은 매우 변덕스러워서 그들이 받는 보상에 큰 영향을 받는다는 점이다. 그 결과 빈국에서 부국으로 디지털 인재의 대량 유출이 있어 왔다. 의심할 여지도 없이 이는 빈국은 더욱 가난해지고 부국은 더욱 부유해지는 결과를 낳는다. 그러므로 디지털 시대에는 어느 한쪽의 일방적인 발전으로 인해서 국가 간의 빈부 격차가 더욱 심화될 것이다.

디지털 시대에 부유한 국가의 인재들은 공익을 위한 새로운 아이디어를 발전시키는 위대한 역할을 할 것이다. 그러나 그들의 능력은 금융 시장을 제어할 수 없게 만들거나 많은 사람을 효율적으로 살상하는 무기를 개발하는 등의 불건전한 방향으로 악용될 수도 있다. 이런 모든 일들이 현재도 발생하고 있으며 앞으로 더욱 심각해질 가능성이 높다. 현재 우리는 금융과 경제의 위기에 직면해 있다. 몇몇 인재들은 어떤 물건을 생산하거나 고용을 발생시키지 않고서도 돈을 벌 수 있도록 컴퓨터를 이용해 왔다. 그들은 시장이라는 곳으로부터 자유로운 상태를 만들고 금융 체계를 남용하여 자신을 위해서 어마어마한 검은 돈을 벌어들이기도 했다. 정부가 이런 일들을 규제할 만한 힘을 복원하지 않는 이상 디지털 시대는 이 세계에 종종 재난을 불러올 것이다. 어쨌건 디지털 시대의 지식 연구에는 많은 돈이 필요하기 때문에 경제적인 여유가 있는 나라들이 더욱 유리한 고지에 설 것이다.

디지털화는 수많은 제품이나 서비스에 있어서 대단한 정밀성을 가져왔다. 위성을 우주의 미리 정해진 지점에 위치시킬 수도 있고 우주에서 우주선을 도킹시키는 것까지 가능하다. 거대한 우주 공간에서 우주선을 찾는 것은 건초더미에서 바늘을 찾는 것보다 더 어렵기 때문에 디지털 시대의 수학은 매우 정밀하다. 디지털화로 색이나 소리를 재현해 내는 것은 너무도 완벽하여 아주 오랜 시간이 지나도 바래지 않는다. 이는 마치 기적과도 같은 일이다. 위성에 달린 카메라는 인간을 포함하여 지구상에 있는 모든 물체의 사진을 매우 높은 해상도로 찍을 수 있다. 이미 모든 사람에 대한 데이터는 마이크로 칩과 전자 기록 장치에 담겨 있다. 위성으로부터 선명한 사진을 찍을 수 있는 능력으로 인해 그 누구에게도 사생활이란 있을 수 없을 것이다. 사람들에 대한 데이터를 모으는 정부와 에이전시들은 이를 위협 혹은 협박의 수단으로 악용할 수도 있다.

이는 독재자가 정보를 통해 모든 것을 지배하고 사람들을 감시 아래에 있게 만드는 조지 오웰의 『1984』에서 묘사된 상황과 흡사하다. 이미 우리는 지문이 채취되고 전자적으로 온몸이 노출되며 강력한 기계로 정밀하게 검사되고 GPS 시스템으로 추적된다. 거대한 세 국가를 비롯한 부국들은 과연 사람들에 대한 정보를 모아 저장함으로써 그들을 지배할 것인가? 오늘날 발생하는 테러와 전쟁을 생각해 보면 결코 안심이 되는 상황은 아니다.

심지어 현재 인간의 문명은 그동안 성취한 기술적 발전을 잘 다루고 있지 못하다. 과학과 기술에 대한 지식은 인간의 가치와 평화, 인류 번영의 세계 질서와는 방향을 함께하지 않고 있다. 우리가 직면하고 있는 위기가 전례 없이 엄청났던 이유는 부분적으로 디지털 시대의 지식을 남용한 결과라고 본다.

새로운 세계를 그려 보면서 나는 좀 더 낙관적이길 바랐으나 불행하게도 그러질 못했다. 우리는 여전히 원시적인 사람들이다. 우리는 문제를 해결하기 위해서 다른 사람을 죽이는 방법을 생각한다. 지금 이 순간에도 과학자들은 더 새롭고 효율적인 방법으로 살상하는 방법을 고안하느라 여념이 없다. 이것이 바로 디지털 시대, 지식의 시대, 과학과 기술의 시대에 우리가 이뤄 놓은 것의 어두운 단면이다.

2. 아시아, 다시 날개를 펴다

나얀 찬다(Nayan Chanda),
「예일 글로벌 온라인」 편집장 겸 발행인.

예일대학교 세계화연구소에서 발간하는 「예일 글로벌 온라인」의 편집장이자 발행인인 그는 예일대학교에 합류하기 전까지 30여 년 동안 홍콩 「파 이스턴 이코노믹 리뷰」에서 기자로 활동하면서 특파원, 수석 에디터로 일했으며 「아시아 월스트리트 저널 위클리」에서도 기자로 활동했다. 1989년부터 1년간 워싱턴에 있는 카네기 평화연구소에서 선임연구원을 맡기도 했다. 아시아 지역에 대한 이해를 증진시킨 우수 저널리스트에게 수여하는 2005년 쇼렌스타인 어워드 수상자이다.

그의 저서 『세계화, 전 지구적 통합의 역사』는 한국어, 일본어, 중국어, 이탈리아 어, 터키 어로 번역됐다. 그는 아시아 정치 및 외교 안보 정책에 관한 10여 권의 책을 집필했다.

‘미국 없는 아시아’라는 이 포럼의 주제에는 두 가지 관점이 들어 있다고 본다. 하나는 아시아의 부상이 곧 미국의 쇠퇴와 직결돼 있다는 것인데 나는 이 부분에 대해서 동의하지 않는다. 두 번째로 아시아의 번영이 미국으로부터의 독립을 내포하고 있는데, 이 또한 유효하지 않다고 본다. 나는 그냥 주제를 ‘아시아의 부활’이라고 수정하고 싶다. 아시아, 특히 중국과 일본, 인도는 서구 세력이 일어나기 이전 1500년 동안이나 세계를 지배해 왔다. 그렇다면 내게 있어 진정한 이야기는 이전에 아시아가 어떻게 번영했는지, 그리고 왜 쇠퇴기를 맞았는지, 그리고 어떻게 다시 번영하기 시작한 것인지에 대한 것이다.

아시아의 번영은 아시아 국가들과 다른 국가들 간에 증가하고 있는 무역과 문화적인 연결과 관련돼 있다. 1700년대에 인도와 중국 두 나라는 전 세계 GDP의 반 이상을 차지하고 있었다. 이들의 경제적 지배는 또한 무역과 문화의 연결로 인한 것이었다. 이는 단순히 몬순(monsoon) 바람을 타고 시작된 것이다. 이 바람은 그리스도 기원 초기에 아랍의 무역상들을 인도로 데려다 주었다. 무역상들은 향신료를 조달하고 대신에 이탈리아의 와인을 들여오기 위해 이 바람을 이용하여 인도양을 건너 여행했다.

물론 아시아와 유럽 사이에는 실크 로드, 그리고 해양 무역 루트와 같은 다른 많은 길들이 있다. 이들은 식민지 통치자들에 의해 만들어졌으며 포르투갈이 인도에 도착함과 동시에 시작됐다. 라틴 아메리카 정복을 통해서 식민지 통치자들은 많은 은을 가질 수 있었다. 그러고 나서 이 은으로 아시아의 비단, 차, 직물, 향료 등 그들이 원하는 것들

지식 전파에 대한 신념을 위한 여행

을 구매했다. 신세계에서 가져온 1만 7,000톤의 은 가운데 6,000톤은 직물과 향신료를 제공한 인도인들에게 지불됐다.

위 그림은 7세기 중국의 순례자인 현장 법사가 인도로 넘어가서 17년 만에 700가지의 책과 조각상 등을 가지고 온 광경을 보여 준다. 이 시기에 두 국가 사이에는 책을 포함한 매우 중요한 문화적 교류가 이루어져서 각국의 발전에 기여했다. 종이는 중국에서 만들어졌지만 책들은 불경을 널리 퍼뜨리기 위해 인도에서 대량으로 인쇄됐다.

세계 무역은 중국과 인도에서 최초로 철을 생산하면서 시작됐다. 중국의 철강은 12세기에 유럽으로 수출하는 가장 중요한 품목이었다. 중국은 그들의 제품을 판매하기 좋게 변화시키는 방법을 알고 있었다. 인도 역시 직물 수출업자로서 특정 시장에 제품을 잘 판매함으로써 산업혁명 중에 살아남게 됐다.

중국의 해군 제독인 쟁은 15세기에 거대한 함대를 타고 동아프리카에 방문했다. 이는 콜럼버스가 신대륙으로 떠나기 훨씬 전에 있었던 일로 그 시절 세계에서 가장 큰 해군 원정이었다. 심지어 세계적으로 널리 퍼진 사상들 역시 아시아에서 온 것들이다. 노자가 말한 "최소한의 정부가 최고의 정부이다."라는 사상은 현재 세상을 지배하고 있는 이데올로기인 '불간섭주의(Laissez - faire)'의 개념을 제공하고 있다.

'알고리즘'이라는 단어의 기원이 된 인도의 수학자

또한 오늘날의 세계는 인도에서 기원된 '알고리즘(algorithms)'에 의해 운영된다. 인도의 천문학자는 '0'에 대한 개념을 발견했고 이 개념은 아랍 무역상들에 의해서 중동으로 전해졌다. 그리고 이블 알 콰리즈미 (Ibn Al - Khwarizmi)라는 수학자에 의해서 아랍어로 번역됐다. 그의 조약

문(treaties)들은 아스트롤라베(Astrolabe : 고대의 천문 관측의)인 영국의 학자에 의해 발견됐고 아랍어에서 라틴어로 번역됐다. 이때 그의 이름이 'Al‐Goritmi'로 잘못 번역됐던 것이 오늘날 우리가 사용하는 '알고리즘'이라는 단어의 기원이다.

기술적인 측면에서 몽고인들은 최초의 무기를 생산하기 위해 중국의 화약 기술을 받아들였다. 이 무기들은 인도로 수출됐고 이후 인도인들은 1792년 전쟁에서 영국을 무찌르는 데에 로켓을 사용하게 됐다. 영국은 이 로켓을 자국으로 가지고 와서 이를 전환하여 콩그리브 로켓을 만들어 냈다. 이 로켓으로 영국은 1812년 미국을 공격했다. 이는 미국 국가에서 '로켓의 빨간 섬광'이라는 구절의 기원을 제공했다.

그러나 아시아의 부활은 근본적으로 성장하고 있는 통합된 세계가 중국과 동아시아 국가의 오래된 전통과 조직들, 그리고 기술들을 배우려고 하는 데에서 거둬들이는 경제적, 국가적 이득의 결과이다.

오늘날 삼성 중공업은 세계에서 가장 큰 컨테이너 선박을 생산하고 있다. 그리고 아이팟은 많은 다른 아시아 국가에서 만든 요소들로 이루어져 있다. 심지어 보잉787 드림라이너 역시 일본, 한국, 중국, 인도와 같은 많은 아시아 국가를 포함해 약 19개 국가로부터 생산된 부품으로 만들어졌다.

그러나 아시아 경제의 부흥은 문제를 낳았다. 지나친 자신감으로 중국과 일본 사이의 지형 분쟁이 생겼고 중국의 부흥은 미국과의 부분적인 대립을 야기했다. 그에 따라서 사람들은 중국의 부흥, 크게는 아시아의 부흥에 대해서 걱정하기 시작했다. 또 한 가지 걱정되는 것은 이 현상이 지구의 환경에도 좋지 않은 영향을 미친다는 점이다. 또한 경제적인 빈부 격차도 증가하고 있다. 예를 들어, 인도의 거대 소프트웨어 회사 인포시스(Infosys)의 바로 앞에는 빈민가가 있다.

결론적으로 아시아의 부흥이 아직까지는 안정적인 성공이라고 부르기 어렵다. 그리고 우리가 제대로 알아야 할 것은 중국과 인도의 GDP가 여전히 세계의 총 GDP의 매우 적은 부분을 구성하고 있다는 것이며 아시아는 아직도 갈 길이 멀다는 점이다.

3. 21세기의 동력이 될 아시아와 미국

이노구치 다카시, 니이가타 현립 대학교 학장.

메사추세츠 공과대학교에서 정치학 박사 학위를 받았고 도쿄 조치대학교, 도쿄 대학교, 주오대학교에서 교수를 맡았으며 도쿄대학교에서는 명예교수로도 활동했다.

하버드대학교, 존스홉킨스대학교 국제관계대학원(SAIS), 캘리포니아대학교(버클리), 파리 정치 대학교, 호주 국립 대학교, 북경대학교 등 전 세계 여러 대학교에서 강의와 연구를 하는 일본의 대표적인 정치학자이다.

UN 사무차장보, 유네스코 국제평화연구위원회 위원, 일본 국제정치학회 이사장을 지냈다. 그는 「인터내셔널 헤럴드 트리뷴」 「르몽드」 「아사히 신문」 등 세계 주요 언론에 기고하고 있으며 최근에는 『Globalization, the State and Public Opinion』 등의 집필 작업에 참여하고 있다.

그는 현재 2003년부터 아시아 29개국의 일상생활을 조사하는 '아시아 바로미터 프로젝트'를 진행하고 있다.

나는 미국이 없는 아시아에 대한 주제와 관련해 몇 가지 역사적인 차원을 언급하고자 한다. 나는 지난 1,000년 동안의 두 개의 글로벌 제국에 관심이 있다. 바로 몽골과 미국이다. 몽골 제국은 13세기에 시작됐고, 미국은 20세기에 시작돼 현재 21세기를 거쳐 당분간 지속될 것이다. 나는 미국 이후의 세계는 어떨지 예상해 보기 위해서 이 두 국가를 비교하려고 한다. 실제 그들은 세 가지의 공통점을 가지고 있지만 어떤 사람들은 그 두 제국이 완전히 다르다고 생각해 왔을 수도 있다.

이 둘의 첫 번째 공통점은 막강한 군사력을 자랑한다는 점이다. 13세기 몽골 제국은 굉장한 군사력을 가졌고 미국은 지난 세기와 또 21세기 현재에도 엄청난 군사력을 보유하고 있다.

다음의 공통점은 두 국가 모두 글로벌 통화를 가졌다는 점이다. 몽골은 13세기에 85년간 군사어음을 사용했다. 반면 미국은 1945년 이래로 달러를 사용했고 이것은 1971년 금본위 제도를 철폐하기에 이르렀다. 여기에서 여러분은 달러가 군사어음과 어느 정도 비슷하다고 생각할 수 있을 것이다. 군사어음 또한 달러와 마찬가지로 사용자들로부터 받는 신뢰의 정도에 그 실효성이 달려 있기 때문이다.

세 번째 공통점은 세계를 운영하는 데에 있어서 핵심 원칙이 존재했다는 점이다. 이들은 위협의 두려움 없이 신념을 가질 수 있는 자유, 표현의 자유, 그리고 무역의 자유를 포함한다.

이번에는 후기 몽골을 살펴보고 우리가 여기에서 말하고자 하는 주제인 '미국 이후의 세계'를 살펴보겠다. 여기에서 '미국 이후의 세계'라는 용어는 "'나머지 국가'들의 부흥이 발생할 것이나 이것이 미국의 쇠퇴 혹은 소멸을 의미하는 것은 아니다."라고 말한 파리드 자카리아 (Fareed Zakaria)의 책에서 언급된 명칭과 동일하다. 몽골 제국은 소멸의 경험을 겪지는 않았지만 여러 개로 나뉘어 지역화된 국가들로 계승됐다. 예를 들어, 러시아의 모스크바, 몽골, 원나라, 그리고 인도의 무갈 제국 등으로 분리된 것이다. 즉, 분권을 통해서 독립적인 방식으로 통치된 것이다.

미국에서도 위와 같이 독립되는 것은 매우 어려울 것으로 보인다. 사람들은 일본, 혹은 중국 모두 미국의 한 부분이라고 말한다. 또한 미국 역시 일본과 중국의 한 부분이다. 중국과 일본은 함께 그들의 정부 수익을 유지하고 있다. 이는 미국 경제의 수입의 일부를 구성하고 있다. 우리는 13세기 및 14세기와 비교해서 더욱 함께 뭉치고 있다. 글로벌화는 그것이 좋든 싫든 점점 더 강화되고 있다. 아시아를 미국으로부터 따로 떼어 놓고 이야기하는 것은 매우 어렵다. 물론 아시아가 없는 미국 역시도 마찬가지이다.

지난 2008년 9월 이후 통화 변동을 지켜보면 달러는 가치가 떨어졌다가 놀라운 수준으로 반등했다. 일본의 엔화는 중국의 위안과 마찬가지로 감소했다가 다소 상승 추세를 보이고 있다. 유로는 매우 실망스러울 정도로 가치가 하락하고 있다.

마스트리히트 조약(Maastricht Treaty : 1991년 EC를 EU로 개칭한 조약)을 체결한 지 아직 15년밖에 지나지 않았다. 이 조약은 유로의 형성을 이끌었지만 이 통화는 벌써부터 허우적거리고 있다. 이는 1,000년 전 샤를마뉴(Charlemagne) 정권 아래 성립돼서 고작 12년 정도밖에 유지되지 못했던 최초의 유럽 공통 통화와 유사한 과정을 거치는 것처럼 보인다.

그렇다고 하더라도 우리에게도 유로의 아시아 버전, 즉 아시아 공통 통화를 성립할 필요가 있다는 의견들이 나오고 있다. 그렇다면 우선 지역적 바탕이 마련돼야 한다. 게다가 미국과의 관계를 생각할 때 이것이 국제적 통화로 사용되는 것도 중요하다. 현재 달러의 실적은 매우 나쁜 상태이며 그것의 가치가 급격하게 감소될 것으로 보인다. 많은 한국인과 일본인, 그리고 중국인은 이런 부적합한 국제 화폐 시스템으로 인해서 엄청난 액수의 돈을 잃었다.

여기에서 우리가 생각해 볼 문제가 있다. 군사력 측면에서 볼 때 가까운 미래에 미국 이외의 단일 세력이 부상하는 것을 상상할 수 있는가? 가령 "세계 최고의 공군은 어디에 있는가?"라는 질문을 던져 보자. 이에 대한 대답은 당연히 미국 공군이다. 이번에는 세계에서 두 번째로 강력한 힘을 가진 공군은 어디인지 생각해 보자. 이에 대한 답은 놀랍게도 미국 해군이다. 이들은 아주 많은 항공기를 보유하고 있다. 그들은 많은 수의 항공기 운반 그룹과 미사일 역시도 보유하고 있다. 간단하게 말해서 미국 제일주의는 아마 21세기에도 상당 기간 동안 지속될 것 같다.

내가 미국에서 대학원을 다니고 있을 때 그 인구는 일본의 2배였다. 그러나 많은 시간이 지나지 않아서 인구는 30억에 도달했고 21세기 말에는 주요한 인구 통계학적 변동과 함께 쉽게 50억 이상으로 증가할 수도 있을 것이다. 이미 오바마 대통령의 내각에는 소수 인종의 내각 구성원들이 다수 인종에 가까운 비율을 차지하고 있다.

미국 없는 세계라는 미래는 세계가 함께하는 상태가 되겠지만 통화와 군사력에 있어서는 여전히 미국 제일주의가 유지될 것이다. 우리는 우리의 재산과 사람들의 안전을 위험에 노출시키지 않고서 이 세계를 유지하는 방법에 대해서 주의 깊게 생각해 봐야 한다. 이 시점에서 대체 시스템을 그려 보는 것은 어려움이 있어 보이지만 다음 50년 후의 그림은 분명하다. 미국은 패권 국가로서의 위치를 존속시킬 것이다. 그러나 혼자서는 더 이상 어려울 것이다. 미국은 아시아를 필요로 하며 아시아 없는 미국은 불가능하다.

4. 미국, 아시아를 새롭게 보다

T. J. 펨펠(T. J. Pempel),
캘리포니아대학교(버클리) 정치학 교수.

그는 버클리에 합류하기 전에 워싱턴 주립 대학교 잭슨 국제학 대학교 교수 및 정치학 겸임교수로 활동했다. 1972년부터 1991년까지 코넬대학교에서 강의하며 동아시아 프로그램을 총괄했다. 또한 콜로라도대학교과 위스콘신대학교에서도 강의했다.

그의 연구 및 강의는 비교정치학, 정치경제학, 현대 일본, 아시아 지역 연구를 중심으로 이루어진다. 그의 저서로는 『Remapping East Asia』 등이 있으며 100여 편이 넘는 논문을 썼다.

그는 아시아태평양 안보협력회의(CSCAP) 동북아시아 안전보장실무그룹 의장이며 미국정치학회(APSA), 아시아학회(AAS), 사회과학연구회(SSRC) 등 다양한 위원회에서 활동하고 있다. 또 여러 전문지의 편집위원이기도 하다. 현재 미국 외교 정책과 아시아 지역 문제와 관련된 연구를 진행하고 있다.

많은 아시아 논평가들이 제안을 하고 원하고 있음에도 불구하고 미국은 아시아를 내버려 두지 않고 있다. '나머지 국가'의 부흥은 현실이다. 경제적 측면에서 동아시아 국가들의 영향력이 커 감에 따라서 미국의 상대적 크기는 훨씬 작아지고 있다. 그러나 핵심 질문은 미국 없는 아시아에 대한 것이 아니라 어떤 방식으로 미국이 새로운 아시아와 관계 맺을 것인지에 대한 것이 돼야 한다.

궁금해할 여지도 없이 미국은 부시 정부에 의해서 완전히 파괴된 자국과 아시아의 관계를 회복시키는 데에 아주 힘든 시간을 보내게 될 것이다. 무시무시한 8년 동안 미국 외교 정책은 과도한 군대화 방식을 취했으며 중앙아시아와 중동에서 전쟁들을 벌였다. 부시 정부는 역동적이고 변화하고 있는 동아시아에 대한 미국 내의 최고 지식인들의 의견들을 무시했고 오랜 기간 동안 외교 정책의 수단이 될 정도로 뛰어났던 미국의 경제력은 선제 공격성 전쟁들과 미국 사회의 상위 계층에 대한 세금 감면을 위해서 낭비됐다.

1997년과 1998년 사이의 아시아 금융 위기에서 깨어난 동아시아는 미국을 배제한 많은 측면에서 함께 뭉치고 있다. 기축 외화 보유고가 IMF와 미국의 영향력을 견제하기 위한 수단으로써 이들 국고에 쌓여 가고 있다. 동아시아 국가들은 아세안+3, CMI, 아시아 채권 기금 등과 같은 새로운 이 지역 중심의 단체를 형성했다. 이 기구들은 아시아 국가만을 위해 스스로의 선택으로 만들어진 것이다.

그러나 현재 미국의 군사력은 아시아에서 강한 존재감을 유지하고 있으며 이는 잠재적으로 어떤 연합도 견주지 못할 수준이다. 이런 미국의 군사력은 앞으로 10년 혹은 더 오랫동안 계속될 것이다. 그러나 그렇게 대단한 군사력으로도 북한이 핵실험을 단념하게끔 하거나 혹은 대만과 중국 사이의 긴장감을 해결하는 데에 영향력을 행사한 적은 거의 없다. 미국은 아시아 국가들이 그들에게 가장 중요한 이슈들에 대해 논의할 때 자신의 입장이나 의견조차도 내놓지 않았다.

사실 미국의 군사력은 가장 강력하며 어떤 측면에서는 2004년 동남아시아의 쓰나미에 대한 원조 등을 통해서 아시아 국가에 중요한 기여를 하기도 했다. 그러나 동아시아의 위협적인 군사 분쟁은 여전히 사라질 기미를 보이지 않고 있으며 특정 여론들은 거의 패권주의에 가까운 미국의 군사력에 민감한 반응을 보이고 있다.

그러나 만약 미국의 군사력이 강력한 망치라면 현재 동아시아가 겪고 있는 몇 가지 문제들은 못이라 할 수 있다. 미국이 아시아의 건설적인 대화에 다시 동참한다면 군사력에 지나치게 의존하는 것보다 더 활기를 띨 것이다. 이는 외교 정책이라는 잘 갖춰진 도구 상자로 돌아가는 것이다.

미국은 경제적으로 아시아에 관여해야 하고 지구 온난화와 전 세계적인 유행병의 위협을 잘 다스릴 수 있도록 도와야 하며 활발한 외교를 촉진시키고 핵 관련 위험을 약화시키도록 유도해야 하며 경제적으로 역동적인 중국이 정체된 중국보다 아시아 지역을 위해서 더욱 긍정적이라는 것을 깨달아야 한다. 또한 일본의 군사 정비와 우익 단체는 동아시아에게 있어서 안정적인 힘을 가지고 있을 정도로 위협적이라는 사실을 인식해야 할 것이다. 아시아의 많은 사람들은 그런 미국의 관여

를 반길 것이다. 또한 미국에 있어서도 이 지역에 대해서 긍정적 영향
력을 미치는 것이 미국 자체에 깊이 있는 힘을 형성하는 데에 좋은 기
회가 될 것이다.

5. 아시아의 부흥은 이미 시작됐다

다나카 히토시, 일본 국제교류 센터 선임연구원.

교토대학교에서 법학을 전공했고 옥스퍼드대학교에서 철학·정치학·경제학 합동 과정 학사 및 석사 학위를 취득했다. 2006년부터 도쿄대학교 행정대학원의 객원교수로 활동하고 있다.

직업 외교관인 그는 2005년부터 3년간 일본 외무성 차관보로 고이즈미 총리의 내각에서 북한, 중국, 미국 관련 외교 정책 수립을 보좌했다. 일본 외교 정책의 주요 설계자로 일본의 동아시아 외교 정책, 특히 대북 관계 정책 수립에 있어서 중요한 역할을 해 왔다.

그의 저서로는 『The Logic of Strategic Negotiation』 등이 있으며 이 외에도 각종 신문과 저널에 기고하고 있다.

나는 이 자리에서 네 가지 이야기에 대해서 말하고자 한다.

첫 번째는 지역적인 권력 관계의 변화이다. 즉, 떠오르고 있는 동아시아와 상대적으로 쇠퇴하고 있는 미국의 힘에 대한 것이다. 중국의 잠재적인 성장률은 10퍼센트, 인도는 8퍼센트, 미국은 3퍼센트, 그리고 일본은 2퍼센트이다.

두 번째는 다른 연사들도 말했듯이 우리는 여전히 미국을 필요로 하고 있으며 미국 역시 우리를 필요로 한다는 사실이다. 미국의 군사력은 비교적 약해지겠지만 당분간은 미국의 경제력과 군사력이 계속 상당 수준을 유지할 것으로 보인다. 미국은 가장 큰 시장 규모를 보유하고 있으며 혼자서 전 세계 군사 비용의 50퍼센트를 차지하고 있다.

지역적으로 예측 불가능성이나 불확실성은 우리 모두에게 불리하게 작용한다. 그렇다면 과연 우리가 성장과 연관된 모든 위험을 제거하기 위해서 지역에서 어떤 기회를 활용할 수 있을 것인지 의문이 생긴다. 중국의 경우에는 정치나 경제적 통제, 에너지의 효율성, 그리고 환경 문제에 대한 회의감 등으로 인해서 예전의 기대감보다 훨씬 덜 성공적인 미래가 될 것임을 예상할 수 있다.

분명히 우리는 이 지역에서 강하고 건설적인 협력을 필요로 하며 안정화를 형성하는 데에 있어서 미국의 참여는 반길 만한 일이다. 불확실성에 대처하기 위해서 우리는 미국을 필요로 하고 미국은 우리를 필요로 한다.

우리가 유지해야만 하는 한 가지 측면은 민주주의이다. 이 지역에서 민주주의가 지배적인 정치적 이데올로기가 되는 것은 아주 바람직한 일로 여겨진다. 그러나 이것이 이루어지기 위해서는 10년, 20년, 혹은 30년이라는 시간이 걸릴 수도 있다.

세 번째는 미국은 동아시아에 대한 태도를 변화시킬 의무가 있다는 것이다. 우리는 조금 더 약해진 지적주의(intellectualism)와 연합을 보게 될 것이다. 나는 미국의 지식인들과 소위 '동아시아 구조'에 대해 오랫동안 논의해 왔으며 미국이 동아시아 정상(East Asia Summit)에 참여할 것이라고 강하게 믿고 있다. 그리고 오바마 정부는 뚜렷한 태도의 변화를 보여 왔다.

이런 관점에서 필요한 것은 바로 지역적인 다국 간 공동 정책이다. 중국, 일본과 한국과 일본, 중국, 그리고 미국 사이의 쌍무 안보 동맹(bilateral security alliance)과 삼자 간의 관계와 같은 많은 다른 방법을 채택해야만 한다. 이에 덧붙여서 우리는 해적 행위, 자연 재해, 그리고 에너지 효율성 등과 같이 이전에는 비전통적인 안보 이슈들의 출현을 다루는 국가안보협업포럼과 같은 형식의 논의의 장을 마련할 필요가 있다. 워크숍과 같은 공동 연구가 아닌 이런 이슈들을 다루는 행동 중심적인 포럼이 필요하다는 것을 제안하는 것이다.

네 번째이자 마지막으로 언급하고자 하는 점은 북한에 관련된 것이다. 불행하게도 북한의 움직임이 이 지역이 앞으로 나아갈 운명을 결정할 변수가 될 것이다. 나는 1년이 넘게 북한과 비밀리에 교섭했다. 그러고 나서 내가 얻은 결론은 북한과의 교섭은 실제적인 제재를 포함하고 있는 강한 국제 연합 안전 보장 이사회(United Nations Security Council)를 통해 응대할 수 있는 단계적 확대 정책 형태를 추구해야 한다는 것이다. 의심할 여지도 없이 북한은 이에 대해 강력하고 위협적인 대응을 할 것이다. 그들은 또 다른 핵 실험용 미사일을 발사할 수도 있다. 심지어 군사 시설을 남한에 더욱 가깝게 옮기는 것을 고려할 수 있을 것이다. 최악의 경우에는 우리에게 위기가 닥칠 수도 있다는 말이다. 가장 중요한 것은 우리 스스로가 결속하는 것이다. 특히 미국, 일본, 그리고 한국 사이의 단단한 결속이 필요하다.

앞으로 3개월 혹은 6개월 안에 이 이슈에 대해 주요 교섭이 있을 것이다. 이번에는 모두가 매우 심각하게 상황을 받아들이는 자세를 취해야 한다. 나 개인적으로는 6자 회담이 올바른 방식이라고 믿고 있다. 그러나 당장은 이 6자 회담이 재개되지는 않을 것이다. 그래서 미국과 북한, 북한과 한국, 그리고 일본과 북한 사이의 동시적인 쌍무 교섭(bilateral negotiation)이 필요하다. 그리고 이런 포괄적인 접근은 북한의 비핵화를 이끌 수 있을 것이다.

우리는 미국과 북한, 그리고 일본과 북한의 관계 정상화와 오래 지속되는 평화 메커니즘 정상화에 대해 이야기를 나눴다. 이것은 북한의 완전한 비핵화에 대한 포괄적인 해결책의 핵심 요소들이다. 이들을 회담의 이슈로 삼을 시간이 올 것이므로 그때를 대비해서 준비해야만 한다. 우리는 6자 회담 안의 다섯 국가 사이의 결속을 단단히 만들어야 한다. 특히 미국, 일본, 그리고 한국의 결속 말이다.

6. 아시아가 보는 미국의
두 얼굴

옌쉐퉁, 칭화대학교 국제학 연구소장.

1992년 캘리포니아대학교(버클리)에서 정치학 박사 학위를 취득했고 1986년 칭화대학교에서 국제관계학 석사 학위를, 1982년 흑룡강대학교에서 영문학 학사학위를 받았다.

현재 그는 국가안보위원회 위원, 한국 국방연구원이며 중국 정치학 저널, 세계경제정치 연구원, 중국 유럽학 저널, 동남아시아 학회에서도 연구원 및 고문으로 활동 중이다.

그는 『Practical Methods of International Studies』 등 많은 국제 정치 관련 저서를 집필했고 국제 관계에 대한 많은 논문과 칼럼을 썼다. 1998년 발간한 그의 저서 『International Politics and China』는 2006년 중국 교육부 선정 국제관계학 교과서로 채택됐다.

‘미국 없는 아시아’라는 이 포럼의 주제는 비현실적으로 들릴 수도 있다. 그러나 이것은 이 지역의 심리적인 현실을 반영하고 있다고 본다. 미국은 여러분의 건강 보험 혹은 자동차 보험과도 같다. 익숙해져 있지만 결코 그에 대해 만족하지 않는다. 또 그로부터 얼마를 얻어 낼 수 있는지 알고 있기 때문에 불확실한 것으로 바꾸는 것을 원하지 않는다.

아시아는 제2차 세계 대전 이후부터 미국의 존재에 대해 이미 익숙해져 있다. 어떤 이들은 이 지역에서 미국이 철수를 한다면 무슨 일이 벌어지지 않을까 하는 두려움을 느끼기도 한다. 이것이 바로 불확실성에 대한 확신을 선호하는 인간의 본성이다.

물론 이는 앞으로 무슨 일이 벌어질지에 대해 예측할 수 없는 인간의 능력의 한계를 반영한다. 예컨대, 한국 전쟁 동안 어느 누구도 1991년 중국과 미국이 전략적인 파트너가 될 것이라고는 예상하지 못했다. 그리고 마오쩌둥과 리차드 닉슨이 악수를 통해 이를 인정한 19년 후 천안문 광장 사건으로 인하여 미국이 중국에 대해 포괄적인 속박을 하게 될지도 누구도 예상하지 못했다.

미국은 이 지역 안에서 강력하고 많은 이해관계에 놓여 있기 때문에 여기에서 빠져나오고자 하는 어떤 기색도 보이지 않고 있다. 그들은 여전히 이곳에 머무를 능력이 있으며 또한 미국을 여기에서 내보낼 수 있을 만큼 강력한 다른 세력이 존재하지도 않는다.

여기에서 우리가 해야 할 질문은 우리가 미국의 부재로 과연 살아갈 수 있느냐가 아니라 오히려 앞으로 20년간 미국과 함께 어떻게 살아갈 것인가이다. 미국은 양날의 칼과 같다. 한편으로 그들은 민주주의를 주장하고 무역 통화를 제공하고 있으며 핵으로부터의 우산과 안전의 역할을 맡고 있다. 그러나 또 다른 한편으로 미국은 그들의 금융 위기를 우리에게 떠넘기고 있으며 북한의 핵실험에 대해 크게 관여하지 않았고 이라크에 대해서는 지나친 간섭을 통해서 더 심각한 테러리즘을 유도하고 있다.

미국은 동아시아에서 부정적인 역할과 긍정적인 역할을 동시에 할 것이다. 부분적으로 부정적인 역할이 의미하는 것 중 한 가지는 이른바 '문명 갈등'이다. 아시아의 부활은 단지 중국의 부상만을 의미하는 것이 아니다. 이는 유럽 중심과 아시아 중심의 문화 사이의 갈등을 의미하는 것이며 문화적인 차이는 더욱 심해질 것이다.

만약 앞으로 20년 동안 미국과 조화로운 관계를 원한다면 우리는 서양과 아시아 문화를 어떻게 잘 결합시킬 수 있을지에 대해 고려해야만 한다. 한국에서는 미국의 문화적 영향이 지역 문화와 꽤 조화롭게 맞물려 돌아가고 있다는 것을 볼 수 있다. 이는 대부분의 아시아 국가들의 역할 모델이 되고 있다. 그러므로 앞으로 20년 넘게 아시아가 지속적으로 더 강하게 성장하기 위해서는 미국과 좋은 관계를 유지해야만 할 것이다.

마지막으로 아시아는 권역(圈域)을 필요로 한다는 것을 말하고 싶다. 유럽 국가들 사이의 통합은 유럽인들이 세계화로부터 많을 혜택을 얻을 수 있게 하고 있다. 우리도 유럽연합(EU)과 같은 통합이 필요하다.

Q 당신은 늘 긍정적이고 낙관적인 편이었다. 그러나 이번 포럼에서 당신은 이전과 달리 매우 비관적인 관점을 보여 주었다. 어떤 변화가 있었던 것인가? 당신은 인간 본성의 긍정적 측면에 대한 믿음이 강했는데 지금은 마치 인간 본성이 매우 이기적이고 악한 것이라고 여기는 것 같다. 서로 해치는 사람들의 생리와 제도와 권력자의 탐욕에 관해서 언급했다. 갑자기 왜 이런 관점의 변화가 생기게 된 것인지 자세히 설명해 달라.

마하티르 모하마드(이하 마하티르) : 나는 크게 변하지 않았다. 말레이시아와 동아시아에 대해서 나는 늘 낙관적으로 보고 있다. 하지만 불행하게도 여전히 심각한 혼돈 속에 빠져 있는 세상을 보게 된다. 경제와 금융 분야에서뿐만 아니라 전쟁과 살상의 관점에서 봐도 말이다. 특히 후자의 경우는 무척 화가 나는 부분이다. 우리 스스로가 매우 문명화됐다고 자부하는 이 시점에도 국가 사이의 분쟁에 대한 해결책의 하나로 사람을 죽이는 방법을 염두에 두고 있기 때문이다. 이것이 소위 문명화된 사람들이 하는 행동인가?

어느 사회에서도 사람을 죽이는 것은 살인이며 범죄이다. 그러나 국가 차원에서 수백, 수천 명의 사람을 죽이게 될 때 이는 범죄가 되지 않는다. 우리는 국가 간 분쟁을 해결하는 하나의 선택으로 이를 용인하고 있다. 이런 일은 마치 두 국가의 전쟁에서 수많은 사람들이 목숨을 잃은 것으로부터 아무것도 깨달은 바가 없는 듯이 계속 발생하고 있다.

Q 당신의 연설에는 다소 모순이 있다고 생각한다. 특히 중국, 일본, 인도 등 다른 국가의 번영으로 미국이 패권 국가로서의 색깔을 잃을 것이라고 말했다. 그런데 한편으로는 중국, 일본, 러시아, 인도는 그들 사이의 분열 및 대립으로 인해서 결코 협력하지 못할 것이고 그 결과 세계에 대한 미국의 주도권은 지속될 것이라는 말도 함축하고 있다.

마하티르 : 모순적으로 들리겠지만 그것이 현재 발생하고 있는 일들이다. 아시아는 과거에 대한 오랜 기억을 지니고 있다. 우리는 이런 역사의 낡은 인습으로부터 빨리 빠져나올 수가 없다. 불행하게도 우리는 이런 과거의 논쟁이나 권역 내 분열을 계속하면서 서로 협력하지 못하게 될 시점까지 끌고 간다. 과거를 되돌릴 수는 없다. 대신 미래를 생각해야 한다. 그러나 많은 국가들은 그렇게 하지 못하고 있고 이것이 바로 그들이 훨씬 긍정적인 방법으로 미래를 건설하지 못하는 이유이다.

Q 그렇지만 중국과 러시아의 경우 상하이 협력기구와 여러 회담 등의 구조 안에서 서로 협력을 하고 있다.

마하티르 : 중국과 일본의 협력 및 한국과 일본의 협력 역시 중요하며 그렇게 해야만 한다. 그래야 동아시아 경제 커뮤니티를 형성할 수 있게 된다.

Q 우리 모두 당신이 이슬람권의 옹호자이자 활발한 지도자였다는 것을 잘 알고 있다. 그러나 이번 강연에서 당신은 새로운 질서를 형성하는 데에 있어서 이슬람의 역할이나 의미에 대해서는 전혀 언급하지 않았다.

마하티르 : 잘 알다시피 모든 종교는 많은 시간에 거쳐서 다양하게 나뉜다. 이는 개신교, 가톨릭, 그리고 그리스정교회 등으로 분열된 기독교에서도 찾아볼 수 있다. 또한 개신교가 칼뱅교와 타 종파들로 나뉜 것으로도 확인할 수 있다.

이와 같은 상황은 이슬람교 안에서도 발생해 왔다. 그래서 이슬람에 대한 해석의 상당 부분은 기본적으로 이슬람교가 아니다. 나는 코란의 원문과 마호메트의 입증된 전통으로 돌아가는 것에 신념을 둔 이슬람 원리주의자이다. 코란은 이슬람교도의 삶에서 아주 훌륭한 가이드가 된다. 이슬람이 추구하는 것은 사람을 죽이는 방법이 아닌 바로 삶의 길이다. 그러나 갑자기 발생하는 특정한 정치적 논쟁들 때문에 그리고 이슬람교도 국가의 분열로 인해 이슬람에 대한 많은 오해가 있어 왔고 이는 이슬람 문명의 쇠퇴라는 결과를 낳았다. 이는 1500년대에 시작됐고 그 이후로 이슬람교도들은 매우 퇴보했으며 특히 과학과 수학에서 뒤처지게 됐다. 그 결과 유럽 문명의 힘에 대적할 수가 없게 됐다.

Q 그렇다면 당신은 현재 글로벌 테러리즘에 대한 미국의 전쟁을 이슬람 문명의 부정적 측면과 이른바 서양 기독교 문명 간 충돌의 결정체로 보는가? 당신은 이슬람의 긍정적인 면에 대해 말하고 있지만 현재 테러리스트들은 소위 이슬람 세계의 나쁘고 부정적인 측면이다.

마하티르 : 내 생각에는 기독교와 이슬람교 사이의 충돌로만 보기는 힘들 것 같다. 왜냐하면 현재 서양의 기독교인들은 예전에 비해 훨씬 적은 수다. 이슬람 국가들의 잘못이라면 그들은 많은 양의 석유를 보유하고 있다는 것이다. 또한 사람들이 석유를 원하게 되면서 이슬람교 국가를 공격할 구실을 만들어 낼 수 있게 됐다. 이런 요인은 간과될 수 없는 부분이다.

Q 당신은 디지털 문명이나 그것의 힘에 대해서 매우 비판적이다. 마치 규제되지 않은 자유 시장으로 다루는 듯하다. 디지털 시대에 대한 이런 의심과 비판은 무엇으로부터 기인한 것인가?

마하티르 : 나는 대부분의 것들은 규제돼야 한다고 생각하는 편이다. 만약 당신이 날카로운 칼을 가지고 있다면 이를 이용하여 아름다운 조각을 새길 수도 있지만 동시에 사람을 죽일 수도 있다. 디지털 지식도 이와 같다. 몇몇 사람들은 이 지식을 악용할 수 있다. 통화 위기와 경제 위기가 발생한 것도 바로 이런 이유에서이다. 좋은 의도에 초점이 맞춰지지 않은 지식은 우리에게 상처와 고통을 주며 실제로 이런 일들이 계속 발생하고 있다.

사람들은 자유 시장의 측면에서 정부가 금융 시스템에 대해서 감시나 간섭을 해서는 안 되는 것으로 이해하고 있다. 하지만 상환 능력이 없는 사람에게 돈을 빌려 주는 은행이 존재했고 이로 인해서 극도의 위기가 찾아왔으며 더 많은 사람들이 헤지 펀드 및 통화 무역에 깊이 관여했다. 이는 규제의 부족에서 온 결과이다. 미국은 현재 금융 시장에서 몇 가지 규제 및 감시가 필요하다는 것을 깨달았다. 일부의 이득이 아닌 인간의 행복을 위해 사용되는 지식을 안전하게 지키는 대책을 마련해야만 한다.

Q 아시아인들은 2차 경제 위기를 걱정하고 있다. 1997년 아시아의 경제가 붕괴됐을 때 모든 서구 국가들은 세계 금융의 힘에 대한 박사의 관측이 틀렸다고 단언했다. 그러나 지금 아시아의 모든 사람들은 당신을 아시아의 영웅이라고 생각하고 있으며 IMF와 세계은행조차도 당신이 아시아와 세계에서 이룬 업적에 대해서 재고해 왔다. 앞으로 다가오는 디지털 시대에 아시아의 역할은 무엇일까?

마하티르 : 나는 아시아가 서구에서 발생한 관점을 반복하는 데에 그치지 말고 그 이상의 관점을 받아들여야 한다고 생각한다. 보이지 않는 손이라는 개념이 어떻게 사람들을 불행하게 만드는지 생생하게 지켜봐 왔다. 이는 1997년에서 1998년에 걸쳐 발생한 위기 속에서도 우리를 위해서 아무런 역할을 해 주지 못했다. 또한 여전히 그렇다. 보이지 않는 손이라는 개념은 지속적으로 남용되어 왔으며 현재 우리가 직면한 환경과 상황에는 적합하지 않다.

우리는 인간의 역사에 대해 다시 생각해야만 한다. 모든 사람들에게 통용된 관념들, 이어서 부족해진 관념들, 그리고 다른 생각들에 의해 대체된 관념들이 있다. 예를 들어, 초창기 우리는 절대적 지도자가 있었다. 그들의 힘은 축소되었고 결국 우리는 군주제를 없애고 민주주의 혹은 사람들에 의한 통치를 선택했다. 몇몇 국가에서는 민주주의를 실행하는 방법을 이해할 수 없었기 때문에 잘 이루어지지 않았다. 완벽한 체제라는 것은 없다.

사람들은 자신이 하고 있는 것을 단순히 정당화시키는 것보다는 실제 발생하고 있는 것에 대해 분석하고 그 이유에 대해 생각해야 한다. 오직 이런 방식만이 우리가 행하고 있는 것과 믿고 있는 것이 옳은지 그른지 판단할 수 있게 한다. 1997년 말레이시아는 IMF의 권고에 순응해야만 하는 것이 곧 상식이었다. 그러나 우리는 이를 거부하고 스스로의 방법을 고안해 냈고 이는 효과적이었다. 그리고 오늘날 다른 국가들은 IMF가 해서는 안 된다고 했지만 그럼에도 불구하고 우리가 행했던, 예를 들어 비상 구제와 같은 일들을 하고 있다.

Q 당신은 동아시아 국가들과 중국, 한국, 일본 사이의 협력에 대한 강력한 제안을 해 왔다. 이런 협력을 제안했던 당시에는 엄청난 반대가 있었다. 그러나 우리가 목격한 것은, 특히 경제 위기 이후 CMI 등과 같이 아세안+3을 중심으로 한 기구들의 형성이었다. 그러나 이런 조직들에 대해 비평가들은 아시아 국가가 표면상으로는 함께 뭉쳐 있으나 실질적으로 이런 조직을 통해 많은 것을 달성하지는 않았다고 말한다. 당신은 공동의 아시아 안건에 대해서 아시아 국가들의 협력 기구들이 실질적으로 어떤

것들을 이뤄 냈다고 보는가?

마하티르 : 동아시아경제협의체(EAEC)의 결성은 어떤 것에도 합의를 이끌어 낼 수 없었던 가트 체제에 기인한 것이다. 유럽 국가들은 EU를 결성했고 미국과 캐나다, 멕시코는 북미자유무역협정(NAFTA)을 형성했으니 동아시아 국가 역시 이 권역 내의 결성 기구를 형성해야만 하는 것이 논리적이라고 본다.

말레이시아는 너무나 작은 국가이기 때문에 우리가 하고 있는 일이 옳다는 것을 국제 세계에 알리는 것은 매우 어려운 일이다. 여러 국가의 연합은, 심지어 가난한 국가들의 연합이라고 할지라도 혼자보다는 훨씬 영향력이 있다. 한국, 일본, 중국과 함께하는 동북아시아는 훌륭한 그룹을 형성할 수 있으며 국제 세계에 나아가서 더 주목받을 수 있을 것이다.

물론 당시 미국은 반대를 했다. 나는 그때 무척이나 불공평한 처사라고 생각했다. 미국은 가능하지만 우리는 왜 그럴 수 없다는 것인가? 우리는 그런 선진국의 의견에 동의할 수 없다. 우리는 하나의 조직으로 받아들여져서 몇 가지 이슈에 대해 훨씬 커다란 목소리를 낼 수 있어야 한다. 그러나 이는 특정 반대들로 인해 불가능하게 됐다. 하지만 김대중 전 대통령이 EAEC을 대표하는 아세안+3 정상 회의에 대한 개념을 제안한 이후 우리는 대화를 통해 공동의 문제를 확인하기 시작했다.

유럽 국가들이 기본적으로 유사한 문화를 가지고 있는 것과는 달리 아시아는 각기 다른 문화를 지녔다. 경제적인 발전 상태 이외에도 종교, 인종, 언어, 그 밖의 다른 분야들이 제각각 나뉘어 있다. 그래서 우리가 뭉치는 것이 그리 쉬운 일은 아닐 것이다. 우리가 할 수 있는 첫 번째 일은 공동 통화에 대한 전조로서 화폐 무역 등을 시행하는 방법이 있다. 이는 이전부터 제안돼 왔지만 어려움이 많았다. 또한 우리가 함께할 수 있는 무엇인가가 있다는 것을 모든 국가들에게 납득시키기 어려웠다. 그러나 우리가 함께 앉아서 아세안+3로서 대화할 수 있다는 것은 꽤 발전된 징조이다.

Q 당신은 한국에 15차례가 넘게 방문했다. 한국에 그렇게 관심이 있는 이유는 무엇인가?

마하티르 : 나는 역동적이며 빠르게 성장하는 한국을 좋아한다. 사람들은 열심히 노력하여 한국을 위대한 산업 국가로 만들었으며 성공을 이룩했다. 한국과 유사한 국가들은 말레이시아에 좋은 본보기가 된다. 말레이시아에는 '향동 학습 정책(Look East Policy)'이라는 것이

있다. 성장하고 있는 동북아시아 국가들로부터 배움이 필요하다. 이것이 바로 내가 한국을 방문하는 이유이다. 매번 방문할 때마다 나는 한국인들이 앞으로 나아가는 것을 보며 흥미를 가지게 된다.

※ 위 인터뷰는 문정인 연세대학교 정치외교학과 교수(「글로벌 아시아」 편집장)의 사회로 진행됐음.

Insight
2010

특별한 이야기들

1. 일상의 불합리성에 대하여

댄 애리얼리(Dan Ariely), 듀크대학교 행동경제학 교수.

174쪽 연사 소개 참고.

나는 사람들의 불합리적인 행동에 대해 이야기하려고 한다. 특히 월 스트리트에서만 일어나는 것이 아닌 우리 모두가 만들어 내는 일상의 불합리성에 대해 몇 가지의 예를 들어 보려고 한다. 내가 왜 이 주제에 흥미를 느끼게 됐는지부터 시작하겠다.

몇 년 전 나는 이스라엘에서 발생한 폭발 사건으로 인해 심한 화상을 입었고 병원에서 3년이라는 시간을 보내게 됐다. 모든 화상 환자들이 참아 내야 하는 가장 고통스러운 일은 바로 붕대를 제거하는 것이다. 생각해 봐라. 여러분 모두 살아가면서 붕대나 밴드를 제거해야 할 때가 있을 것이다. 그리고 그것을 어떻게 제거하는 것이 좋을지도 역시 고민해 보았을 것이다. 강도가 세더라도 짧은 순간에 확 붕대를 떼어 버릴 것인가? 그렇지 않으면 고통은 덜하지만 긴 시간 동안 천천히 떼어 낼 것인가?

내가 있던 화상 병동의 간호사들은 전자가 더 낫다고 생각했는지 빨리 붕대를 떼어 내는 방식을 반복했다. 내 신체의 75퍼센트가 화상을 입은 상태였고 이것이 나으려면 어느 정도 시간이 필요했다. 그래서 나는 극도로 고통스러운 방식 대신에 간호사들에게 천천히 덜 고통스러운 쪽으로 붕대를 제거해 달라고 실랑이를 벌였다.

그러나 간호사들은 나에게 두 가지를 말해 주었다. 첫 번째는 내가 요구하는 붕대 제거 방식이 어떤 면에서는 덜 고통스러울지 모른다는 사실을 자신들도 알고 있지만 그들이 하는 방식이 결국에는 옳은 방식이라는 것이다. 그리고 두 번째는 히브리어로 '환자(patient)'란 "조용히 하고 방해하지 마라(Be quiet, and don't intervene)."라는 뜻이라고 말했다.

그러고는 자신들이 말한 방식대로 붕대를 제거했다.

병원에서 나왔을 때 나는 실험적인 접근으로 문제를 해결해 나가는 방식에 대해서 많은 것을 배웠다. 즉, 만약 궁금한 것이 있다면 실험실로 가서 시나리오를 만들어 그 궁금증에 대한 연구 조사를 하면 된다는 것이다. 나는 여전히 "화상 입은 환자의 붕대를 제거하는 최선의 방법은 무엇인가?"라는 질문에 사로잡혀 있었다. 그래서 몇 가지 실험을 하기로 결심했다.

처음에는 자금이 모자라서 철물점에서 구할 수 있는 간단한 목공 바이스를 구비했다. 이 도구를 실험실에 두고서 실험 대상이 될 사람들을 불러왔다. 나는 바이스 안쪽에 그들의 손가락을 대게끔 했다. 그런 후에 나는 시간과 강도를 달리하면서 바이스에 그들의 손가락을 압착시켰다. 그런 식으로 고통의 시간과 강도를 다양하게 하는 것이다. 여러 가지 조합으로 실험 대상자들에게 고통을 준 후 그들에게 물어보았다. "만일 다시 한 번 더 실험하게 된다면 어떤 방식을 택하겠습니까? 짧은 시간 동안의 강한 자극을 택하겠습니까, 아니면 긴 시간 동안의 약한 자극을 택하겠습니까?"

나는 점점 더 많은 연구비를 받아서 나중에는 전기 충격기나 소음계 등과 같은 매우 정밀한 도구까지 활용하여 대단히 복잡한 실험을 할 수 있게 됐다. 심지어 '고통 수트(pain suit)'까지 만들어서 이 실험에 활용을 했다.

나는 화상 병동의 간호사들이 분명 몇 가지를 잘못했다는 사실을 깨닫게 됐다. 첫 번째, 만약 고통의 기간을 확장시키면 실질적으로 동일한 강도의 고통이 가해져도 사람은 고통을 덜 느끼게 된다. 즉, 시간이 2배로 늘어난다고 해서 고통의 강도도 2배로 늘어나는 것은 아니란 의미이다. 그러므로 이 간호사들은 좀 더 오랜 시간에 걸쳐 더 약한 강도로 붕대를 제거했어야만 했다.

그들은 또한 시간이 지남에 따른 고통의 진행에 대해서도 잘못 알고 있었다. 실험을 통해 높은 강도에서 시작해서 낮은 강도로 끝나는 고통이 그 반대의 경우보다 덜 고통스럽다는 것이 밝혀졌다. 그러나 실제로 당시의 간호사들은 감각이 비교적 무딘 내 발끝에서 시작하여 가장 예민한 머리끝을 마지막으로 붕대를 제거했다. 이는 내가 느끼는 고통의 정도가 점차 증가했다는 것을 뜻한다.

마지막 세 번째로 그들이 간과한 부분은 바로 고통의 중간에 사람에게 휴식기를 주는 것이 효과적이란 것이다. 그 휴식기가 사람들에게 회복의 여지를 주기 때문이다.

물론 여러분은 왜 이때 간호사들이 위의 세 가지의 사실을 간과했는지 궁금할 것이다. 간호사들은 이런 결정을 내리는 것에 대해서 수많은 정보를 가지고 있으며 붕대 제거 경험 역시 많았을 것이다. 그런데도 이들은 어째서 이렇게 잘못된 방식을 선택한 것일까? 그 이유에 대한 직관적인 답변을 제공하기에 앞서 다음의 시각적 착각을 살펴보자.

다음 그림에 있는 두 개의 테이블을 보자. 그리고 오른쪽 테이블에 있는 X축과 왼쪽 테이블에 있는 Y축 가운데에서 어떤 축이 더 긴지 답해 보자. 아마 여러분 대부분은 왼쪽에 있는 테이블의 축이 더 길다고 생각할 것이다. 그러나 이를 실제로 자로 측정해 보면 이 두 축의 길이

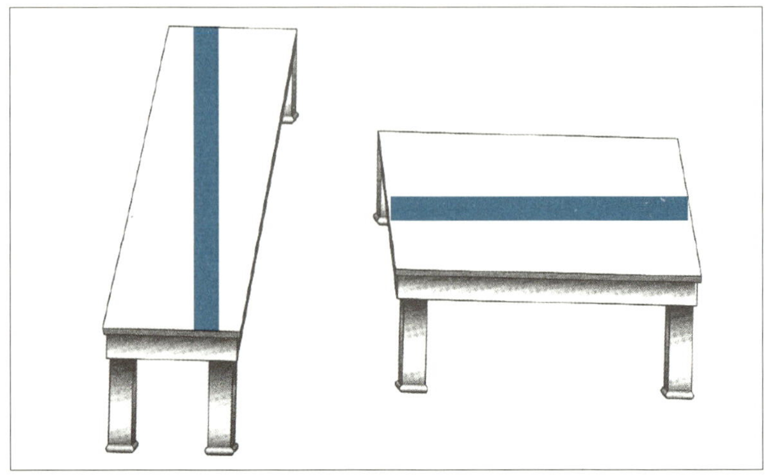

배경에 따른 착시 실험

는 같다. 이 두 축은 똑같은 길이임에도 불구하고 시각적인 착각 때문에 길이에 차이가 있는 것처럼 생각된다.

이 착시 현상에서 흥미로운 점은 그 배경이 무엇인지를 모르면 우리는 사물을 정확하게 볼 수 없다는 것이다. 즉, 이렇게 똑같은 길이의 축에 대해서도 오해를 하게 된다는 말이다. 여러분들 역시도 이런 식으로 일상 속에서 똑같은 결정을 반복해서 내리며 동일한 실수를 계속 저지르는 것이다.

시각은 뇌의 가장 큰 부분을 차지하고 있다. 우리는 잘 볼 수 있게 진화됐고 하루의 많은 시간을 보는 것에 쓰고 있다. 그러나 대부분의 경험과 시간을 차지하는 생물학적 장치임에도 불구하고 우리는 이 시각적인 측면에 있어서 반복적인 실수를 되풀이하고 있다. 논리적으로 한번 따져 보자. 만약 우리가 항상 경험하고 능숙해져 있는 감각인 시각에 대해서 이토록 많은 실수를 하고 있다면 우리가 자주 경험하지 않은

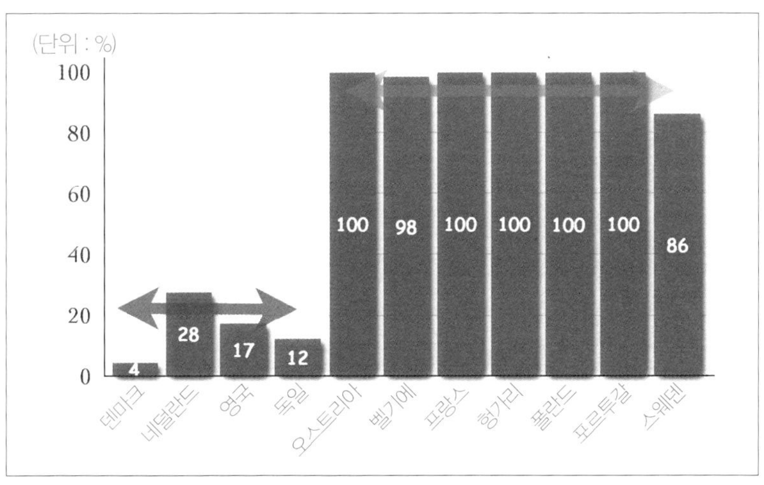

국가별 장기 기증 의사가 있는 사람들의 비율

부분, 즉 능숙하지 않은 감각에 대해서는 훨씬 많은 실수를 저지르게 됨을 의미한다. 예를 들어 금융 관련 의사 결정과 같은 것 말이다.

이제는 결정을 내리는 것에 대한 착각의 예를 몇 가지 들어 보자. 다음은 내가 사회 과학에서 가장 좋아하는 이야기 가운데 하나이다. 위의 그림은 죽은 뒤에 장기를 기증할 의향이 있는 사람들의 수치를 유럽 국가별로 보여 주고 있는 것이다. 이 수치가 높은 국가들은 오른쪽에 있으며 낮은 국가들은 왼쪽에 있다. 그렇다면 이들이 이렇게 나뉘게 된 기준은 무엇일까?

아마 여러분은 문화나 관습과 관련된 무엇인가가 이런 결과의 차이를 냈다고 생각할 것이다. 그러나 그래프를 보면 보통 우리가 유사하다고 생각하는 국가들이 반드시 같은 성향을 보이는 것은 아님을 확인할 수 있다. 가령 스웨덴은 오른쪽에 있고 덴마크는 왼쪽에 있다. 독일은 그 수치가 낮으며 오스트리아는 높다. 실제로 이들 사이의 가장 큰 차

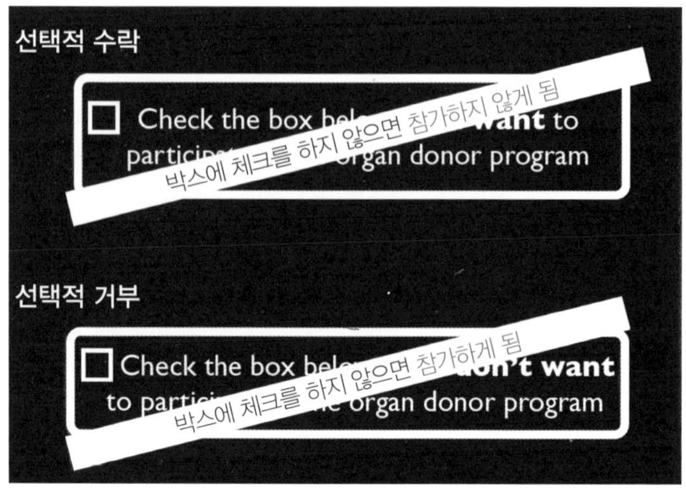

결정에 대한 착각

이는 각국의 장기 기증 프로그램 등록 형식의 특성에서 오는 것으로 나타났다.

이것은 다음과 같은 상황 때문에 생겨난 결과이다. 각각의 국가에서는 위 그림에서 보는 것처럼 두 가지 형식의 질문으로 등록 양식이 마련돼 있다. 첫째로 일부 국가에서는 "만약 장기 기증 프로그램에 참여하기를 원하시면 아래에 체크해 주십시오."라는 질문이 마련돼 있다. 이 경우 사람들은 어떤 행동을 할까? 많은 사람들은 체크를 하지 않고 이 프로그램에 참가하지 않는다.

그러나 다른 국가들의 경우에는 그 질문 형식이 조금 다르다. "만약 장기 기증 프로그램에 참석하기를 원하지 않으시면 아래에 체크해 주십시오." 자, 그럼 무엇이 변할까? 다시 한 번 사람들은 체크를 하지 않지만 이제 그들은 이 프로그램에 참가하게 되는 것이다. 장기 기증에 대한 설문 조사 결과의 이런 큰 차이는 단지 등록 양식의 설계의 차이로 인한 것이었다.

우리는 매일 아침 일어나서 결정을 한다. 무엇을 입을지 무엇을 먹을지 결정을 반복한다. 이 사례가 전달하고자 하는 것은 우리가 내리는 결정의 대부분이 실제로 순수한 자기 의지에 따른 결과물이 아니란 점이다. 오히려 결정 프로그램을 설계한 사람 혹은 제도가 우리에게 무엇인가를 결정하도록 유도한다고 볼 수 있다.

이와 관련한 수많은 예들이 있다. 다음의 예시는 우리가 스스로 원하는 것에 대해서 얼마나 잘 모르고 있는지에 대해서 설명하고 있다.

몇 년 전 나는 「이코노미스트(The Economist)」의 웹사이트 광고에서 세 가지로 제공하고 있는 서로 다른 구독 옵션을 보았다. 그 화면에는 온라인 구독료가 59달러, 프린트 형태의 구독료가 125달러, 온라인 및 프린트 형태 구독료가 125달러라고 나와 있었다. 첫 번째와 세 번째 옵션은 그럴듯해 보인다. 그러나 두 번째 옵션은 도대체 무엇을 의미하는 것일까? 동일한 가격에 프린트와 온라인 형태를 모두 구독할 수 있는데 왜 프린트 형태로만 구독하는 옵션이 존재하는 것일까?

나는 관계자에게 전화를 걸어 "이에 대해 어떻게 생각하는가?" 하고 질문을 던졌다. 웹사이트 담당자는 확인 후 알려 주겠다고 했다. 그러나 이후 3년이 지났고 나는 아직도 그 대답을 기다리고 있다. 그리고 그들은 두 번째 옵션을 재빨리 없애 버렸다. 그럼에도 불구하고 나는 이에 대해서 실험을 했다. 나는 이 광고를 복사하여 100명의 MIT 학생들에게 나눠 주었다. 그들 중 온라인 구독만을 원하는 사람은 소수였다. 대부분이 결합 조건을 선택했다. 다행스럽게도 어느 누구도 프린트 구독만을 선택하지 않았다.

만약 당신이 제안하는 것 가운데에서 아무도 선택하지 않는 옵션이 있다면 당신은 어떻게 하겠는가? 당연히 그 옵션을 삭제시킬 것이다. 그래서 나는 이번에 또 다른 100명에게 두 번째 옵션을 삭제한 광고를 나눠 주었다. 이번에는 어떤 일이 발생했을까? 그전에 학생들에게서 가장 인기 있었던 옵션인 온라인과 프린트 결합 조건을 선택한 사람이 갑자기 줄어 버렸다. 반면에 인기가 없었던 옵션인 온라인 구독을 선택한 사람들의 수가 압도적으로 많아졌다.

결론을 말하자면 「이코노미스트」가 제안했던 옵션 가운데 두 번째 옵션은 여러분이 아무도 원하지 않는다는 측면에서는 아무런 쓸모가 없다. 그러나 판매자의 입장에서는 그 옵션이 다른 옵션들을 선택하는 데에 간섭을 한다는 측면에서 쓸모가 없는 것이 아니다.

또 다른 예를 하나 들어 보겠다. 나는 MIT 캠퍼스를 돌아다니면서 몇몇 학생들에게 몇 장의 이미지를 보여 주면서 데이트하고 싶은 상대를 고르도록 했다. 나는 미리 그래픽 수정을 가한 못생긴 톰과 못생긴 제리를 각각 만들어 놓았다. 그러고 나서 톰, 제리, 못생긴 제리의 이미지가 있는 그룹을 제시하며 누구와 데이트하고 싶은지를 물었다. 그리고 또 다른 사람들에게는 톰, 제리, 못생긴 톰 중에서 누구와 데이트하고 싶은지를 물었다. 다시 말해, 내 질문의 의도는 못생긴 제리는 실제 제리를 더욱 돋보이게 할 것인지, 못생긴 톰은 실제 톰을 더욱 멋지게 만들 수 있을지의 여부를 알아내는 것이었다.

결과적으로 확실히 '그렇다'라고 나타났다. 이는 두 가지 메시지를 제

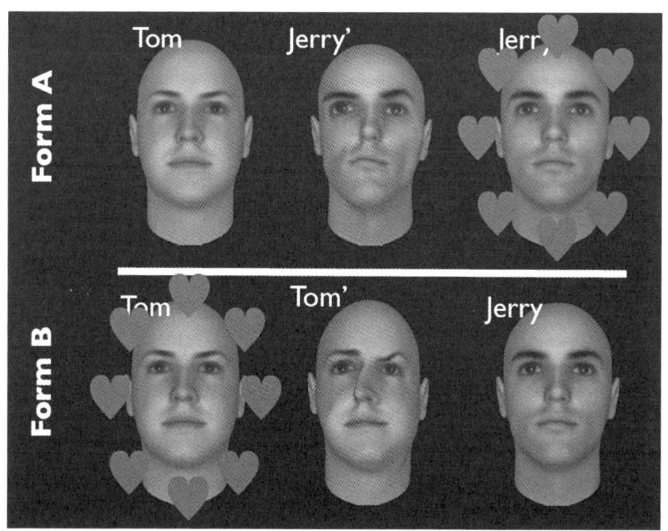

톰과 제리 중 누구와의 데이트를 원하십니까?

공한다. 첫 번째는 여러분이 만일 멋진 술집에 간다면 누구와 함께 가 겠는가? 아마 여러분은 자신과 비슷한 이미지이지만 자신보다 조금 덜 한 외모를 가진 사람과 가기를 원할 것이다. 두 번째는 누군가가 같은 상황에서 여러분을 선택해서 함께 가자고 할 경우 그들이 여러분의 외 모에 대해서 어떻게 생각하고 있는지를 알게 될 것이다.

정통 경제학에서는 인간이 사려 깊고 위대하며 매우 뛰어난 지적 능 력을 가졌다고 전제하고 있다. 그러나 행동경제학에서는 인간의 본성 에 대해서 그보다는 덜 후한 평가를 하고 있다.

이 자리에서 인간의 불합리성에 대한 몇 가지의 예들을 살펴보았다. 현실에서 찾아보면 이런 경우가 훨씬 많이 있다. 인간이 약하고 우리 가 생각하는 것보다 덜 사려 깊으며 더 쉽게 혼란에 빠진다는 것은 매 우 슬픈 일이다. 그러나 다른 한편으로는 그만큼 우리에게는 개선할 수 있는 가능성이 있다. 다시 말해서 우리가 만약 실패했다는 깃을 깨닫고 인정한다면 이 일을 어떻게 극복하고 성공할지에 대해서도 깨달음을 얻을 수 있다는 것이다.

다시 병원으로 돌아가 나를 담당했던 간호사들에게 이 모든 실험에 대해 설명을 했다. 간호사 중의 한 명이 두 가지를 말해 주었다. 하나는 내가 그녀의 고통은 전혀 고려하지 않았다는 것이다. "내 입장에 대한 것은요? 환자의 붕대를 제거하는 일은 나에게도 무척이나 고통스러운 일이었어요. 신체적으로는 환자들보다 덜하겠지만 심리적인 부분에서는 그렇답니다." 그러고 나서는 내가 틀린 결론을 내린 것이며 내가 제안한 방식대로 붕대를 제거하는 것은 시간과 감정을 낭비하는 것이라고 말했다. 그리고 내가 옳다고 말한 접근 방식을 사용해 볼 생각조차 없다고 말하고 가 버렸다.

우리는 직관을 가지고 있고 이를 통해서 예측을 하며 앞으로 어떤 일이 벌어질지를 생각하게 된다. 그러나 우리가 자신의 직관 자체에 대해서 의심하지 않고 시험하려고 하지 않는다면 계속 실수를 저지르게 될 것이다.

요컨대, 우리는 개인적 삶과 비즈니스에 있어서 모든 불합리적인 것에 대해서 의심하고 고민해 봐야 한다. 만일 우리가 어떤 지식도 없이 오직 직관에만 의존해서 해결해야 하는 일이나 이슈들에 직면할 때 그런 문제들을 더욱 사려 깊게 풀어 가는 방식을 이해한다면 성공에 이르는 방법도 금방 깨닫게 될 것이다.

2. 나를 지휘자로 만들어 준 것들

정명훈, 서울시립교향악단 예술감독 겸 상임지휘자.

1974년 모스크바 차이코프스키 콩쿠르에서 한국인 최초로 피아노 부문 준우승을 차지하며 국제 무대에 올랐다. 이후 그는 로스앤젤레스 필하모닉의 부지휘자로 출발하여 지휘자로 거듭났다.

1989년 파리 바스티유 오페라 음악감독 재직 당시의 개관 기념작 '트로이 사람들'이 세계 음악계의 격찬을 받은 데에 이어 프랑스 극장 및 비평가협회의 '올해의 아티스트'로 선정됐고 1992년에는 그의 공헌을 기리는 프랑스 정부의 레지옹 도뇌르 훈장을 받았다. 1990년부터는 도이치 그라모폰의 전속 아티스트로 활동하며 세계적인 음반상들을 휩쓸었다. 그중에는 '투랑갈리라 교향곡', '피안의 빛', '그리스도의 승천', '셰에라자드' 등 수없이 많은 걸작이 있다. 특히 피아노 연주자로 참여해 바르톨리와 함께 녹음한 '사랑의 노래'는 바스티유 오케스트라 연주의 베를리오즈 '환상 교향곡'과 동시에 프랑스 일간지 「르몽드」의 우수 음반에 선정되기도 했다. 2002년 「르몽드」는 "마에스트로 정명훈은 영적인 지휘자이다."라고 호평했다.

국내에서는 1995년 유네스코의 '올해의 인물'로 선정됐고 음악 발전에 기여한 공로로 정부가 수여하는 최고 문화훈장인 금관훈장을 받았다. 2007년에는 서울시립교향악단의 수장을 맡아 '찾아가는 음악회' 등으로 대중에게 시향은 물론 클래식을 한층 친숙하게 만드는 데에 크게 이바지했다. 이에 문화 리더로서의 역량을 인정받아 반기문 UN 사무총장과 함께 2007 한국 이미지 디딤돌상을 수상했다. 2008년에는 음악을 통해 세계 어린이 사업에 기여한 공로로 국제 유니세프 친선대사로 임명됐다.

1997년 1월 아시아 필하모닉 오케스트라를 창단하여 음악감독 겸 상임지휘를 맡아 왔고 2000년 5월부터 프랑스의 라디오 프랑스 필하모닉의 음악감독 및 상임지휘자, 2001년 4월부터 일본 도쿄 필하모닉의 특별 예술고문으로 활동했다.

나는 '소리'와 '듣는 것'에 대해 이야기하려고 한다. 지휘자로서 나는 다양한 요소들을 듣는다. 그 첫 번째 요소는 물론 오케스트라를 듣는 것이다. 듣는 것과 선택이라는 과정 속의 아이디어의 결합은 '배움'이라는 이름으로 설명될 수 있다.

듣고 선택적으로 배우고 따라가는 것, 이 세 가지는 내 삶을 안내했고 오늘날의 나를 만들었다. 배움이 내게 큰 영향을 미쳤다는 이유가 어린 시절에 내가 무엇이 되기를 원하는지를 정확히 알게 해 주었기 때문은 아니다. 당시에 나는 세계에서 인정받는 지휘자가 되겠다는 특별한 포부를 갖고 있지 않았다. 대신에 나는 많은 사람들의 조언을 잘 따라왔다.

그 가운데 첫 번째는 부모님이었다. 나는 특히 어머니의 조언을 깊이 받아들이는 편이었다. 우리 어머니는 매우 특별한 분이다. 그녀는 자신의 일곱 명의 아이들이 그녀의 에너지와 재능, 그리고 집중력을 7분의 1씩 나눠 가졌다고 말한다. 어머니는 얼마가 들더라도 우리 일곱 남매를 위한 것이라면 어떻게 해서든 비용을 마련하여 도움이 되는 길로 사용할 수 있게끔 했다. 또한 68세의 나이에 그녀는 "자, 이제 너희들도 다 자랐으니 이제 나 자신을 위해 무엇인가를 하고 싶구나."라고 하면서 신학 공부를 시작했다. 그러고는 보통 3년 정도가 걸리는 과정의 공부를 2년 만에 성공적으로 마쳤다. 물론 그녀와 함께 공부한 동기들의 나이는 그녀의 3분의 1 정도밖에 안 될 정도로 어렸다. 어머니는 그들 못지않은 에너지를 가졌으며 항상 끊임없이 배우기를 바라고 있다. 그녀가 말한 것처럼 나 또한 그녀의 이런 강한 에너지의 7분의 1만큼을

물려받았다고 감히 말하고 싶다.

나는 종종 내가 천재도 아니며 아주 특별한 음악적 재능을 타고 나지도 않았다고 말한다. 심지어 일곱 명의 남매들 가운데에서도 가장 뛰어난 재능을 가지지 못했다. 나는 정경화 씨나 정명화 씨가 나보다 훨씬 더 뛰어난 재능을 가지고 있다고 생각한다.

그러나 내가 잘하는 것이 한 가지 있다면 그것은 바로 선택적으로 배우는 것이다. 지금까지의 인생을 통해서 위대한 음악가들을 포함하여 많은 사람들이 내게 조언을 하거나 자신의 의견을 전달했다. 그러나 나는 이 모든 것들을 세세하게 기억하지 못하고 대부분 잘 잊어버린다. 지금도 내게서 잊히지 않고 남아 있는 것들은 대개 한 단어 혹은 한 문장으로 이뤄진 것들이다. 그 가운데 기억나는 것들을 살펴보자.

내가 여덟 살의 나이로 미국에 건너갔을 때 시애틀에 있던 나의 첫 번째 피아노 선생님은 오디션 이후 "널 학생으로 받아들이겠다. 단, 조건이 있단다. 피아노 연주자가 되기 위한 것이라면 오지 마라. 그러나 훌륭한 음악가가 되고자 한다면 내게 와서 공부를 해도 좋다."라는 말을 했다. 이는 내가 그녀와 함께 보낸 6년 동안의 시간을 기억하게 만드는 한 구절이다. 그녀는 내가 좀 더 넓은 시각으로 음악을 탐구하고 생각하게 해 준 사람이다. 그리고 오늘날 내가 지휘자가 된 이유 중의 중요한 부분이기도 하다.

그녀는 내가 피아노 이외에도 다양한 음악을 듣게 하고 오케스트라에서 연주하도록 했으며 심지어 다른 악기에 대한 공부를 하도록 독려했다. 우리는 계속 대화를 했는데 한 가지의 악기에 대한 이야기만 한 것이 아니었다. 이런 식으로 그녀는 내 음악적 지평을 넓혀 주었다.

내가 기억하는 또 다른 인생의 전환점은 열세 살에 찾아왔다. 나는 위대한 첼리스트인 그레고르 피아티고르스키(Gregor Piatigorsky)의 음악 클래스에 진학하기 위해 오디션을 보러 로스앤젤레스로 갔다. 당시 내 누이가 그의 밑에서 공부하고 있었다. 그때 나는 브라함의 이중 협주곡 가운데 피아노 부분을 연주했다. 그것은 꽤 어려운 작품이었고, 그 시절 피아노 연습보다는 미식축구에 빠져 있던 나는 훌륭한 연주를 해내지 못했다. 내 연주는 볼품없었지만 어쨌든 연주를 마치기는 했다. 피아티고르스키는 그때 많은 말을 해 주었다. 그러나 내가 기억하는 것은 오직 한 문장이다.

"자네, 지휘에 대해서 한 번이라도 생각해 본 적이 있는가?"

그러나 나는 몇 년 동안 지휘자가 되는 것을 선택하는 데에 많은 어려움을 겪었다. 나는 음악가란 악기를 연주하거나 노래를 불러야 한다고 생각해 왔다. 지휘자는 아무 소리를 내지 않은 채 손을 흔들면서 다른 연주자들에게 지시하는 일을 한다. 또한 지휘자라면 다른 연주자들의 실수를 정정하도록 이끌어야만 한다. 이는 정치나 사업과 같은 다른 분야에서는 확실한 리더의 역할이지만 음악가에게 있어서 자연스럽게 피부에 와 닿는 리더의 역할이 아니었다. 게다가 나는 당시에 피아노 연주를 좋아했다. 이런 이유들 때문에 지휘라는 것을 선택하는 데에 오랫동안 주저했다.

그 다음으로 내게 큰 영향을 미친 사람은 바로 위대한 지휘자 가운데 한 명이었던 카를로 마리아 줄리니(Carlo Maria Giulini)였다. 내가 로스앤젤레스 교향악단에 머무는 동안 그가 내게 했던 말들 중 여전히 뇌리에 박혀 있는 것이 두 가지 있다. 나는 이곳에서 그의 어시스턴트로 3년 동안 있었는데 사실 나는 꽤 소심한 편이어서 감히 그에게 단 한 번도 질문할 수가 없었다. 그러던 어느 날 어떤 한 곡이 너무나 난해해서 많은 어려움을 겪고 있을 때였다. 그때 나는 그에게 가서 질문을 했다.

"선생님, 왜 이 곡은 소리가 좋지 않을까요?"

이것은 그와 함께한 1년 동안 내가 처음으로 했던 질문이었다. 그는 즉각 자신의 답을 말해 줄 정도의 관록이 있었음에도 불구하고 "한번 생각해 보겠네. 그러고 나서 이에 대해서 다시 이야기를 해 보도록 하지."라고 했다.

며칠이 지난 후 그가 이 질문에 대해 잊고 있는 것이라고 생각했을 때 그는 나를 따로 불렀다. 그는 내가 질문했던 곡의 악보 첫 장을 펴 두고 있었다. 나 또한 악보의 첫 장을 펴 놓고 그가 입을 열기를 기다렸다. 잠시 후 그는 "정명훈 군, 시간이 걸리는 것이다."라고 말했다. 나는 그 말을 마음으로 받아들였고 그것을 30년 동안 간직하고 있다. 내가 한 질문에 대한 답은 음악가로서 각자가 찾아야만 한다는 것이 그가 말하고자 한 것이었다. 그리고 결국 그는 내가 해낼 것이라고 판단했기 때문에 아낌없이 격려해 준 것이다.

그의 경험을 고려했을 때 내가 했던 질문은 매우 쉬웠을 테고 오늘날의 내게도 쉬운 것이다. 단지 젊은 지휘자들에게 "그것이 문제야. 클라리넷 소리를 더 높이고 호른은 조금 더 부드럽게 해 봐. 그럼 소리가 더 괜찮아질 거야."라고 하면 되는 것이다. 그러나 이런 조언은 대부분 좋

은 충고가 될 수 없다. 이런 대답은 생각하는 능력이 부족한 사람에게
만 해 줄 수 있는 조언이다.

그곳에서 있던 두 번째 해에는 마침내 그가 내 지휘를 보러 왔다. 당
시 그 오케스트라는 부족하고 서투른 수준이어서 나는 매우 당황스러
웠다. 그러나 그는 전에 내게 했던 말과 비슷한 말을 다시 한 번 해 주
었다.

"너는 지휘자야."

이것은 아주 단순한 문장 같지만 내가 어떤 결정을 내려야 할 때 큰
용기를 북돋워 주었다. 많은 사람들이 내게 이런 종류의 안내와 조언을
주었다. 그것들 때문에 내가 이 자리에 설 수 있게 됐다.

나는 내가 아주 어린 시절부터 이 일을 염원했기 때문에 이 자리에 있
는 것은 아니라고 생각한다. 정치나 사업 측면에서는 어려운 점을 극복
하기 위해서 호전적인 정신을 가져야 할지도 모른다. 그러나 음악가는
다르다. 듣는 것이란 모든 사람들에게 중요한 것이라고 생각한다. 또한
이는 잘 교육되어야 하는 재능이며 동시에 위대한 음악의 가치이기도
하다. 내가 여기 서서 연주하고 이야기하는 것은 오로지 한 가지 이유
때문이다. 이 위대한 음악과 내 삶을, 그리고 음악에 헌신하는 다른 모
든 음악가들의 삶을 대표해서 들려주고 싶었다.

나는 45년 동안 해외에서 살았다. 그러나 나는 조국인 한국에 도움이
되고자 하는 강한 바람을 가지고 있다. 그러나 솔직히 내 마음속에서
제1의 우선순위는 한국이나 한국인이 아니다. 누군가 "그럼, 당신은 누
구인가?"라고 묻는다면 나는 다른 사람들과 마찬가지로 "나는 하나의

인간이다."라고 말하는 것이 가장 먼저 해야 할 답이라고 생각한다. 우리의 지구 혹은 모든 이의 평등, 인간의 기본적 권리와 관계된 모든 것이 우선순위에 있다. 그럼 두 번째 순위에 있는 것은 무엇일까? 바로 나의 조국인 한국일 것이다. 그러나 이 음악이라는 것은 너무도 위대하여 나는 내가 한국인이라는 사실 앞에 내가 음악가라는 사실을 먼저 두어야 할 것 같다. 그러고 나서 세 번째의 대답이 "나는 한국인이다."라고 해야겠다.

이것은 무엇을 의미하는 것일까? 이 세상에 음악이란 수천 년을 넘어서 지속적으로 발전해 오고 있다. 그러나 개발이나 발전이라는 과정이 없었다면 세대와 세대를 넘는 수천 년은 아무런 의미를 갖지 못한다. 이 음악이 위대함과 깊이를 가지고 있는 이유는 천재 작가가 나온 이후에 또 다른 천재 작가가 그에 대해서 배우게 되는 이야기가 있기 때문이다. 상상해 봐라. 바흐 이전에 또 다른 500년이라는 시간이 놓여 있다. 그 후로는 하이든, 모차르트, 베토벤이 따른다. 수천 년을 넘어 지속적인 발전을 통해 성취될 수 있는 것은 많다. 또한 음악에는 사람들의 내면의 소리를 발견하는 것에 대한 감상도 담겨 있다. 그래서 음악이란 매우 긍정적인 것이며 특히 나에게 있어서 매우 심오하고 함축적인 것이다.

서울시립교향악단은 음악가가 아닌 한 인간으로서 나에게 가장 중요한 프로젝트일 것이다. 왜냐하면 나는 항상 한국에서 오케스트라를 발전시키는 데에 도움이 되기를 원해 왔기 때문이다. 한국인들은 음악적 재능을 타고났고 그래서 수백 수천 명의 음악 지망생들이 세계적으로 매우 뛰어난 재능을 펼치고 있다. 그러나 이상한 것은 상당한 수준의 오케스트라가 단 하나도 없다는 점이다. 그렇다고 수준이 떨어지는 오케스트라도 없다.

이제 서울시립교향악단은 상당한 수준을 넘어서서 한 단계 발전하고 있다. 30년 동안 나는 이런 발전에 대해서 가능성을 열어 두고 있었다. 그러므로 서울시에서 4년 전 내게 이 오케스트라의 큰 역할을 제안했을 때 결코 거절할 수가 없었다. 이 오케스트라에서 내 역할은 나 자신의 인생을 넘어서, 또 해당 관계자들과 나의 관계를 넘어서 오케스트라가 앞으로 나아갈 수 있는 기초를 세우도록 하는 것이다.

다시 음악의 첫 번째 요소인 소리에 대해서 말하겠다. 나는 거의 모든 하나하나의 리허설에서 소리에 대해 이야기를 한다. 소리는 내면으로부터 온다. 여러분은 우리 모두 내면에 훌륭한 소리를 가지고 있다는 생각에 동의할 것이다. 내면의 소리를 듣는 것에 대한 한없는 나의 헌신은 여러분이 가진 이 소리를 끌어내는 데에 도움이 될 것이다. 이런 내면의 소리는 밖으로 나와 표현될 것이다. 바로 이 위대한 작곡가들이 소리를 끌어내도록 도움을 줄 것이다.

음악이 아닌 다른 형식으로 내면의 소리를 내는 것에는 오직 종교가 있을 뿐이라고 생각한다. 특히 성경을 들여다보면 왜 사람들이 성경을 읽고 또 읽는지 알 것이다. 물론 내가 더 많이 들어야 한다는 것을 여러분에게 납득시키기 위해 조금 과장하고 있는 것일지도 모른다. 그러나 나는 종교와 같이 깊이 있게 음악을 듣는 것은 각자의 인생에서 유용한 선택적 과정을 경험하도록 이끌어 줄 것이라고 생각한다.

마지막으로 비교적 최근의 일로 내 기억 속에 남아 있는 문장 하나를 말하고 싶다. 나에게는 로마에서 요한 바오로 2세를 위해 연주할 수 있는 행운이 있었다. 그때 내 나이가 마흔이었고 아버지는 항상 "남자의 인생은 마흔에 시작한단다."라고 말했기 때문에 내게는 나름의 의미가 있던 시기였다. 아버지가 그렇게 말했을 때 나는 그것이 무슨 의미인지 실감이 나질 않았기 때문에 그 나이가 될 때까지 기다렸다. 그런데 우연하게도 내가 마흔이 되는 해에 교황의 앞에서 연주를 하게 됐다. 우리는 교황과 함께하는 접견 시간을 갖게 됐고 그와 함께 짧은 시간 대화할 수 있었다. 내 누이들과 나, 그리고 어머니까지 참석하여 훌륭한 시간을 보냈다. 그는 정말로 유쾌한 호스트였다. 시간이 되어 자리에서 일어나고 있는데 그가 내 뒤로 와서 이렇게 말했다.

"한 가지 잊어서는 안 되는 것이 있다. 당신의 주된 업무는 사람들을 돕는 것이다."

나는 이 말이 내 남은 인생을 형성하게 될 시작점이라고 생각하고 있다. 그러나 음악가로서의 한계가 있기 때문에 이를 극복하기 위해서 오케스트라 단원들에게 유니세프 등을 통해서 아이들을 돕는 행사에 자주 참석하여 연주하라고 장려하고 있다.

한국은 의심할 여지없이 30년 전과는 너무나도 다르다. 나는 그동안 대부분의 시간을 외국에서 있으면서 조국을 지켜봐 왔다. 조국의 놀라운 발전에 대한 큰 자부심과 동시에 당황스러움을 느낄 때도 있다.

우리는 충분한 식량을 가지고 있는지에 대해서 걱정하지 않는 것만으로도 큰 번영을 이룬 국가가 됐다. 그러나 번영한 국가와 위대한 국가 사이에는 큰 차이가 있다. 이는 얼마만큼 벌고 있는지 혹은 얼마나 부자가 되는지에 대한 것이 아니라 다른 사람을 돕기 위해서 할 수 있는 것이 무엇인지가 더욱 중요하다는 말이다. 나는 우리가 이제 다른 나라를 도와야 할 책임이 있다고 생각한다. 아마도 나 스스로가 다른 나라들, 특히 미국과 유럽으로부터 많은 도움을 받았기 때문에 그렇게 느끼는 것이라고 생각한다.

한국은 위대한 국가로 가기 위해서 확실하게 준비돼 있으며 점점 앞으로 나아가고 있다. 한국인은 비범한 재능과 근면함이 넘치는 사람들로 이루어진 특별한 국가라고 믿는다. 물론 이렇게 무엇이든 할 수 있는 나라라고 확실한 믿음을 가지게 된 데에는 다른 무언가가 있다. 앞서 말한 바로 우리 어머니와 같은 수많은 한국의 어머니들 덕분이다. 그렇기 때문에 나는 한국에 대해 커다란 자부심을 가지고 있다.

3. 로고 속에 담긴 구글의 철학

데니스 황, 구글 웹마스터 매니저.

미국 테네시 주 녹스빌에서 태어난 그는 다섯 살에 한국으로 건너와 경기도 과천에서 어린 시절을 보내고 중2가 되던 해에 도미했다. 스탠퍼드대학교에서 컴퓨터공학과 순수미술을 복수로 전공했다.

구글의 기념일 로고 디자이너로 유명한 그는 1998년 인턴사원으로 구글에 입사해 보조 웹마스터로 일하던 중 창립자로부터 로고를 디자인해 보라는 제안을 받은 것이 계기가 되어 지금까지 구글 기념일 로고를 개발하고 있다.

그의 창의력과 독특한 디자인 실력이 유감없이 발휘된 구글 기념일 로고는 근무 시간의 20퍼센트를 업무와 직접 관련이 없는 일을 하도록 장려하는 구글의 '20퍼센트 시간 제도'에서 탄생한 것이다. 최초로 디자인한 바스티유 데이(Bastille Day) 로고에 이어 유명 인사의 생일, 월드컵, 올림픽, 노벨상 시상 등 각종 이벤트와 기념일에 맞춰 구글 기념일 로고를 디자인해 왔다. 특히 모국에 깊은 사랑과 관심을 갖고 추석과 설날 등 국내 명절을 기념한 한국의 전통적인 색채를 가미한 기념일 로고도 만들어 왔으며 태극기를 활용한 광복절 기념일 로고를 한 해도 빠짐없이 디자인했다. 그가 지금까지 디자인한 구글 기념일 로고는 지금까지 수백 개가 넘는다.

지난 2003년에는 애팔래치아 미술 펠로우즈 상을 받았다. 현재는 구글의 전 세계 158개 도메인과 각 지사 웹마스터를 총괄하며 구글의 콘텐츠를 관리하는 업무를 담당하고 있다.

이 자리에서 나는 구글에서 있었던 여러 가지 로고 디자인에 대한 재미있는 일화들을 소개하고자 한다. 나는 2000년에 입사해 구글의 웹마스터, 프로그래머, 디자이너로서 지금까지 일하고 있다. 사실 본업은 디자인과는 거리가 먼 웹마스터이다. 다시 말해 구글의 각국 홈페이지나 여러 회사의 서비스와 웹페이지를 담당하는 일을 하고 있다.

내가 찍힌 사진 가운데에서 가장 좋아하는 사진이 하나 있다. 그것은 과천초등학교 5학년 2반 교실에서 찍은 사진이다. 이것이 내게 소중한 의미를 가지는 이유는 당시에 교실 바닥을 왁스 바른 걸레로 닦았던 따뜻한 기억 때문이다. 최근에 다시 그곳에 찾아가 봤더니 교실이 예전 그대로의 모습이었다.

나는 그동안 교육으로부터 많은 것을 얻었다. 지난 10월에 나는 런던으로 초청을 받아 영국의 엘리자베스 여왕을 만날 기회가 있었다. 이전에 여왕이 구글에 방문한 것을 기념하기 위해서 영국의 구글 홈페이지에 특별한 디자인을 띄운 경험도 있었다.

여왕을 만나기 몇 분 전에 내 머릿속에 떠오른 생각은 "초등학교 때 교실 바닥에 왁스를 칠하던 내가 어떻게 여왕을 만날 자리에까지 오게 됐을까?" 하는 것이었다. 그것은 바로 교육 덕분이었다.

간략하게 말하자면 이런 교육들을 통해서 내가 현재 하고 있는 것은 구글의 홈페이지 디자인이나 프로그래밍, 로고 디자인 업무이다. 수년 동안 이 일을 하면서 여러 가지 재미있는 사연들이 있었다.

여러분 대부분은 지메일(Gmail)이라는 구글 제공의 이메일 서비스를 알고 있을 것이다. 이 로고는 내가 회사의 창립자와 함께 디자인한 것

지메일의 로고 디자인

이다. 당시에 여러 전문 서적이나 학계에서는 인터넷 브랜드는 메인 로고에 변화를 줘서는 안 된다는 것이 중론이었다. 왜냐하면 로고는 전 세계 사용자들이 접하는 회사의 얼굴로서 사람들이 한눈에 쉽게 알아볼 수 있어야 했기 때문이다. 그러나 구글의 창립자는 늘 고정관념을 깨뜨리고자 하는 사람이었다. 그래서 그는 내게 지메일을 구글의 로고가 아닌 것으로 디자인해 보자고 제안했다. 그래서 나는 밤이 넘어가도록 여러 가지 버전의 지메일 로고를 디자인했다.

지메일과 관련된 또 한 가지 재미있는 일화가 있다. 지메일은 만우절에 론칭을 했는데 당시에는 회사 내에서도 론칭 날짜에 대해 반발이 많았다. 마케팅팀에서는 지메일을 만우절에 발표하면 사람들은 이 서비스가 거짓말이라고 오해할 것이라고 말했다. 1기가라는, 당시에는 상상하기 어려울 정도의 메일 용량이 사람들의 의심을 사기 더욱 좋을 것이라고 우려했다. 그러나 오히려 결과는 정반대였다. 만우절인 4월 1일이 지나자 사람들 사이에는 "어, 지메일 서비스가 아직도 되고 있네?"라는 입소문이 퍼지면서 폭발적인 마케팅 효과가 있었던 것이다. 이런 역발상이 오히려 지메일을 널리 알려 준 견인차 역할을 하게 됐다.

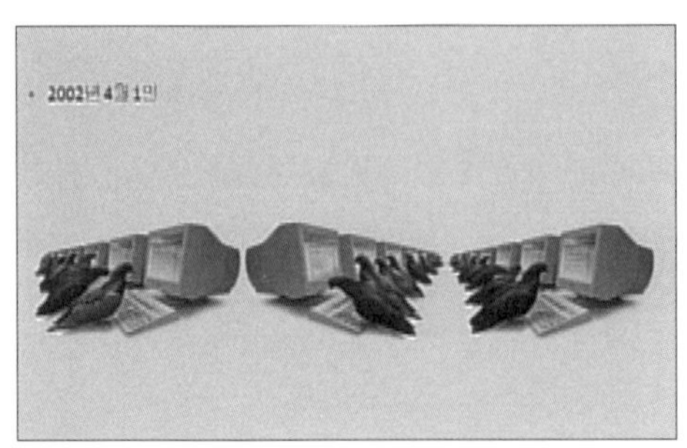

'Page Link'가 아닌 'Pigeon Link'

이번에는 구글의 기업 문화를 소개하고 싶다. 이를 잘 보여 주는 좋은 예가 만우절에 올리는 유머러스한 사이트이다. 위의 그림은 2002년의 만우절에 우리가 회사의 검색 나열 방식을 'Page Link'가 아닌 'Pigeon Link'라고 바꿔서 디자인한 것이다. 비둘기들이 구글 뒤에서 수백 수천 개의 웹페이지를 집어서 검색 관련성이 높은 페이지들을 높은 순위에 올려 준다는 상징을 재미있게 표현한 것이었다.

내가 입사했을 때 주어진 업무 가운데 하나가 바로 이 이미지를 그려 오라는 것이었다. 그렇게 하기 위해서는 많은 비둘기 사진이 필요했다. 그래서 나는 창립자에게 저작권 허가가 된 사진들을 사려면 많은 돈이 필요하다고 말했다. 그는 1장당 100달러가량의 비용이 너무 비싸다면서 거절했다. 나는 어떻게 해야 할지 고민했다. 그런데 곧바로 창립자로부터 이메일이 왔다. 이메일 내용은 "밖에 나갔더니 비둘기들이 많더라. 그냥 디지털 카메라와 빵 조각을 준비하고 나가서 찍어 오면 되지 않겠느냐."라는 내용이었다. 그런데 아무리 찾아도 밖에는 비둘기가 없었다. 나는 창립자가 착각을 했다고 생각했고 다시 고민하다가 바로 저 디자인의 기본이 되는 비둘기 사진 1장을 샀다. 컴퓨터 그래픽으로 열

심히 조작해서 겨우 그 디자인을 완성했다. 당시에나 지금이나 꼭 필요
한 경우에만 돈을 쓰는 회사의 정신력이 인상 깊었다.

프랑스 국경일과 광복절을 기념한 로고 디자인

　다음의 윗부분에 있는 로고 디자인은 지난 2000년 프랑스의 국경일
을 기념하여 작업한 것이다. 그 당시에는 이 로고가 전 세계에 떴다. 왜
냐하면 그때는 각 나라별 도메인이 개발되기 이전이었기 때문이다. 프
랑스의 국기가 영국에 떠 있자 영국인들에게서 "왜 프랑스 국기가 우리
홈페이지에 뜨느냐?"라는 내용의 이메일이 많이 전송됐다.

　아래에 있는 로고 디자인은 2000년 8월 15일 광복절에 전 세계의 홈
페이지에 띄운 것이다. 당시에 영국인들과 마찬가지로 일본인들은 우
리에게 "구글이 해킹을 당한 것 같다. 빨리 조치를 취해야 할 것 같다."
라는 이메일을 보내왔다. 공교롭게도 인도의 국경일도 8월 15일이라 이
와 관련해서 "10억의 인구를 무시해도 되느냐?"란 이메일들도 받았다.

　그리고 나의 실패작들이 미움을 받은 적도 있다. 다음의 로고는 DNA
의 구조를 발견한 날을 기념해서 만든 것들인데 먼저 왼쪽의 로고를 창
립자에게 보였더니 "이것은 물고기 두 개가 뽀뽀하고 있는 것이 아니

DNA 구조 발견 기념으로 디자인한 로고들

냐?"라고 말했다. 그래서 이 로고 대신에 오른쪽의 로고가 올라갔다.

그런데 이 로고가 올라가자마자 몇 분 만에 전 세계 유전공학자들이 "이것은 DNA가 아니다."라는 이메일을 보내온 것이었다. 원래 두 가닥의 앞뒤가 서로 바뀌어 있어야 했다. 유전공학자들은 30초 만에 그것을 알아본 것이다. 그래서 바로 고쳐서 홈페이지에 올렸다.

연말의 눈사람 스토리 로고들

다음으로 연말에 올렸던 로고 시리즈를 보여 주겠다. 이 시리즈는 마치 한 편의 이야기를 엮은 것과 같다. 첫날에는 눈사람이 생겼고 둘째 날에는 눈사람들이 눈싸움을 하는 것처럼 그려 보았다. 세 번째 날에는 이상하게도 재래식 한국 주전자가 등장을 하고 네 번째 날에는 주전자의 뜨거운 물이 구글 로고의 색깔을 녹였다. 그리고 아기 눈사람은 자기의 눈덩어리에 시럽처럼 녹은 로고의 색깔을 묻히고 있다. 마지막 날에는 눈사람들이 자기 코를 떼어서 시럽이 묻은 눈공을 붙여 아이스크림 콘처럼 만들어 먹는 다소 잔인한 스토리였다. 창립자에게 이것을 보였더니 마지막 스토리에서 자기의 코를 먹는 눈사람은 호감이 가질 않는다고 했다. 그래서 이 부분만 다시 작업했다.

나는 수년 동안 구글의 디자인을 하면서 기존의 사고방식을 깨는 재미있는 구글의 기업 문화를 전 세계에 보여 줄 수 있었다.

마지막으로 내가 그동안 한국을 위해서 디자인한 구글의 로고들이다. 오늘 이렇게 나의 프레젠테이션을 들어주어 감사하다.

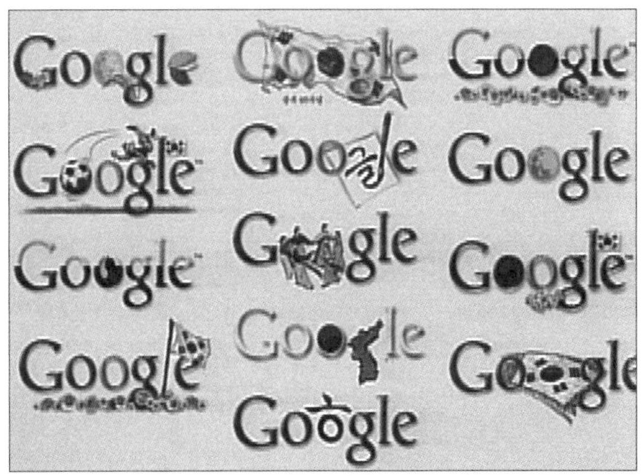
한국을 위해서 디자인한 로고들

이야기 별자리, 꿈

이원복, 덕성여자대학교 시각디자인학과 교수.

서울대학교 건축공학과를 졸업한 이후 독일 뮌스턴대학교 디자인학부에서 공부하며 총장상을 수상하고 Diplom Designer 학위를 취득했다. 1985년 독일 뮌스터시 초청 개인전을 시작으로 여러 개인전을 가졌다.

『시관이와 병호의 모험』으로 한국도서잡지윤리위원회에서 금상을 받았고 『학습만화세계사』로 한국간행물윤리위원회에서 금상을 수상하는 등 수많은 수상 경력이 있다.

1998년부터 2000년까지 한국애니메이션학회 회장을 지냈고 현재는 덕성여자대학교의 교수를 맡고 있다.

1987년부터 출간된 『먼나라 이웃나라』 시리즈는 국내 최고의 베스트셀러로 꼽히면서 아직도 청소년뿐만 아니라 성인들에게까지 사랑받고 있다.

최근에 그는 2009 이탈리아 볼로냐 아동도서원화전 심사위원을 맡았다.

DRUM
Rhie'09

인사이트 2010

펴낸날	초판 1쇄 2009년 12월 21일

엮은이	SBS 서울디지털포럼 사무국
펴낸이	심만수
펴낸곳	(주)살림출판사
출판등록	1989년 11월 1일 제9-210호

경기도 파주시 교하읍 문발리 파주출판도시 522-1
전화 031)955-1350   팩스 031)955-1355
기획·편집 031)955-1392
http://www.sallimbooks.com
book@sallimbooks.com

ISBN 978-89-522-1289-4   03320

※ 값은 뒤표지에 있습니다.
※ 잘못 만들어진 책은 구입하신 서점에서 바꾸어 드립니다.

책임편집 강재인